法大文库

善治视野下的
行政自我规制研究

胡　斌◎著

SHANZHI SHIYE XIA DE XINGZHENG ZIWO GUIZHI YANJIU

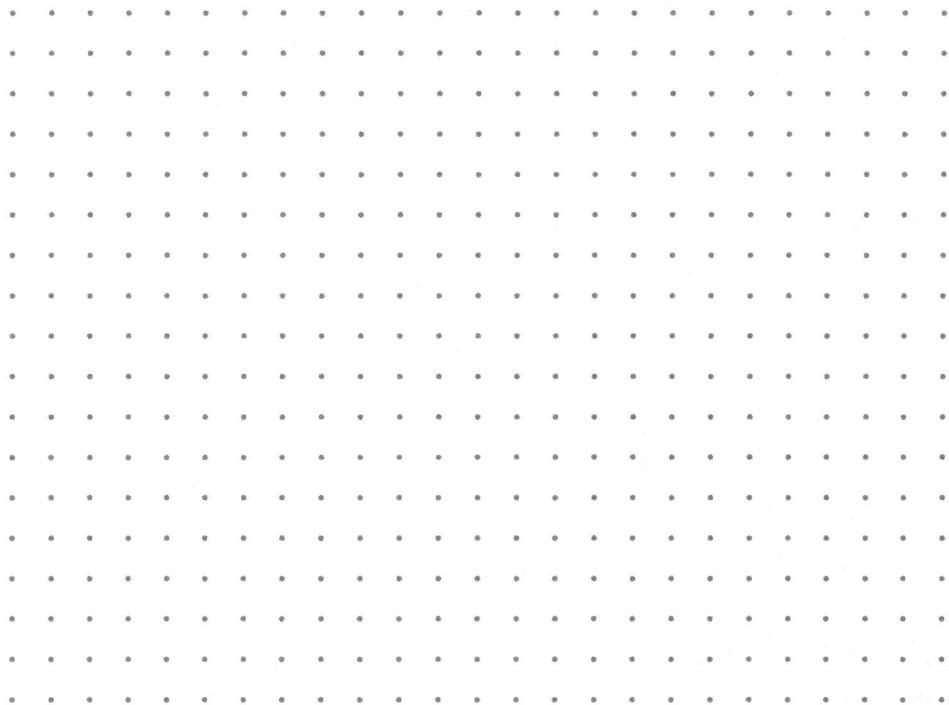

中国政法大学出版社

2023·北京

图书在版编目（ＣＩＰ）数据

善治视野下的行政自我规制研究 ／ 胡斌著. —北京：中国政法大学出版社，2023.8
ISBN 978-7-5764-0988-8

Ⅰ. ①善… Ⅱ. ①胡… Ⅲ. ①行政法－研究－中国Ⅳ. ①D922.104

中国国家版本馆CIP数据核字(2023)第134869号

出　版　者	中国政法大学出版社
责任编辑	刘晶晶
地　　址	北京市海淀区西土城路 25 号
邮　　箱	fadapress@163.com
网　　址	http://www.cuplpress.com (网络实名：中国政法大学出版社)
电　　话	010-58908524(第六编辑部) 58908334(邮购部)
承　　印	固安华明印业有限公司
开　　本	720mm×960mm　1/16
印　　张	14.25
字　　数	240 千字
版　　次	2023 年 8 月第 1 版
印　　次	2023 年 8 月第 1 次印刷
印　　数	1~1500 册
定　　价	79.00 元

序

　　捍卫行政权的公共性[1]是行政法的核心使命。传统行政法提供的方案是以法律的正面引导和事后的追责为核心的外部规制，相应的外部规制也就顺理成章地成为行政法学研究的对象。但随着公共行政的日益专业化，社会治理的日益复杂化，外部规制在面对行政权的扩张以及社会对于行政权回应性要求等方面，有些力不从心。通过现实观察可知，在捍卫行政权公共性方面，行政主体的自我规制也是不容忽视的力量。而欲充分挖掘行政自我规制的潜能，则需要对其理论与现实问题进行系统研究。

　　理解行政自我规制可以从哲学基础、现实行动、动力基础三个方面展开。首先，行政自我规制有深刻的哲学基础。毛泽东同志在《矛盾论》中提到"唯物辩证法认为外因是变化的条件，内因是变化的根据，外因通过内因而起作用"。这句话深刻揭示了内因和外因的辩证关系，内因是事物的根本，外因必须借助内因才能更好地发挥作用。这一原理同样适用于外部规制和行政自我规制的关系，外部规制是外因，行政自我规制是内因，良好的行政自我规制，对于外部规制作用的发挥也是至关重要的。换言之，如果行政主体内部不做任何自我规制，那所谓的外部规制也很难起到作用。其次，行政自我规制有现实的行动。正如本书第三章提到的，行政自我规制并非仅是美好的愿望，一些自我规制实践已经悄然行动。比如，肇始于金华市公安局的行政处罚裁量基准制度、株洲县审计局尝试建立的行政机关内部的职能分离制度以及四川巴州白庙乡推出的裸奔式公开等，都具有自我规制的作用。更广义上说，行政主体制定各种约束自身权力的行政法规、规章，行政机关之间的相互监督和制约，也都是行政自我规制的正面例证。最后，行政自我规制具有

---

　　[1] 行政权的公共性强调公共行政应当具有道德关怀，其存在和运行应当是为了维护公共利益、增进人类福祉，积极回应社会诉求。

多元的动力来源。一是外部规制造成的压力；二是行政官员的道德和良知；三是制度创新的正向激励……当然，其中"利益"是行政自我规制最持久的动力，即行政自我规制对于行政主体及其公务人员有利是最根本的动力。这里的"利益"既包括精神利益，也包括物质利益。人都是趋利避害的理性经济人，在常态化的法治框架下，行政主体及其工作人员进行自我规制对自身更有利。这也启示我们，行政法治的建构应当适当考虑让行政主体自我规制变得"有利可图"。

本书总体按照理论建构、实证分析、问题剖析和制度建构四个层次展开。一是对行政自我规制的基本原理进行勾勒，分析行政自我规制的几个关键理论问题；二是讨论了行政自我规制的理论基础，试图论证行政自我规制为何可能以及如何可能；三是从正反两个方面挖掘行政系统自我规制的具体做法，总结经验，提出存在的问题；四是从提升行政自我规制有效性与合法性两个维度提出了三条具体路径：通过外部规制建构倒逼自我规制；通过制度设计提升行政自我规制的有效性；通过法治化增强行政自我规制的合法性和权威性。

行政自我规制的核心使命在于确保行政权的公共性，与行政法使命一脉相承，因而行政自我规制也应当纳入"行政法"的范畴。但与外部规制意义上的行政法不同，行政自我规制建构的是内部行政法治。行政主体的自我规制以其专业性、经验性、微观化和更高的回应性等优势，可以作为外部规制的有益补充。外部行政法治和内部行政法治的合力，可以更好地实现规范和控制行政权，增进公共福祉的作用。因而，未来行政法学应当将行政自我规制作为重要的理论，嵌入行政法体系之中。

限于成书的历程，本书可能无法在智识上有太多创见，惟愿能够在观念上带来些许启发。若能达到这个目的，那么此书便是有意义的。毕竟，从人类历史长河来看，观念的力量也是无穷的！

目 录

绪　论

一、命题提出

规范和控制行政权，捍卫行政权公共性是行政法的核心使命。美国政治家麦迪逊在《联邦党人文集》中指出："假如人都是神，那么政府就没有必要存在了；如果能够以神来统治人，那么无论外部或内部的政府制约也就没有必要存在了。要形成一个以人管理人的政府，其最大的困难在于，你首先必须使政府能够控制被统治者；其次迫使政府控制自己"。[1]麦迪逊的论述引出了一个重要的命题：迫使政府自我控制。为了迫使行政自我控制，美国的立宪之父们根据孟德斯鸠的理论设计出了权力分立和制衡的机制。在本质上，分权制衡是一种外在的控权模式，是一种基于人性恶假定的制度设计，即假定人们都是趋利避害、自私的理性经济人，因而要以一种全面防范的态度来设计各种制度。行政权作为一种带有更强主动性、普遍性和执行性的权力，历来是权力控制理论关注的焦点。但传统控权理论所关注的主要是外部规制，对行政权的自我规制则基本上持怀疑态度。然而，这种怀疑的态度，又与现实中存在的行政自我规制现象形成强烈反差。[2]麦迪逊所提出的人类面临的政治和法治难题，是不是只能通过外部规制才能解决，行政权的自我控制是否可能以及如何实现等问题是颇为有趣且有意义的问题。

行政自我规制进入研究者的视野有其深刻的原因和背景，既不是学者们学术旨趣使然，更非只是为了在学术领域开疆破土的需要。

---

〔1〕 ［美］麦迪逊·汉密尔顿等：《联邦党人文集》，程逢如、在汉、舒逊译，商务印书馆 1980 年版，第 24 页。

〔2〕 理念上的怀疑与现实中存在的各种形式的行政自我规制现象之间似乎存在张力。

首先，行政权自身发展的现状是内在因素。在"夜警国家"向"行政国家"的转变过程中，行政权的扩张是一个不争的事实，"福利国家"概念的出现，凸显了社会和公民对于行政权所提供的"公共物品"的需要。行政权的扩张使得传统意义上三权之间的力量对比发生了较大变化，而且，随着行政权向现代社会经济各方面的渗入，专业化和微观化成为现代行政的必然趋势。这些都使得行政权的外部规制遇到了挑战。面对行政权的良性扩张、行政权的专业化，传统的权力控制模式显得有些力不从心。行政权的良性发展迫切需要自我力量的控制。

其次，当今世界的发展背景是外在因素。世界范围内，"善治"成为必然的趋势和要求，"服务政府"和"福利国家"的观念日益深入人心，这都对行政权提出了更高的要求。外部规制对行政权提出的"最低要求"[1]显然无法促使行政主体对"善治"和"服务行政"的理念和要求做出更好的回应。行政主体结合自身提出更高的要求以回应现实的需要，已经成为大势所趋。

总之，外部规制存在的控制力不足以及社会提出的更高需求，使得行政权进行自我规制成为一种现实的需求。事实上，行政主体自我规范和控制行政权的现象一直存在，只是没有得到应有的重视而已。行政权的自我规范和制约的价值是不容置疑的，但是作为现象存在的事物若想获得真正的生命力，就有赖于上升为一种理论，并由完善后的理论来推动实践向着更好的方向发展。基于此，行政自我规制或者行政自制理论便应运而生。

如前所述，对行政权进行规制一直是行政法的核心使命，传统行政法的本质即被界定为：规范和控制行政权力的法。[2]传统行政法强调通过实体和程序两个手段，迫使行政机关正当行使行政权。因而，行政权的自我规制一直未纳入行政法学的研究视野之中。

近年来，行政自我规制（控制）理论已经引起了部分学者的关注，但总体而言还处于低空飞行阶段，理论的成熟程度和学术价值还有待突破。基于此，本书在前人研究基础上，对行政自我规制理论进行了更为深入的研究。作为一种并未完全成型的理论，行政自我规制理论的内涵、原理，行政自我

---

〔1〕 基于外部规制的特点，为了照顾打破规制的普适性和可接受性，相比之下，外部规制的要求不可能过于苛刻。

〔2〕 姜明安主编：《行政法与行政诉讼法》，北京大学出版社、高等教育出版社2011年版，第24页。

规制因何可能，如何有效，怎样合法，都是亟待解决的问题。

　　本书的基本命题是：行政自我规制是行政主体主动建构的内部行政法治的过程，具有规范和控制行政权的作用。行政自我规制的有效性需要外部规制的保障，更需要制度支撑，行政自我规制的合法性需要行政法回应，行政自我规制权威性有赖于内部行政法治的建构与完善。

二、本书的价值

　　一本书的价值应当由读者来评判，作为作者来讨论书的价值更多带有一种期许意味。我想本书可能的价值主要体现在以下几个方面。

　　第一，系统建构行政自我规制理论。本书尝试对行政自我规制的概念、背景、本质、内在动力、价值以及自我规制与外部规制的关系等相关理论问题进行系统的研究，建构了内涵较为饱满的行政自我规制理论体系，具有知识增量的价值。

　　第二，为行政自我规制现象提供理论支撑。作为现象存在的行政活动如要获得持久生命力，需要科学理论的支持，并且在该理论的指引下进行调整和优化。行政自我规制理论源于对行政自我规制现象的原理化和理论化，旨在对行政自我规制的内涵、形成机理、行动逻辑、合法性以及有效性等问题进行深入讨论。该理论一方面可以为行政机关进行自我控权的各种活动提供学理化的解释，另一方面也可以为行政机关更好的自我规范权力提供制度支撑。

　　第三，扩展行政法学的研究视野。传统行政法学重点关注的是行政权的外部规制以及相应的规则与制度建构。这种关注点的选择和定位具有现实的必要性和合理性，但也不可否认具有局限性，即行政法学缺乏对于行政主体内部行为，特别是行政主体开展自我控权行为的关注和研究。通过行政自我规制的研究，可以扩展行政法学的研究对象和视野，为行政法学提供更加丰富的研究素材，实现内部规制和外部规制的有机衔接，对于行政法更好的发挥控权作用提供科学的支持。

　　第四，丰富行政权的规制方式。规范和控制行政权是人类面临的重要课题，多元化的控权机制是一种必然趋势和选择。传统行政法关注的是外部控权机制的建构，行政自我规制则为规范和控制行政权提供了新的视角和方案。通过研究行政自我规制，有助于充分挖掘行政机关内部控权的方法和潜能，并且实现内部与外部控权的有机结合，从而使得行政权力的控制更加有效。相比于外部规制，行政自我规制具有专业性强、主动性、微观化和更高回应性的优势，可以作为外部规制的重要补充，同时为外部规制作用的发挥提供有力的外因。

三、本书的基本框架

将行政自我规制作为一种理论或者制度进行建构，必须面对并且着力解决的问题主要包括：行政自我规制的基本原理为何；行政自我规制如何可能；行政自我规制如何有效；行政自我规制存在何种问题；行政自我规制如何权威合法。这五个问题构成了本书的基本架构。

第一，行政自我规制的基本原理。鉴于学界对行政自我规制理论的研究仍处在初步阶段，相关理论问题并不成熟，在对前人理论研究进行批判吸收的基础上，本书首先搭建了行政自我规制理论框架，主要围绕概念、背景、本质、内在动力、价值以及行政自我规制与外部规制的关系等相关理论问题进行展开。行政自我规制理论框架的搭建主要从三个维度入手：第一个维度是行政自我规制理论溯源，对学界关于行政自我规制理论的研究成果进行梳理，总结当前行政自我规制的研究现状与问题；第二个维度是运用公法，特别是行政法原理对行政自我规制进行诠释，尝试将行政自我规制纳入行政法学的知识框架内；第三个维度是从善治理念、法治理念以及外部规制角度讨论行政自我规制的价值以及与外部规制的关系等问题。

第二，行政自我规制的可能性问题。传统法治理念的基本假设是人性恶，对人性的不信任使得行政自我规制的可能性和真实性受到质疑，现实中屡见不鲜的行政违法、滥权执法更加笃定了人们的怀疑。从制度建构的角度，保持对权力的警惕和防范是必要且正当的。但这种态度就使得行政自我规制的研究首先要解决一个可能性问题，因为没有可能的制度和理论便没有生命力，也就没有研究的价值。为了探寻行政自我规制的可能性，本书从三个维度进行了论证：首先是建构人性善恶双向驱动理论的基础上，为行政自我规制提供人性论基础；其次是从经济学上的博弈论角度讨论行政自我规制是行政主体的理性选择；最后从社会学上的合作论角度讨论行政机关展开自我规制的社会基础。三个维度共同指向一个结论，即行政自我规制具有内在的可能性，因而可以成为一种具有较强生命力的"束权"力量。

　　第三，行政自我规制的行动逻辑与存在的问题。按照行政自我规制原理检视可以发现，行政权运行领域实际上存在大量行政机关自我控制的制度和实践，这一方面印证了行政自我规制的可能性，另一方面也为行政自我规制提供了鲜活的素材。因而本部分从实证角度，选取了行政机关进行自我规制的现实案例和做法，从而总结行政自我规制的成功经验，分析其中存在的问题，为完善行政自我规制的理论与制度提供实证基础。

　　第四，行政自我规制有效性建构。无论从理论还是现实来看，行政自我规制虽然具有可能性，但效果却存在较大的差异，因而需要通过相应的机制设计提升行政自我规制的有效性。本书的基本思路是行政自我规制的有效性依赖于制度化的建构。这里包含两个层面：外部层面上，基于外部规制与自我规制的关系原理，行政自我规制的有效性有赖于外部规制的有效性，而外部规制的有效性又需要建构对峙型的社会。内部层面上，进行科学和合理的制度设计，实现制度化是确保行政自我规制有效性的路径选择。为了增强行政自我规制的有效性，本书从两个层面分析了保障有效性的路径。

　　第五，行政自我规制的法治化。行政自我规制的法治化包含两个层面：其一，行政自我规制作为一种"控权性"制度，与法治精神契合，因而也应当纳入法治的框架下，借助法治原理和工具提升行政自我规制的权威性。其二，行政自我规制的措施和制度需要接受法治的规训，不能违反法治精神进行自我规制，唯此才能保证自我规制在法治框架下运行，保持持久的生命力。

第一章

行政自我规制的基本原理

无论从制度建构角度，还是从理论分析层面，行政自我规制这个命题都是相当厚重的，无法用简单的概念进行诠释，需要对其进行原理化的建构。本章用原理作为限定，旨在将行政自我规制的全貌和盘托出，使其形象更为清晰，从而为接下来的讨论奠定基础。作为原理的内核，行政自我规制的概念、本质、机制、基本动力等是必须要进行讨论的。

第一节　行政自我规制的理论溯源与概念界定

概念、判断、推理是理性认识的三大要素，而概念又是判断和推理的前提。同时，概念是人们进行研究的基本工具，也是沟通的重要媒介。德国伟大哲人康德曾在《纯粹理性批判》中述及"无内容之思维则空，无概念之直观则盲"。[1]一语道出了概念在认识论中的功能与作用。作为一种较新的理论或者现象，对行政自我规制的概念和内涵进行界定是必要的。本部分从三个角度展开，从历史角度梳理行政自我规制理论产生的学术脉络；从语义角度对行政自我规制进行正面定义，梳理其内涵和要素；从对比角度讨论行政自我规制与其他相近概念的区别与联系，即从外部视角更好地勾勒行政自我规制。

一、行政自我规制概念的理论溯源

从学术演进的脉络来看，对于行政自我规制现象和理论的研究，经历了从"只言片语"的分散研究到"一家之言"的系统研究这样一个不断升级的

---

〔1〕　〔德〕康德：《纯粹理性批判》，蓝公武译，生活·读书·新知三联书店1957年版，第73页。

过程。行政自我规制也从现象的存在逐渐被理论化，行政自我规制的概念和要素也是在这个过程中逐渐成型的。以一种历史再现的方式对前人的创造性智力成果进行梳理和分析，有助于更好地了解行政自我规制的概念和理论的前世今生，洞悉该概念的演绎过程，从而使行政自我规制的概念和理论更加厚重，毕竟这是站在巨人的肩膀上眺望远方。

（一）行政自我规制的学术脉络

1. 宪法学的关注——行政机关内部控制

英国学者特伦斯·单提斯和阿兰·佩兹在1998年合著了《宪制中的行政机关——结构、自治与内部控制》一书，该书以英国宪法中的行政机关为研究对象，系统研究了行政机关内部控制的相关现象和理论。正如译者序中所言："该书的主题是如何控制行政机关。传统宪法学采取的路径是外部控制，即通过议会来控制行政机关。"[1]但由于当代行政机关的结构和运作越来越复杂，议会和法院在控制行政机关方面越来越力不从心，因而宪法学的研究必须进行研究视角的转向——关注行政机关的自我规制。该书以对行政机关实际运作（包括财政、政策制定和优化制度等）的考察为基础，将各部作为一个法律自治体，讨论了各部内部控制的实践和相关机制。全书的最后部分对内部控制进行了总结，其中关于内部控制规范化、内部控制与外部控制的关系、内部控制的宪法意义的讨论具有开创性价值。

丹提斯指出，传统上联合王国行政机关的内部控制一直被看作各部的职责，而非中央政府的职责。[2]各部享有法律上的首要地位，必然导致的结果是，对于由各部部长向议会负责这样的运作机制，只能建立实质上属于分权型的内部控制制度。同时指出，在英国，行政机关内部控制的主体是行政机关自身即各部，基础是各部的自治原则，正规化和规则化是主要手段和依据，其目的是优化政府，即建立开放政府和推行良性行政。在丹提斯看来，英国行政机关内部控制的最重要特点是这种内部控制基本上不是法律规定的明确义务，而是基于行政机关内在的动力。实践中，行政机关为自己提出了比法律更高的要求，这些要求都体现在内部制定的规章或政策文件之中。这种开

<hr>

〔1〕［英］特伦斯·丹提斯、阿兰·佩兹：《宪制中的行政机关——结构、自治与内部控制》，刘刚等译，高等教育出版社2006年版，译者序，第1页。

〔2〕［英］特伦斯·丹提斯、阿兰·佩兹：《宪制中的行政机关——结构、自治与内部控制》，刘刚等译，高等教育出版社2006年版，第381页。

创性研究为我们探索控制行政权提供了很好的视角，而且因为其研究是建立在实证基础之上的，所以基本的结论是中肯的和可信的。

2. 行政法中初步关注——行政权自控机制

1997年季涛教授在《行政权的扩张与控制——行政法核心理念的新阐释》[1]一文中提到："行政权在很大程度上严格受控于立法权，可正是由于这种因素，使传统行政权很少受到社会力量的控制，也未建立成熟的行政权自控机制。"文章认为传统行政权没有成熟的自控机制，在文章的最后提出现代行政权的控权机制应包含自控机制的兴起。文章进一步指出，"国家机关之间以'权力制约权力'的控权机制仍旧存在，但随着行政权的扩张，国家机关之间的权力均势已不复存在；而且行政权的直接来源及行使方式也已变得更加复杂，因此，传统的单纯以'权力制约权力'的控制机制已不再充分有效了。于是，社会控权与政府内部权力自控就开始兴起。行政权内部自控机制最明显的现象是专门性行政监督机构的大量兴起。"[2]该文属于较早的在行政法领域探讨行政权内部控制机制的力作。

由于文章的作者探讨的主题是行政权的扩张和控制，内部控制机制只是众多控制机制中的一种，因而其只是在宏观上提到了行政权的内部控制，远没有上升到理论的高度。文章认为传统控权机制的失效，催生了行政内部控制机制的兴起，这一点虽然具有一定的价值，但并不符合现实。因为从现实观察，行政权自控机制一直存在，只不过现代社会的专业性更加凸显其重要性而已。专门性的行政监督机构的兴起被认为是行政内部控权机制的最典型表现，这一点意味着其阐述的内部控制机制的核心仍然在于监督，视野过于狭窄，不能包含行政机关自我规范和制约行政权的其他现象，因而可以说它的启示性大于实际的理论价值。

3. 行政自我控制理论——"一支独秀"

2003年关保英教授在《论行政权的自我控制》[3]一文中，首次阐述了行政权的自我控制理论。文章一开始即为该理论下了定义："所谓行政权的自我控制，是指行政权在运行过程中通过其内部的各种机制进行调节，使内部的

---

[1] 季涛："行政权的扩张与控制——行政法核心理念的新阐释"，载《中国法学》1997年第2期。
[2] 季涛："行政权的扩张与控制——行政法核心理念的新阐释"，载《中国法学》1997年第2期。
[3] 关保英："论行政权的自我控制"，载《华东师范大学学报（哲学社会科学版）》2003年第1期。

各种关系合理搭配、和谐共处，并在发生阻滞的情况下通过内部的救济机制
便可排除运行障碍的行政权控制形式。"关保英教授认为，行政权自我控制有
三个方面的性质：第一，行政权自我控制是一种自律性控制；第二，行政权
自我控制是一种主动性控制；第三，行政权自我控制是一种机制化的控制。
该文章分三个部分先后讨论了行政权自我控制的意义、具体机制以及该理论
对于行政法和行政法学的挑战。就控制机制而言，根据主体形式不同行政权
控制机制包括：第一，单一行政主体的控制；第二，上位机构对下位机构的
控制；第三，下位机构对上位机构的制约；第四，不同行政职能主体之间的
控制。这篇论文较早地在行政法学领域系统讨论了行政主体自我规范和控制
的问题，具有开创性。关保英教授对行政主体自我控制的定位、作用的阐明
是中肯的，而其所言"行政自我控制对于行政法和行政法学的挑战"，具有启
发性和理论冲击力。他指出："行政权的自我控制也必然能够被正当的归入于
行政法的范畴之内，我们必然能够从行政权的自我控制理论中揭示行政法学
的基本原理和理论。"[1]这一主张有助于解决行政权自我控制的法律定位问
题，同时，也有利于丰富行政法治框架和行政法学的体系。

当然，该理论研究也存在一定的缺憾：第一，没有回应实践，缺乏实证
基础。文章主要从抽象理论架构上分析问题，没有回应或者反映行政权自我
规范和控制的现实，其对于行政权自我控制机制的分析，更多的是一种逻辑
上的演绎，而非实践经验的总结。第二，在外部制约和自我控制的关系上，
作者认为行政权的自我控制更为重要，这一点笔者不敢苟同。外部控制与行
政自我控制应当是相互补充的关系，相比较而言，外部控制仍然是规范和控
制行政权的关键机制。从历史的角度看，行政自我控制不是现代社会才有的
现象，但是，为什么在古代行政权自我控制的效果就比较弱呢？原因就在于
外部控制的缺失或者不力。因而，尽管我们需要关注行政权的自我规范和控
制，但是不应以弱化外部控制为目标，否则只能是本末倒置，得不偿失。

4. 行政自制理论——"成一家之言"

司马迁在《报任安书》中立志要"究天人之际，通古今之变，成一家之
言"。一般而言，"成一家之言"是对个人或团体之学术贡献的较高评价。然
而，如果仅止步于"一家之言"，而没有学术共同体中其他人的响应，又会使

[1] 关保英："论行政权的自我控制"，载《华东师范大学学报（哲学社会科学版）》2003年第1期。

这个"一家之言"陷入尴尬境地。以崔卓兰教授为代表的学术团队提出了"行政自制理论",并进行了深入研究,可谓成果丰硕,堪称"一家之言"。[1]然而,行政自制理论所遭遇的学术界共同体的集体沉默,又使得这个"一家之言"遭遇尴尬。[2]

行政自制论者将行政自制定义为行政主体自发地约束其所实施的行政行为,使其行政权在合法合理的范围内运行的一种自主行为。简单说,就是行政主体对自身违法或不当行为的自我控制,包括自我预防、自我发现、自我遏止、自我纠错等一系列机制。行政自制概念包含以下要素:第一,行政自制的主体是政府自身。第二,行政自制的对象是行政权。第三,行政自制的具体方式包括自我预防、自我发现、自我遏止、自我纠错等。第四,行政自制是一种积极的行政行为。第五,行政自制的基本动力来源于政府及其公务员的道德意识,特别是服务相对人的行政理念。[3]行政自制论者从行政自制的可能性、制度机制设计和实现路径等方面进行了深入的研究。一个完整的理论体系已经呈现,故而可以将行政自制视为一个完整的理论,其理论价值自然不容置疑。笔者对行政自制理论的基本内核持支持态度,但是,通过分析其研究成果,笔者发现行政自制理论本身存在一些不可忽视的缺陷,包含不限于以下几个方面。

第一,从理论外延上,该理论主要强调对违法或不当行为的自我控制和自我约束,仍然是一种止恶的思维,忽视了向善的维度。行政自制理论对于行政主体对自身及其公务员提出超越法律要求的内容缺少关注。行政自制仍然是行为之制,缺乏德性引导和善的促进。尽管很多文章提到了道德,但是

---

〔1〕 比较有代表性的研究成果有:崔卓兰、刘福元:"行政自制——探索行政法理论视野之拓展",载《法制与社会发展》2008 年第 3 期;崔卓兰、卢护锋:"行政自制之途径探寻",载《吉林大学社会科学学报》2008 年第 1 期;崔卓兰、卢护锋:"行政自制之生成与建构探讨",载《社会科学战线》2009 年第 1 期;崔卓兰、刘福元:"行政自制理念的实践机制:行政内部分权",载《法商研究》2009 年第 3 期;崔卓兰、刘福元:"行政自制的可能性分析",载《法律科学(西北政法大学学报)》2009 年第 6 期;刘福元:"行政自制——探索政府自我控制的理论和实践",吉林大学 2010 年博士学位论文。

〔2〕 所幸的是近年来吉林大学以外的部分学者也开始关注行政自制理论的相关问题,并将其作为研究的部分理论基础。比如周佑勇:"裁量基准的制度定位——以行政自制为视角",载《法学家》2011 年第 4 期。

〔3〕 崔卓兰、刘福元:"行政自制——探索行政法理论视野之拓展",载《法制与社会发展》2008 年第 3 期。

道德更多的是基础，而不是行政自制的目标和对象。

第二，从理论基础上，其"镜中我"[1]理论可以说是一种天真的类比，行政机关虽然由人组成，但是它毕竟不同于个人，况且作为普通的个人，一旦成为公务员，其本身就不再是一个道德完全和意志自主的人。人可以每天照镜子，从而调整自己，但行政机关则未必能够有这种反映机制，且由于信息本身的不对称性，社会也未必能够像镜子一样对行政机关进行映射。退一步讲，即使行政主体照到了自己的形象，是否进行调整取决于其自身的意愿，需要一定的前提。因而，"镜中我"理论不适当的类比使得它很难成为支撑行政自制可能性的理论。

第三，从行政自制的动力来源上，行政自制理论根本上是建立在道德基础之上的，[2]其对公务员的道德和政府的"善"采取了充分的信任态度，而有意无意地将人的自利性置之不理。[3]建立在纯粹良性道德基础上的理论只能成为一种主观臆想的理论，很难有说服力和证明力。一方面，道德是一种抽象的、难以控制的东西，将自身理论建立在一个漂浮不定的基础之上，根基不稳当然会折损理论本身的生命力；另一方面，人们的道德观因人而异，道德的束缚力更是参差不齐，谁能保证公务员的道德观就与自制理论相契合？最后，古往今来的事实告诉我们，清官廉吏道德高尚的人有之，贪赃枉法道德败坏的官员更是俯仰皆是。因而，这种浪漫的道德假设，一旦遇到残酷的

---

[1]　"镜中我"理论是查尔斯·霍顿·库利提出的社会学理论。该理论把自我以外的其他人比喻成镜子，每当我们在镜中看到自己的面孔、形象和衣着时，我们都对它们产生兴趣，因为它们是我们的；我们对它们是感到欣慰，还是沮丧，取决于它们是否满足了我们希望它们是个什么样的意愿，所以在想象中我们看到了其他人对我们的外貌、举止、目的、业绩、性格、友人的意见，并且受到各种意见的影响。他人就像镜子一样映照着自己的外貌和行为，一个人总是难以避免地根据镜子里的我或者他人对我的评价来调整自己的行为，这是一个人生活在社会上的基本规则。参见［美］查尔斯·霍顿·库利：《人类本性与社会秩序》，包凡一、王源译，华夏出版社1999年版，第30页。

[2]　行政自制论者认为，行政自制的基本动力是政府及其公务员的道德意识，特别是服务相对人的行政理念。崔卓兰、刘福元："行政自制——探索行政法理论视野之拓展"，载《法制与社会发展》2008年第3期。刘福元：《行政自制：探索政府自我控制的理论与实践》，法律出版社2011年版，第13页。

[3]　似乎如果承认政府和公务员具有自私自利的一面，就等于否定了自身的理论。因为行政自制理论强调的是行政机关自愿的自我规制，如果承认他们的恶，自我控制无从谈起。但是，这种规避的态度往往潜伏着危机：假如理论者只是为证明自己的理论而表面上相信行政机关的善，那么这种内心和行为不一致会使研究者最终陷入困境；如果理论者确实坚信行政机关和工作人员的善，并以此进行理论建构，当这种内心确信与事实不一致时，该理论的科学性和可行性就会大大折扣。

现实，便无法提供有说服力的证成。本书的行政自我规制理论，尽管在思想和目的上与行政自制理论具有相似性，但是对道德的态度却不同。笔者不否认道德，而且相信道德的力量，但不能将一种理论的基础和动力建立在道德之上，否则，就是将一项制度寄托在一块漂浮在大海里的冰川之上，随时都有葬身海底的危险。不可否认，实践中的行政自我规制，有的是出于某些行政人员的道德善念，但更多的也许跟道德本身并没有必然的联系。正如包万超教授所言："学者们在实证理论上面临的困境过去是，现在仍然是行为动机二重性假设造成行政法分析基础的不一致性，即：将行政机关视作超越于个人之上的有机体，或将政府官员视作具有集体身份的个人，这些机关和官员具有不同于普通公民的利益诉求和行为动机。前者是或者应当是受利他主义动机支配的、寻求和促进公共利益的'人民政府'和公仆，后者则是追求个人利益的利己主义者，这种假设是致命的。"[1]

第四，行政自制论者提出的内部行政法视角仍有诸多理论问题需要解决。行政自制论者主张行政自制理论以内部行政关系为调整对象，以内部行政法为视角。比如有学者指出，"在行政法领域，行政法治要运行良好必须借助内部行政法，内部行政法通过改革内部组织结构和程序机制，能使法治要素深入到行政行为的末梢和脊髓，尤其在中国国情之下，移植于域外的外部行政法控制权力模式本身就存在诸多缺陷，内部行政法更能增进控制权力的实效。"[2]他们虽然试图通过"内部行政法"这一概念，将行政自制的理论和实践纳入行政法的框架下，但对于很多相关问题，其还未深入研究。比如，到底是行政自制理论指导内部行政法，还是内部行政法为行政自制提供依据？解决这一问题是至关重要的。如果定位为前者，即行政自制理论是指导内部行政法的，而现实中内部行政法又必然包含行政组织法。行政组织法作为一种国家立法，其实施的保障机制在于权力机关和司法机关，本质上是一种外在规制。这就使得他们所言的内部行政法与共识中的内部行政法发生了逻辑冲突。因而，如何实现逻辑的自恰是行政自制理论需要解决的问题。

第五，从现有行政自制理论的研究成果来看，除个别论文外，大部分文

---

[1] 包万超："公共选择理论与实证行政法学的分析基础"，载《比较法研究》2011年第3期。
[2] 于立深："现代行政法的行政自制理论——以内部行政法为视角"，载《当代法学》2009年第6期。

献都凸显出一种行政学或者行政管理学的研究进路，其对于行政自制的法学问题则讨论不足。一个可能的解释或许是行政自制论者已经将行政自制作为行政法的当然理论和制度。但从行政法学界集体沉默的现状来看，行政自制理论显然需要证明自己的行政法学地位。无论是作为理论的行政自制理论还是该理论背后的实践，都需要纳入法治的框架中去，因而其法学问题也是需要重点关注的。法学色彩不足，可能是行政自制理论的缺憾。

5. 行政机关自我规制——域外的研究

美国弗吉尼亚大学的伊丽莎白·麦吉尔教授 2009 年在《乔治·华盛顿大学法律评论》上发表了题为《行政机关的自我规制》的长篇论文，将行政机关自我规制命题引入行政法领域。[1]麦吉尔认为，应当将"自我规制"作更为限缩的界定，即在无权威渊源要求行政机关如何行事时，行政机关自愿启动的约束自身裁量权的措施。这些措施包括执法指南，支配执法者如何履行职责的规则，法律未曾要求，行政机关为履行法律委任而设定的具体措施。[2]麦吉尔的"行政机关自我规制"概念包含一些关键因素：第一，行政机关自我规制的对象是自身的行政裁量权。这里的行政裁量权应当是广义上的，是指行政机关"自治"范围的事项。也就是法律未作明确规定的领域，行政主体因而享有一定自主决定权。第二，行政机关自我规制是出于自愿，而非法律的明确义务。第三，行政机关自我规制的措施主要是制定实定法以外的规则，并以更为严格的程序来实现。[3]麦吉尔教授的研究对于我们的启示有如下几点：第一，域外部分行政法学者已经开始关注行政机关对自身行政权的控制，这具有信号意义，即行政机关对行政权进行自我规范和控制的研究并不是中国学者的"独角戏"。第二，将行政机关自我规制的适用范围仅限于行政裁量权，使得行政自我规制概念本身更容易把握。第三，其强调行政机关自我规制是出于行政机关的自愿，而非法律的明确义务，这一点具有非常重要的价值。如果是法律明确规定的义务，原则上仍属于他制，至少不属于纯

---

〔1〕［美］伊丽莎白·麦吉尔："行政机关的自我规制"，安永康译，载姜明安主编：《行政法论丛》，法律出版社 2010 年第 13 卷，490~510 页。

〔2〕［美］伊丽莎白·麦吉尔："行政机关的自我规制"，安永康译，载姜明安主编：《行政法论丛》，法律出版社 2010 年第 13 卷，第 510 页。

〔3〕［美］伊丽莎白·麦吉尔："行政机关的自我规制"，安永康译，载姜明安主编：《行政法论丛》，法律出版社 2010 年第 13 卷，第 501~504 页。

粹意义上的自我规制。

当然,麦吉尔教授将行政机关自我规制的对象限定为行政裁量权的做法,尽管对于理论研究而言更加便利,但是,也使得一些本属于该概念内涵之下的行政机关自我规范和控制行政权的现象被人为地排除在外。最终的后果是论者所使用的概念与现实存在张力,概念无法反映真实的情况,导致概念本身的价值有所折损。行政机关自我规制定然是以行政裁量权为核心的,但不应该限定为行政裁量权,因为行政权中其他权能或者说从属于行政机关的公务员之行为和道德问题,有时也会纳入行政自我规制的范围内。毕竟,对后者的规制是保证行政裁量权自我规制产生实效的重要因素。

6. 行政自我规制——以初步探索的名义

2011年沈岿教授发表了题为《行政自我规制与行政法治:一个初步考察》的论文,以初步考察的姿态对行政自我规制进行了讨论。沈岿教授强调,仅仅仰仗立法、司法的外部规制是远远不够的,行政的自我规制,一直是非常重要的、不容忽视的推动行政法治之力量。[1]文章并没有给行政自我规制下一个定义,而是列举了现实中存在的行政自我规制的表现:规则制定程序与合法性审查;备案审查制度;行政裁量基准等等。文章论证了行政自我规制的动力:法理型统治;民主、法治意识形态与现实需求;行政的民主合法性压力和官僚科层制的结构等。论者在肯定行政自我规制积极作用的基础上,也指出了行政自我规制本身的局限性:"当前促发行政自我规制的动力,在系统性、持续性和有效性方面存在不足。因而应当重视行政自我规制作为行政法治建设的重要力量,但是,不能完全依赖于行政自我规制。"[2]文章从实证考察的角度分析外在规制对于行政权控制的不足和行政自我规制的现实表现,使得行政自我规制理论凸显其现实性和必要性,具有坚实的基础。

从文章对行政自我规制主要表现的列举来看,沈岿教授提出的行政自我规制的概念是整个行政系统的自我规制,包含法律化的自我规制,也包含非法律化的自我规制。而且其行政自我规制概念更多的是指行政主体自我守法的现象,比如规则制定程序制度和合法性审查制度,备案审查制度都是为了实现合法性,裁量基准也是为了实现执法或者行政的更加合理。应该说,对

---

〔1〕 沈岿:"行政自我规制与行政法治:一个初步考察",载《行政法学研究》2011年第3期。
〔2〕 沈岿:"行政自我规制与行政法治:一个初步考察",载《行政法学研究》2011年第3期。

于行政系统内部进行的良性行政、善意执法、服务理念和对公务员行为的规范等超越法律要求的现象则没有包含在内。笔者认为，行政自我规制仍应当在法治的框架下进行，其方法、手段、对象和目的却不必然是法律的，不应该为了将其纳入行政法的范畴而削足适履。

（二）选择"行政自我规制"

概念工具是理论研究的基础，是学术沟通的媒介。因而，在进行理论研究之前应当着重强调对于概念的选择。通过对学界部分关注"行政权自我规范和控制理论"的研究成果的梳理，可以发现它们之间的共同之处在于：相信行政权的自我规制是现实的、可能的和必要的，而且应当纳入行政法学的研究框架当中。当然，它们也存在明显的不同：关于行政权的自我规范和控制的定义、范围、目标和手段等都存在分歧。以上论者各自提出了自己的概念，这就面临着概念选择的问题，因为概念的选择意味着对于该概念所代表之理论内涵和外延的接受。一般而言，概念选择应当力求能够有效涵盖其所代表的理论和现实的外延。鉴于行政自我控制、行政自制等概念的狭窄性，我们选择"行政自我规制"作为本书研究的核心概念。当然，这个概念本身又有必要进行适当限缩，去除一些不必要的外延。之所以选择"行政自我规制"这一概念来代表自身研究的理论，主要是基于以下几个理由。

1. 规制含义更为丰富

从语义角度，规制相比于"控制"，规制具有更丰富的内涵。《辞海》关于"规制"的解释为：（1）规格制式；（2）规模形制；（3）以市场机制为基础的经济体制条件下，以矫正改善市场机制内在的问题为目的，政府干预和干涉经济主体活动的行为。[1]《当代汉语词典》对于"规制"的解释为：（1）规则和制度；（2）规模，形制。[2]传统意义上，"规制"一词主要是作为经济学上的概念使用的，指国家对于经济的干预。但是，从权威工具书的解释可知，"规制"并非仅指经济学上的国家干预，而是具有较为丰富的内涵。语义上的多元性为本书引入"规制"一词提供了较为灵活的空间，可以防止因为概念的误用而使理论本身陷入困境。相比规制而言，"控制"主要有两层含义：操纵；使某物处于占有、支配之下。换言之，控制的含义主要指对于人

––––––––––

[1]　《辞海》（第六版），上海辞书出版社 2009 年版，第 1550 页。

[2]　龚学胜主编：《当代汉语词典》，商务印书馆 2008 年版，第 647 页。

或者物的一种制约和束缚，词义较窄。实际上，行政主体对于自身行为不仅可以制约，而且可以引导，不仅可以止恶，而且可以扬善，不仅指对于法律的遵守，而且可以有一定的超越。综上，规制的含义比控制较为丰富，能够容纳更为丰富的理论内容。

2. 规制更符合行政法的话语体系

规制的用法更能体现出一种规范化的制约，更贴近行政法学的话语体系。[1] 在传统行政法学上，政府规制和行政规制是重要的行政手段，规则的对象主要是行政相对人。随着行政法学的发展，越来越多的学者开始用"规制"一词来表示对于行政权的规范和制约。[2] 根据权威工具书的解释，规制具有"规格制式"的意思，因而更方便用于代表制度化制约的含义。另外，就本质而言，行政法是规范和控制行政权的法。控制仅是行政法的本质和功能的一部分，因而，行政自制或者行政自我控制无法与行政法的本质完全契合，更不能容纳现实中存在的行政主体积极向善的行为。况且，"控制"一词的使用过于频繁，有泛化倾向，因而不宜作为专门的法学术语。

综上，由于规制比控制的含义更为丰富，"规制"更符合行政法的话语，因而，本书选择"行政自我规制"这一概念作为研究的"概念工具"。

（三）行政权自我规制含义的选择项

文字本身的灵活性决定了概念本身往往具有伸缩性和不确定性。因而，一个概念所代表的内涵往往不是完全固定的。行政自我规制作为内涵丰富的概念，本身也具有一定的伸缩性，可以分为广义、一般和狭义三个层面。

1. 广义的行政自我规制

广义的行政自我规制是指行政权作为一个系统，其内部展开的对行政权、行政措施进行规范和制约的各种制度和措施的总和。该种意义上的行政自我规制包含三个层面：第一个层面是法律化的行政自我规制，如行政复议、行政监察、行政审计和上级行政机关对于下级行政机关违法的监督等。[3] 第二

---

[1] 徐维："论行政机关自我规制"，中南大学2012年博士学位论文。

[2] 姜明安："论行政裁量权及其法律规制"，载《湖南社会科学》2009年第5期；姜明安："论行政裁量的自我规制"，载《行政法学研究》2012年第1期；门中敬："行政软权力的法律规制模式研究"，载《法学论坛》2011年第1期。上述论文的共同特点，都将对行政权的规范和控制称为"规制"。

[3] 如沈岿教授持类似观点。参见沈岿："行政自我规制与行政法治：一个初步考察"，载《行政法学研究》2011年第3期。

个层面是行政机关采取法律规定之外措施进行自我规制。如行政主体采取措施确保自身行为的合法性和合理性；行政主体在合法的前提下对自身和公务员提出更高的要求等。第三个层面是行政主体的工作人员对于自身行为的约束，主要指道德自修和行为自控。

2. 一般意义的行政自我规制

一般意义上的行政自我规制包含两个层面：第一，行政机关采取法律规定之外措施进行自我规制。如行政规范性文件制定及合法性审查制度、备案审查制度、行政裁量基准制度等。第二，行政主体内部工作人员对自身行为的约束，主要是指道德自修和行为自控。事实上，行政自我规制所覆盖的领域或问题，不限于行政规范性文件的制定及合法性审查制度、备案审查制度、行政裁量基准制度等。根据沈岿教授考察，在重大行政决策的做出、政府信息公开、行政问责制等方面，行政系统也都在积极地创设规则，以实现"规则之治"（the rule of rules）。[1]

3. 狭义的行政自我规制

狭义的行政自我规制仅指一个层面：行政主体采取法律规定之外的措施对于其自身及其公务员的行为进行自我规范和控制。当然，也包括行政主体对其所管辖下级单位行为的规范和制约。

应该说，作为现象存在的行政自我规制原则上指的是最广义的行政自我规制，即任何有助于行政权的自我规范和控制的手段和措施，都应当纳入行政自我规制的范畴。但是，从理论讨论的方便和法律以行为为调整对象的属性考虑，本书所关注的行政自我规制仅指狭义的行政自我规制现象。

二、行政自我规制的概念界定

对他人研究成果的分析和总结，不能代替理论提出者对于自身所提理论概念的界定。本部分主要试图运用正面定义和反向排除的方法，对行政自我规制的概念进行界定。

（一）行政自我规制的内涵

在批判吸收前人研究成果的基础上，本书对于行政自我规制的内涵界定如下：行政自我规制是指行政系统内部自发开展的，以规范和控制行政权为

---

〔1〕　沈岿："行政自我规制与行政法治：一个初步考察"，载《行政法学研究》2011 年第 3 期。

目标，以行政主体自身及公务员行为为对象，以止恶和扬善为维度，通过各种措施，确保行政权合法、合理和有效行使，并进而实现行政正义、增强行政回应性等价值的自我规范和控制的制度、方式和手段的总和。

从逻辑上讲，对于某些正面定义较为困难的概念，运用排除的方法有利于更准确地把握概念本身，故而在进行正面定义的基础上，试图进行反向排除式的界定。

1. 行政自我规制不是公务员的道德自修和行为自律。公务员的道德自修和行为自律无疑是一种非常重要的自制或自律机制。但是，行政自我规制本身不涉及道德自修。因为纯粹的道德自修是公务员自己的事情。行政自我规制制度可以引导道德自修，为道德自修提供环境和基础，但是，道德自修本身不属于行政自我规制的范畴。换言之，行政自我规制关注道德自修，但其不应当纳入行政自我规制的理论框架下。基本理由如下：道德自修是一种内在选择的问题，本身无法制度化。道德自修主要是行政伦理学关注的问题，在行政法语境中其只能是一个目标，而不是手段和方式。之所以强调这一点是为了与行政自制论相区分。因为"行政自制论者以现代行政伦理学为基础，强调行政人员应当在行政过程中主动考虑行政的道德约束，其所实施的行政行为应当以服务相对人、增进公共利益为主观动机，并且行政人员要能够积极地适应'人民公仆'的角色定位，真正地把人（相对人）当作目的，而非为实现一己私利而任意利用的手段和工具"。[1]

2. 行政自我规制不包括法律化的行政复议、行政监察等制度。行政复议、行政监察无疑属于广义上的行政自我规制，但这种自我规制是基于法律的要求而展开的，即以法律为基础和依据。这就意味着行政复议、行政监察等制度是法律制度，本质上是一种外部规制，属于传统行政法关注的范畴，因而不需要再通过自我规制理论展开专门的研究。质言之，本书所探讨的行政自我规制，是在法律框架内，但不是基于法律直接要求而进行的自我规制，是一种狭义的自我规制。当然，狭义行政自我规制的研究，不能回避与外部规制的关系，同时也可以发现，外部规制过程中也藏着内部规制的影子。比如，行政复议实践中也有一些行政主体自我主动控权制度创新。

---

[1] 崔卓兰、刘福元："行政自制——探索行政法理论视野之拓展"，载《法制与社会发展》2008年第3期。

（二）行政自我规制的内涵与要求

概念本身的界定不能只依赖于简单的定义，还有必要对该概念的相关要素进行分析。无论从理论溯源角度还是从行政机关自我控权的实践角度，都可以看出行政自我规制是一个系统性概念，其本身包含着丰富的内涵与要素。

1. 主体要素

行政自我规制的主体是行政主体，即各类享有并行使行政权的行政机关和法律法规授权组织。行政主体中的工作人员不是自我规制的主体，一般是行政自我规制的对象。行政权的真正享有者是行政主体自身，因而行政自我规制的主体也应当是行政主体，而非立法机关、司法机关，否则，便偏离了行政自我规制的范畴。将行政自我规制的主体限定为行政主体，决定了行政自我规制的行政性和自主性，使其与外部规制和道德自律相区分。

2. 行政自我规制的调整对象为公法行为和公共行政

行政自我规制的调整对象是行政行为和公务员公法意义上的行为，或者说针对的是公共行政。人的外在行为具有客观性和可控性，因而制度或者规则一般都以"行为"为直接调整对象。作为一种制度化或者规范层面上的行政自我规制也应当以"行为"为主要的调整对象。法学意义上的行政自我规制则更应当以行为为调整对象。正如马克思所言："对于法律而言，除了我的行为之外，我是根本不存在的，我根本不是法律的对象。我的行为是我同法律打交道的唯一领域，因为行为就是我为之要求生存权利，要求实现权利的唯一东西，而且我才受到现行法的支配。"[1]尽管行政自我规制的规则未必直接源于法律，但其"规则之治"的特性决定了它必然以行为为调整对象。行为的客观性和可控性决定了，以行为为调整对象更加方便，效果更为明显，且契合制度设计的基本原理。

3. 行政自我规制包含两个维度：止恶与扬善

行政自我规制作为行政主体对自身行政权的规范和控制，其本身包含两个维度：止恶和扬善，这一点使其显著不同于他制的维度。[2]止恶是指行政主体通过各种措施，确保自身及其工作人员的行为能够符合法律、政策、职

---

[1]《马克思恩格斯全集》（第1卷），人民出版社1956年版，第12~15页。

[2] 他制主要以止恶为维度，扬善是次要的或者是间接的产品。因为他制主要是建立在人性恶假定基础上的。

业道德的规定，防止违法违规或不良行为的发生，同时，对于发现的违法违规不良行为予以及时纠正，对相关责任人予以追究。扬善包含四个层面：第一，在合法的基础上，对自身提出更高要求，积极回应社会的需求，对法律的最低要求进行适度超越。第二，对于行政主体及其工作人员提出伦理要求，即通过有效措施提升公务员整体的道德素质，并要求其在行政过程中践行要求较高的伦理规则。这样做一方面使得行政活动更加人性化，充满人文关怀；另一方面，营造一种更为优化的机关文化和氛围。第三，对行政主体及其工作人员提出更高的专业化要求，从而提升自身服务的科学性和专业性。第四，主动弱化行政行为的强制性，减少行政权行使的暴力性，体现文明执法的风尚。

4. 行政自我规制的方式和手段具有多样性

作为一项系统工程，行政自我规制的方式和手段具有多样性，包括但不限于：实体规则的制定；行政程序的建构；内部监督制度；内部奖惩制度；内部评价制度；内部文化建设等。这些措施和手段的主要特点是其一般来自于行政主体的主动建构，或者是在法律基础上提出的更高要求，内容和形式均具有多元化。方式和手段的多样性既具有积极意义也具有消极意义。其中，积极意义体现在多元化的方式和手段，有助于根据行政主体自身的特点进行制度设计，增强行政自我规制的有效性和针对性，符合公共行政多元化和专业性的特点。消极意义体现在庞杂而复杂的方式和手段往往因其游离于法律之外，一方面缺乏"稳定性""可靠性"，另一方面无法得到有效的规制，可能存在违反法治精神、侵害公务员利益或产生负效应的行政自我规制措施。

5. 行政自我规制是一种过程控制

现代行政法的行政过程理论[1]强调行政活动是一个由多元要素构成的行政过程，应当注重各要素之间的有效衔接，实现对行政权的过程性控制。透过实践观察可知，行政自我规制贯穿于整个行政过程之中：行政行为作出之前的行政自我规制，是行政过程的重要一环，行政行为过程中的行政自我规

---

〔1〕 有学者教授认为，行政过程是指行政主体（或公权力主体）在行政权力的配置、实施与受监督中与其他主体之间所产生的相互作用、相互影响在时间和空间上的各种表现形式和状态，是一系列相互作用的环节、阶段、步骤和方式等复合构成的一个动态系统。行政过程包含以下要素：主体要素（参与者）；法律要素（权利义务要素）；程序要素；时间要素；空间要素；系统要素。参见湛中乐：《现代行政法的过程论——法治理念、原则与制度》，北京大学出版社 2005 年版，第 30~31 页。

制是融入行政行为过程之中的一个因素。从行政过程论的角度，行政自我规制包括：权源规制、程序规制和结果规制，是一个系统的过程控制。权源规制不是指权力来源的规制，而是在权力源头对于自身的权力进行更加明确的界定，细化权力行使规则，明确权力行使主体等，确保权力能够正确行使。程序规制包括：在合法的基础上，对规则制定程序、行政行为程序和行政救济程序等提出更高的要求，制定更为严格、科学和高效的程序规则，并且通过保障这些程序的遵守，实现对行政权的程序控制。结果规制主要是通过设定未来行为的预期或者通过事后的控制，使行政权的行使结果处于可控之中。比如，对于违法或者违规的行政人员进行追责，促使其行为的结果更加符合法律和内部的规定。

（三）行政自我规制的行动逻辑：构建"内部行政法"实现控权

现实中，行政自我规制主要体现为行政系统内部行政主体通过制定规则、发展惯例、提升能力等方式，实现行政权合法性、正义性和道德性，而这些做法彰显了法治、分权和制衡等宪法价值。

在美国，学者们透过对行政实践的考察发现行政机关内部存在自我规制的做法并取得了良好的效果。比如，马肖教授通过对美国建国之初一百年时间里，联邦行政机关运行实践的考察发现，尽管没有宪法、法律的明确要求，各类行政机关制定的规则、备忘录、指南、通告和形成的惯例等，以多种方式有力地塑造和规范着行政官员的行为。[1]在马肖教授看来，这些内部的规则和先例，构成一种"内部行政法"体系，且这一体系绝非可有可无，而是构成了一个严密的网络，为政治责任和司法审查的实现提供了必要机制。[2]基于此，马肖教授将美国的行政法系统分为内部行政法和外部行政法，指出二者共同致力于行政权合法性的实现，且内部行政法要比外部行政法产生更早，是外部行政法发挥作用的关键。[3]最后，马肖教授将行政机关建构内部行政法实现自我控权的过程，称为"创设行政宪法"（*Creating the Administrative*

---

〔1〕［美］杰里·L·马肖：《创设行政宪制 被遗忘的美国行政法百年史（1787~1887）》，宋华琳、张力译，中国政法大学出版社2016年版，第335页。

〔2〕See Gilliam E. Metzger, "The Interdependent Relationship between Internal and External Separation of Powers", *Emory Law Journal*, Vol. 2009, No. 59.

〔3〕See Jerry L. Mashaw, *Creating the Administrative Constitution: The Lost One Hundred Years of American Administrative Law*, Yale University Press, 2012, p. 10.

Constitution)。

安加利·达拉尔教授（Anjali S. Dalal）通过对美国联邦情报局（FBI）形成和发展历史的追溯发现，为了回应全国的关切和国会设立的丘奇委员会的调查结果，司法部长爱德华·李维积极从事规范创制，在1976年为FBI制定了一系列内部指南。这些指南主要是为了指导和规制FBI维护国内安全的行动，为FBI的行动提供了原则和程序，对于FBI行为的规制具有积极意义。在达拉尔教授看来，"李维指南"为平衡国家安全与宪法第一修正案保护之间的关系提供了不同的解决方案：根据"李维指南"，国家安全调查仅能被用于查明组织或个人试图进行危害国家安全行为的信息，实际上为FBI国内情报搜集工作设定了一个直接的、明确的适用范围，从而防止FBI滥用调查权。"李维指南"中包含的规定，实际上提出了一系列关于政府监视的新宪法规范，[1]因为这些规则都是与公民基本权利保护息息相关的。

管窥我国行政机关的运行实践可知，行政机关亦存在自我规制的做法。比如行政裁量基准制度的实践便源于金华市公安局的经验总结和主动建构，是行政自我规制的典型例证。[2]再比如，深圳市推行的"行政三分制"，将行政权分为决策权、执行权与监督权，旨在实现三种权力之间的制衡，同样是行政自我规制的体现。[3]除此之外，行政系统或行政机关内部开展的绩效考核、行政规范性文件合法性审查、备案审查活动，在重大决策、政府信息公开、行政问责制等方面，积极地创设规则，以实现"规则之治"（the rule of rules）等活动，都是行政自我规制的体现。[4]上述行政自我规制措施有以下共同的特点：第一，并无明确的宪法或者法律要求，具有自发性和"创制性"，即行政主体进行自我规制并非是宪法和法律的要求，体现了行政主体自我规制的主动性。比如，裁量基准和行政三分制都不是法律要求的。第二，相比法律规制，上述规制措施更加细密、更具有针对性、更契合行政的专业性。以裁量基准为例，该措施更适用于规制行政机关的裁量权，而法律因为

---

〔1〕 See Anjali S. Dalal, "Shadow Administrative Constitutionalism and The Creation of Surveillance Culture", 2014 *Mich. St. L. Rev*, Vol. 2014, No. 59.
〔2〕 周佑勇："裁量基准的制度定位——以行政自制为视角"，载《法学家》2011年第4期。
〔3〕 崔卓兰、刘福元："行政自制理念的实践机制：行政内部分权"，载《法商研究》2009年第9期。
〔4〕 沈岿："行政自我规制与行政法治：一个初步考察"，载《行政法学研究》2011年第3期。

相对原则和粗疏无法起到这个作用。第三，行政自我规制往往是外部规制发挥作用的重要基础。比如，行政权三分制、内部绩效考核和行政问责制，均是督促行政机关及其工作人员认真履行法律的重要基础。第四，行政自我规制的目标指向均是控权而非赋权。

综上，行政自我规制的行动逻辑可以总结为行政机关通过建构"内部行政法"实现自我控权的过程和措施。在并无明确的宪法和法律的要求的情况下，行政机关通过制定实体性和程序性规则，实现内部制约和平衡，一方面有助于提高行政效益，另一方面有助于提升行政行为的合法性。[1]

三、行政自我规制与其他概念的区别

为了防止混淆和误用，有必要对一些与"行政自我规制"相似的概念进行辨析。行政自我规制与"行政自律""行政自治"和"行政自制"概念之间存在一定相关性，容易混淆，有必要对它们进行区分，从而使行政自我规制概念更为清晰和具体。

（一）行政自我规制与行政自律

行政自我规制和行政自律之间存在相通之处，因而有人可能认为行政自我规制就是行政自律。就本书所研究的行政自我规制而言，其与行政自律存在明显差别。自律是指"自己约束自己"，或者"当某人履行约束他的法律时，他便被称为自律（make his law）"。[2]应该说行政自我规制包含了行政自律的精神和部分内容，但是，其与行政自律存在以下几点差别：1. 主体不同。行政自我规制的实施主体仅包括行政主体，而不包括行政主体的工作人员。行政自律则没有这个限制，而且对于行政主体工作人员的道德自律给予特别的关注。2. 规范化程度不同。行政自我规制强调用制度化和规则化的手段实现对行政权的规范和制约，更为规范和严格。行政自律对于制度化和规则化则并不倚重，更强调文化建设和道德约束。3. 作用机理不同。行政自我规制重视对行政主体工作人员道德素质的训练和培训，但是，并不依赖于行政主体工作人员的道德自觉。行政自律则更多建立在行政主体工作人员道德

---

〔1〕 See Mila Sohoni, "The Administrative Constitution In Exile", *Wm. & Mary L. Rev*, Vol. 2009, No. 57.

〔2〕 中国社会科学院语言研究所词典编辑室编：《现代汉语词典》，商务印书馆 2002 年版，第 1668 页；〔英〕戴维 M 沃克：《牛津法律大辞典》，邓正来等译，光明日报出版社 1988 年版，第 578 页。

素质之上，即道德因素是行政自律的重要基础。概言之，行政自我规制是以道德为手段，而行政自律则以道德为基础。4. 目标和要求不同，行政自我规制的目标和要求高于行政自律。行政自律强调自身行为符合法律政策和道德的要求，或者符合自身所相信的道德法，归根结底还是一种消极的自我约束，权力约束强度以及具体要求相对较低。相比之下，行政自我规制则具有更多元的目标，一方面体现为行政主体主动使自身行为合法、合理，另一方面体现为根据实际情况，超越法律和政策对自身提出更高的要求。比如，为了践行善治理念，对自身提出善治的要求。以行政许可为例，行政自律只关注行政人员不违法、不拖延等，而根据行政自我规制的理念，行政主体则可以提出更高效率、更好服务的要求。很多地方推行"只跑一次""当场办理"等制度，比法律规定的期限明显缩短，体现了更强的便民性和效率性。

总之，行政自我规制是"法治层面"[1]行政权的自我规范和约束，行政自律则是一种"伦理层面"的行政权和公务员的自我规范和约束，二者虽有交叉，但存在较大差异，因而不能将行政自我规制简单地理解为行政自律，否则将降低其价值。

（二）行政自我规制与行政自治

《布莱克维尔政治学百科全书》对自治（self-government）的解释是"某个人或集体管理其自身事务，并且单独对其行为和命运负责的一种状态"。按照《现代汉语词典》的解释，自治是指"民族、团体、地区等除了受所隶属的国家、政府或上级单位领导外，对自己的事务行使一定的权力"。[2]按照权威工具书的解释，行政自治是建立在行政、立法和司法三权分离基础上的概念，强调的是行政机关对自己所辖领域进行自主安排，不受其它权力的干预，或者尽量排除干预的一种状态。例如，法国行政法中的行政自治具有三层核心含义：第一，普通司法权与行政权及行政审判权相分立并不得干涉行政运行的理念；第二，独立的行政法院系统行使对行政案件的专门管辖权制度；第三，行政机关与行政法院在行政运动及行政审判过程中不受私法原则安排，而适用独立的行政法规矩的原则。

---

〔1〕 法治层面是指行政自我规制体现了法的精神和原则，即规则之治和正义之维。

〔2〕 邓正来主编：《布莱克维尔政治学百科全书》，中国政法大学出版社1992年版，第693页；中国社会科学院语言研究所词典编辑室编：《现代汉语词典》，商务印书馆2002年版，第1670页。

尽管在行政法治理念下,"行政自治"命题能否成立存在争议,但不可否认的是,在具体的行政领域确实存在一些事项,外界是无法干预或者应当尽量少干预的。比如,行政系统内部人员的业务和道德素质培训、行政裁量权的行使,前者是外界无法干预的,而后者则是应当尽量少干预的。因而笔者认为,"行政自治"这一命题是可以成立的。因为行政权朝着专业化和微观化方向发展,越来越多的领域需要其自我管理,外界的干预空间非常有限。当然,行政自治应当是法治下的自治,即行政机关对某些事项具有"自治权",其他部门应当遵守谦抑原则尽量少干预,但是,行政自治必然是在法律框架内的,最起码是符合法治精神的自治,而不是完全隔绝于世。如果行政机关的自我管理不符合法治的精神原则,那么其他机关不应该袖手旁观。换言之,行政机关不存在绝对的行政自治空间,其只存在法治之下有限的自治空间,在必要时需要接受外界的控制和干预。

行政自我规制与行政自治之间具有一定的交叉关系,本质上讲,部分行政自我规制属于行政自治的范畴。但是,有些行政自我规制则不属于行政自治的范畴,这些事项也属于外部规制的领域,行政自我规制只是各种规制的一种形式而已。一言以蔽之,行政自我规制与行政自治具有交叉关系,但又不完全一致,因而,应当将二者进行区分。

(三)行政自我规制与行政自制

根据前文的梳理可知,行政自我规制与行政自制在本质上是相同的,都关注行政权进行的自我控制和约束,两者所研究的视角、所关注的行政法现象、所倡导的理念、所建构的制度和提出的路径具有很大的共通性,可以说都是一种理论模型,因而,二者的理论基础和研究成果具有共享性。

当然,行政自我规制与行政自制的区别也不应忽视。在理论基础上,行政自制强调伦理学基础,把自制的可能性、现实性和基本动力建立在公务员的道德自觉基础之上。与之不同的是,行政自我规制虽然强调道德伦理的重要性,但是,并不把它作为基础和基本动力,而是将其视为一种手段。在目标定位上,行政自制以控制行政权为目的,强调行政行为的合法性和合理性,仍然是一种法律上的要求。行政自我规制目标包含两个方面:一方面是行政权应当合法、合理行使;另一方面是对行政主体及公务员提出比法律更高的要求,有一种向善的追求,是对法律的超越。

第二节　行政自我规制与善治

　　世界范围内出现的治理危机促使"善治"[1]理念的提出和实践。现实中，各国逐步接受了善治的理念，并积极做出回应。作为一种公共治理的模式和理念，善治具有丰富的内涵，其一经提出便对当前的治理模式和行政方式提出了挑战。善治意味着治理理念和模式的根本变革，其要求政府更为透明、高效，具有更强的回应性。传统的外部规制模式在回应善治要求方面存在不足，善治对于行政权的更高要求，更多地依赖于行政主体进行自我规制。作为背景的善治要求行政主体进行自我规制；反过来，为了回应善治的要求，应当加强对于行政自我规制的研究与实践。既然善治成为一种必然的趋势，那么就应当将其引入法学语境中来，讨论其与法治和行政自我规制的关系，从而为更好地研究行政自我规制提供背景支持。

一、作为背景的阐释：善治

（一）善治的起源：治理危机催生善治理念

　　1989 年世界银行提出非洲的"治理危机"（The Crises of Governance）概念，"治理"便逐渐发展成一个内涵丰富、适用广泛的理论，并在许多国家的政治、行政、社会管理改革中得到广泛的运用，更少的统治，更多的治理，成为当前一些国家改革和发展的口号。1995 年联合国治理委员会发表的一份题为《我们的全球伙伴关系》的报告认为："治理是各种公共的或私人的机构管理其共同事务的诸多方式的总和，它是使相互冲突的或不同的利益得以调和并且采取联合行动的持续的过程，它既包括有权迫使人们服从的正式制度和规则，也包括各种人们同意或以为符合其利益的非正式的制度安排。"[2]治理是应对治理危机而提出的概念，其重要价值还在于实现了统治向治理的转变。

　　"善治"（good governance）是治理理论的进一步总结和升华，治理的最

────────────

　　〔1〕　正如有学者所言，人类对于善治的关注与人类文明本身一样历史久远，社会哲学家、政治思想家以及行政管理者的大量著作都能证明这一点。然而，当前学界对于善治的关注，并不是来自于远古的理念，而是对于现实的回应。国际行动援助中国办公室编译：《善治——以民众为中心的治理》，知识产权出版社 2007 年版，第 1 页。

　　〔2〕　石佑启："论行政体制改革与善治"，载《江汉大学学报（社会科学版）》2009 年第 1 期。

终目标是善治。作为善治的治理，其典型特征是强调效率、法治、责任的公共服务体系的建立。

通过简单的梳理可知，善治理念的产生有一个清晰的脉络：社会危机促使"治理"取代"统治"成为公共管理服务的基本方式，而"善治"则是对"治理"提出的一种要求或者评价治理的重要正面标准。透过善治的产生脉络可知，这一理念具有深刻的实践基础，体现了一种强烈的社会责任感和使命感，是一种具有正面价值导向的先进理念，应成为世界各国的普世价值。在我国，善治理念首先由学者引入，并在学术领域引起了较大的关注。随后，善治理念得到了政府的认可和接受。2014年十八届四中全会发布的《中共中央关于全面推进依法治国若干重大问题的决定》（以下简称《十八届四中全会的决定》）中明确指出：良法是善治之前提。这意味着"善治"理念正式纳入党的最高文件当中，善治正式成为重要的政治话语和治理理念。同时，《十八届四中全会的决定》揭示了法律与治理的关系，只有良好的法律才能形成善治，善治与法治之间具有密切的联系。

（二）善治的概念和要素

1. 善治的概念

通过研究可知，"善治"理念一经提出便引起了世界范围内学者的研究浪潮，善治的内涵也呈现多元化的趋势。俞可平教授认为，"善治就是使公共利益最大化的社会管理过程，善治的本质特征就在于它是政府与公民对公共生活的合作管理，是政治国家与公民社会的一种新颖关系，是两者的最佳状态"。[1]赛德曼教授认为，"善治是指公正决策的高效政府根据依法、问责、透明及公众参与的原则治理国家"。[2]世界银行对善治的解读是："善治是可预见性、开放和启发性的决策（即透明的过程）；充满着敬业精神的政府体制；对其行为完全负责的政府执行机器；参与公共事务的强大公民社会；所有法治下的行为。"[3]"按照系统论的观点，善治首先是对新的实践、新的伙

〔1〕俞可平："中国离'善治'有多远：治理与善治学术必谈"，载《中国行政管理》2001年第9期。

〔2〕[美]安·赛德曼等：《立法学理论与实践》，刘国福等译，中国经济出版社2008年版，第6页。

〔3〕国际行动援助中国办公室编译：《善治——以民众为中心的治理》，知识产权出版社2007年版，第10页。

伴关系、新的合作和新的自我治理的一种探索，而且它能根本上影响现有的组织、制度和过程"。[1]由此可见，不同学者对于善治的理解存在较大的差异，但认真梳理可以发现，尽管研究者们对于善治的定义不尽相同，但是可以从中提取一些有价值的共识因素。

第一，善治意味着政府与公民的合作治理。善治仍然需要政府权威，但是政府不再是权力的唯一来源，其他社会主体同样可以承担管理和服务的职能。善治不仅强调权力的社会化，还强调政府与公民、社会组织之间应当保持合作关系，这显著区别于过去政治理论坚持的政府与公民之间的立场。合作治理体现了民主和理性，是权力主体多元化、权力关系民主化和科学化的重要保证。

第二，善治强调法治的作用。总体而言，善治是国家和社会治理的一种理念、过程和状态，且是一种良性的治理。善治离不开法治的保障，善治不但不否认法治，反而更加强调法治的作用。因而，将善治和法治相对立，或者认为二者属于不同层面问题的想法和主张都不具有说服力。

第三，善治要求政府治理理念和治理措施进行系统变革，强调政府治理应当体现道德性，以增进公众的福祉为目标。而为了实现这一目标，政府必须要对权力行使的观念、方式等进行改革，弱化暴力性，提高服务性。

2. 善治的要素

世界银行的学者们提出善治包含六个要素：发言权和责任（包括市民社会的自由和政治稳定）；政府效率（包括政策制定和公共服务的给付）；没有规制成本的负担；法治（包括财产权的保护）；独立审判权；控制腐败。亚太经合理事会认为善治有八个核心要素：责任、透明、回应性、公正和包容、有效和高效、遵循法治、参与度、共识导向。[2]俞可平教授认为，善治包含十个要素：合法性、法治、透明性、责任、回应、有效、参与、稳定、廉洁和公正。[3]

通过对比可知，学者普遍认可的善治要素包括：法治、责任、有效（效率）、参与。分析善治的要素的价值有二：第一，对于状态意义上的善治，善

---

[1] 国际行动援助中国办公室编译：《善治——以民众为中心的治理》，知识产权出版社2007年版，第12页。

[2] 韩春晖：《行政法治与国家形象》，中国法制出版社2011年版，第107页。

[3] 俞可平："善治与幸福"，载《马克思主义与现实》2011年第2期。

治的要素是评价一国善治是否达致以及达致程度的标准。只有满足善治的各项要素，才能说一个国家达到善治，其不只是一种抽象的理论，更是一种较高文明程度的社会状态。第二，对于过程意义上的善治，善治的要素是政府应该努力的方向和欲达致善治状态必经的路径。本书支持善治十要素说，原因不在于其数量多，而在于俞教授所提的十要素，比较全面地概括了民众和社会对于政府的需求，而这些要素对于公民的幸福和国家的良性运行是必不可少的。

俞可平教授善治十要素说的具体内容为：（1）合法性，即政治秩序和公共权威被自觉认可和服从的性质和状态。（2）法治，即法律成为公共政治管理的最高准则，法律面前人人平等。（3）透明性，即政治信息的公开性。（4）责任，即管理者应当对其自己的行为担负基本的公共责任。（5）回应，即公共管理人员和管理机构对公民的要求作出及时的和负责的反应。（6）有效，即管理的效率。（7）参与，既指公民的政治参与，也包括公民对其他社会生活的参与。（8）稳定，意味着国内的和平、生活的有序、居民的安全、公民的团结、公共政策的连贯等。（9）廉洁，主要是指政府官员奉公守法，清明廉洁，不以权谋私，公职人员不以自己的职权寻租。（10）公正，指不同性别、阶层、种族、文化程度、宗教和政治信仰的公民在政治权利和经济权利上的平等。[1]上述十个要素是政府治理应当追求的目标，也是判断政府治理是否达到善治的重要指标。

3. 善治是国家和社会治理的必然的趋势

善治作为一种治理理念被提出并非理论家的主观创造，而是具有较为深厚的现实基础和诉求，其将是各国发展的一种目标和要求，因而将是一种必然的趋势或者必然选择。善治之所以成为一种必然趋势，基于以下几方面原因。

（1）政府与市场失灵。世界范围内，在特定领域或者场合上演的政府与市场的双重失灵成为不争的事实，并引发了各国治理上的困境、危机或者失败。如何防止政府和市场双失灵，如何在二者失灵时仍能实现有效治理是摆在人们眼前的现实课题。确立善治的目标和机制，对于防止政府和市场的双重失灵，或者保障二者双重失灵时仍能进行有效治理具有重要意义。（2）传

---

〔1〕　俞可平："善治与幸福"，载《马克思主义与现实》2011 年第 2 期

统政府的合法性危机。传统政府合法性的基本逻辑是：代议制机关代表民意制定法律，他们的权力来自人民，并且为了人民而行使，因而使其具有了直接的合法性；行政机关和法院执行或者适用法律，从而借助法律的合法性使得自身具有合法性，是一种"传送带"性质的合法性。[1]在现代法治的早期，这种合法性逻辑或许还具有一定的正当性，但是随着社会的发展，立法权和行政权的合法性出现了危机。首先，就立法权而言，代议制机关的立法开始深入社会生活的方方面面，通过制定法律进行有效的"统治"，而不是更好地代表民意成为现代议会的重要特点。这种趋势在可预见的将来应该说会更加突出。这就引发了一系列问题：细微化和专业化的统治规则是否是民意的体现？既然某些规则只是一种单纯的统治技术，其合法性又如何保障？况且，代议民主制的合法性的保持本身就因代表者和被代表者的分离而受到质疑。其次，行政权的扩张[2]使得行政权的合法性本身也出现了合法性危机，行政立法权和自由裁量权的存在使得行政过程实质上成为一种"政治过程"。[3]行政过程的政治化使其面临着合法性的质疑，因为它们本身并非民选产生，不具有民意基础。传统政府的合法性危机促使其进行改良，通过善治来弥补合法性危机是一种理性选择。（3）社会和公民对于治理的需求不断增加。人作为一种有组织的、社群性动物，从一开始就需要"公共产品"，对于公共权力有各种需求。随着社会的发展，人们对于社会和国家治理的需求不断增加。人类生活和事业更加复杂和多变使得人类共同体面临着更多的挑战。为了应对这些困难和挑战，治理方式的不断变革就成为大势所趋。善治作为一种较好的治理方式，具有极强的包容性和整合性，这使其能够更好地应对现实挑战，因而将成为各国的必然选择。

---

〔1〕 王锡锌："英美传统行政法'合法性解释模式'的困境与出路——兼论对中国行政法的启示"，载《法商研究》2008 年第 3 期。

〔2〕 行政权的扩张主要指两个层面：第一，行政权逐渐侵入传统的立法和司法领域，行使着行政立法权和行政司法权。第二，积极行政不断出现，行政权不断渗透到社会生活的各个细节，且具有了较广泛的行政裁量权。

〔3〕 王锡锌教授认为，政治过程在本质上就是不同利益的表达、竞争、交涉和妥协并在此基础上达成合意的过程。参见王锡锌："英美传统行政法'合法性解释模式'的困境与出路——兼论对中国行政法的启示"，载《法商研究》2008 年第 3 期。

二、善治与法治

善治是一种必然趋势和理想的治理状态，法学界理应对之有所回应。然而，或许是由于善治是作为行政学或者政治学概念引入的，法学界尚未给予足够的重视。以行政权的行使和规制为研究内容的行政法学界的集体沉默更是令人遗憾。行政法学界较早关注善治的是罗豪才和宋功德两位学者，他们分析了善治与法治的关系，并认为善治与法治，尤其是实质法治息息相通：第一，二者都推崇法律至上，要求公共权力与公民权利都源于法律。第二，二者都只能是一种规则之治。善治和法治都需要通过制定有效的规则来实现治理和管控的可预期性和可管控性。第三，二者都以市场经济和公民社会为基础，以推行民主、保障公民广泛参与为前提，以实现公民自由的最大化和人的全面解放为目标。第四，二者都强调有德之治。[1]第五，二者都强调程序正当与实体正义的统一，强调兼顾公益与私益、自由与秩序、公平与效率、激励与制约、民意与公共权威、普遍规律与本土资源等。第六，二者都需要通过法律创制一套具体的行动结构，[2]以便增加主体行为选择的可预期性。[3]以上研究成果的价值有二：一方面，明确了善治与法治的关系，具有显著的理论价值；另一方面，将善治引入行政法学的研究视野和知识体系，有助于运用善治理念丰富行政法学、促进行政法治发展。在肯定上述学者观点的同时，笔者认为，善治与法治的关系还包括以下几个方面。

（一）善治以法治为基础

从学者们关于善治的概念和要素的研究成果来看，善治与法治密不可分，善治中必然包含法治的因素。笔者认为，法治是诸要素中最基础的要素，法治是善治的前提，没有法治便不可能实现善治。做出上述判断的理由如下：第一，法治的基本精神是限制国家权力，保护公民权利、维护公民的人格尊严；要求政府必须依据法律进行管理和服务，逾越法律的行政行为无效；法律面前人人平等；规范政府的权力，防止其危害作用的发挥，这些显然是善

---

〔1〕　如同实质法治强调法律的道德性、推崇良法之治一样，善治也强调公共治理应当寻求人与自然、人与社会关系的和谐性。

〔2〕　诸如划定范围、确定主体、创制行为模式、规定法律责任等。

〔3〕　罗豪才、宋功德："公域之治——对公共治理与公法互动关系的一种透视"，载《中国法学》2005 年第 5 期。

治的首要目标。第二，法治是善治其他要素得以实现的前提。没有法治作为保障，政府的行为可能是独裁的、任性的和不仁道的。即使有开明的统治者，努力追求回应、效率和责任等目标，也会因为权力本身的失控而难以实现或者产生极为不好的负效应，比如采取各种极端措施。法治意味着一种可预测和可控的社会秩序，而只有在这种社会秩序中善治诸要素的实现才具有稳定性和可控性。

（二）善治是法治的超越

善治以法治为基础，但是，并不止步于法治，善治对政府提出了更高的要求和期待。法治是一种最低限度的道德秩序，[1]它不可能不关注道德，但是它本身并不能以道德为手段和依赖，法治从道德中吸取资源，但是以道德法律化为主要路径。对于政府尤其是行政机关而言，法治更多强调的是政府不得为恶，[2]而善治不仅强调止恶，而且强调政府积极行善的正当性和必要性。从各国善治实践来看，"善"既是其治理的目的，体现为一种优良和谐的生活状态，也包含了治理主体的伦理性义务要求，是"善"的目的论和义务论的统一。[3]善治对于法治的超越主要体现在以下几个方面。

1. 治理主体的多元化与合作性

善治和法治都关注"治"的主体及其行为，都将主体及其行为作为核心要素。但是，在关注的角度方面，善治相比于法治有一定的超越：法治强调的是治理主体本身的合法性，首先关注的是主体权力来源的合法性，其次才关注权力行使的合法性。因而，法治强调的是主体的权源合法，更关注主体的独立性和法律地位。另外，基于人性恶的假定，法治将关注的焦点放在了政府和行政机关上，对于其他社会主体主要是持一种保护立场。善治一方面要求主体具有合法性，另一方面则强调国家和公民之间的合作治理，实现治理主体多元化。善治对于后一方面给予了更大的关注。善治主张通过合作治理和治理主体的多元化，弥补政府治理的不足，充分发挥其他治理主体的积极性和优势。因而，在治理体制方面，善治超越了法治的要求。

---

〔1〕 法律与道德的关系是一个存疑的话题，但是，有一点应该是可以达成共识的，那就是法律对于人的道德要求，显然是低于道德规则的要求的。

〔2〕 尽管实质法治将关注点由严格的规则主义止恶路径转化实质正义的止恶路径，承认政府积极作为的正当性，但是，其核心仍然在于实现权力的控制。

〔3〕 韩春晖：《行政法治与国家形象》，中国法制出版社2011年版，第107页。

2. 更高程度的透明、有效、参与

现代法治要求政府应当符合透明、有效和参与的要求。但是由于法律往往是刚性的和明确的规则，提出太高的要求可能会忽略个体的差异，使法律得不到有效遵守，因而法律一般只提出一些最低程度的要求，以便满足其普适性。"法不强人所难"的理念要求法律一般只设定较低程度的义务。因为如果法律规定超越了一般人所能接受的程度，便得不到真正地遵守，反而会折损其权威性。善治所提出的透明、有效、参与等要求与法治具有相通性，但却是更高层次的要求。善治要求政府更加透明、有效、参与，是指政府不仅要满足法律为其设定的最低要求，而且应当积极探索新的路径和方式，采取更为积极的态度，满足比法治更高程度的透明、有效和参与的要求，这就决定了善治在基本要素上超越了法治的要求。

3. 治理逻辑基点上的内外兼修

正如有学者所言，"善治的逻辑基点是全方位的内外兼修综合治理，适用的范围最大。基于道德和法律的片面性，善治实行的是全方位的内外兼修式的综合治理方式。善治以内在道德修养为基础，以外在法律制度调整为主要途径，通过合作、沟通、协作等全社会的广泛参与实现治理的高效化、有序化，实现公共利益最大化。"〔1〕法治是以法律为基础的规则化治理，规则又主要以行为为调控目标，法治本身虽然关注道德的作用，但是道德并不是法治的主要内容，至多是一种软环境。现代法治基于人性恶的假定，对于人性本身主要持一种防范的心理，因而法治理念和机制设计倾向于外在的行为规制，避免将道德与法律混淆。法治不同于德治这一点在学界基本上达成了共识。〔2〕

善治与法治的相通性与区别决定了二者均是社会治理的重要目标和依归，建构法治的同时，应当注重善治的实现。国家治理改革应当要实现法治与善治的共同推进，并且处理好二者的关系。

三、善治与行政自我规制

当善治成为一国的治理理念和目标，必然会对行政权的行使和规制提出

〔1〕 王天旺、屈辉："德治、法治、善治的区别与联系"，载《领导科学》2011 年第 17 期。
〔2〕 当然，在此并不否认道德与法律之间的联系，正如林肯说言，法律是最低的道德，道德是最高的法律。因而法律与道德之间的联系是非常密切。

更高的要求，行政主体需要对此作出回应，而这种回应势必影响到行政权的行使。善治视野下，行政权的规范和制约不再是法治框架下"他制"的独步武林，而是需要行政自我规制的补充与配合。或者说，为了更好地实现善治，需要充分发挥行政自我规制的作用。善治与行政自我规制的关系如下。

（一）善治要求行政自我规制

对于行政权而言，善治要求其能够对民众的需求敏锐感知并能做出积极回应，要求行政机关通过运用适当的政策、法律和措施来有效地应对社会中出现的挑战。"善治要求对于公权力进行严格的规范，它以社会群体和个人为本，并建立在相辅相成的权利和义务基础之上。治理者必须严格地遵守普适的规范并以制度形式来执行这些规范。"[1]善治视野下，行政权不能再满足于消极的合法，[2]而应当积极地争取实现一种向善的诉求，向善的诉求本身就是行政自我规制的一个维度。

同时，善治要求行政权更加透明、有效、参与，为了回应这些要求，行政权必然需要对自身提出更高的要求，并且进行有效的实践。对于善治提出的更高要求的满足，本身就是行政自我规制的现实表现。善治要求合作治理，强调行政主体与公民的合作，为了实现合作，行政权需要进行自我规制，从而获得相对人的信任，毕竟信任是相互合作的前提。善治要求权力的社会化。善治视野下权力的社会化，就是行政权在某些领域退出或者弱化，社会公权力跟进的过程。行政权的社会化，亦是行政自我规制的表现。总之，善治代表了一种更高的治理要求，而为了满足这种治理要求，仅通过外部规制是不足的，还需要行政系统积极地进行自我规制。

（二）行政自我规制是实现善治的必要路径

正如有学者所言："善"字在"善治"当中具有双重含义。"首先，善治意味着尊重民众意愿，提高民众能力，在所有的社会、文化、政治和经济领域达到依靠自身，发展和公平之目的。其次，善治要求有一个高效用、高效率的政府功能，即努力满足其所有公民增长的需求。"[3]

---

〔1〕 国际行动援助中国办公室编译：《善治——以民众为中心的治理》，知识产权出版社 2007 年版，第 12 页。

〔2〕 "消极合法"即按照形式主义法治的要求，通过严格执行法律保障自身的合法性。

〔3〕 国际行动援助中国办公室编译：《善治——以民众为中心的治理》，知识产权出版社 2007 年版，第 12 页。

　　基于对行政自我规制的认识，本书认为其在两个层面上有助于推动善治：第一个层面，行政主体通过各种措施，使自身及其公务员的行为能够符合法律的规定，减少和避免对于行政相对人的合法权益和社会公益的侵害，从而为善治的实现提供更为完善的法治基础。第二个层面，行政主体满足合法性要求的基础上，对自身和公务员提出更高的要求，通过建立更为高效、公正、诚信的行政过程，更好地满足公民和社会的需求。这一层面上，行政主体的具体措施有：积极引导公众参与，推行行政民主，实现合作行政，体现对于相对人主体性的尊重；减少对于公民的不当干预，尊重民众的意愿；制定更为高效的程序；对公务员提出更高的服务要求，为公众提供更为高效和人性化的服务；以积极的态度和行动满足公众日益增长的公共物品[1]需求。

四、善治下的行政自我规制

　　善治与行政自我规制的密切关系决定了行政自我规制必然要对善治进行一定的回应，从而使自身的理论体系和架构能够与善治相契合。正如善治是对法治的"超越"一样，善治下的行政自我规制也包含了新的内涵，即止恶与扬善并重，法治的遵守与超越并存。

　　（一）止恶与扬善并重的规制模式

　　一般意义上的行政自我规制首先关注的是行政行为的合法性，即通过各种措施对自身和公务员的行为进行主动控制，防止违法行为的发生，强调严格守法，认真执行法律，不做违背法律和法治精神的事情。这仍然是一种法治主义路径，即止恶的路径。同时，行政自我规制也强调通过制定更为严格的规则促使行政主体和公务员的行为更加理性、高效和便民。虽然实现了对于法律的超越，但是，程度仍然较低。

　　善治视野下的行政自我规制并不止步于此，它还关注自身和公务员行为的伦理层面，强调行政行为和公务员行为应当符合道德的要求。首先，通过道德伦理的培训，直接提升公务员的道德素养。其次，通过道德规范的制定和实施，促使公务员进行道德实践，并使其内化为道德素养。行政自我规制通过培训或伦理规则化提升公务员道德素质，对自身和公务员提出更高的伦理要求，是一种向善的导向。

---

　　〔1〕　公共物品是指安全、秩序、公交和通讯等满足公众需求的物品。

（二）法律的遵守与超越并存的规制路径

善治视野下，行政自我规制对于法律的态度有所变化。总体而言体现为对法律的遵守和超越并存的规制路径。

首先，行政自我规制低层次的要求是保证自身的行为符合实定法的要求，认真履行法定义务，践行其法定职责，这个层面的行政自我规制的标准是法律。确保自身及其公务员对于法律的遵守，是行政自我规制首要的使命。主动推动自身行为与法律的契合，是法治精神的体现，也是行政自我规制最基本的目标，而且是其他层面行政自我规制的基础。

其次，善治视野下的行政自我规制不再遵循严格的法治主义的路线，而是在遵守实定法的前提下，对自身提出了更高的要求。比如，更短的办案期限、更人性化的服务、更科学的程序制度等。实际上，这是对法律最低要求的一种超越。这个层面的行政自我规制的标准是行政主体自己根据实际的条件和需要制定的。比如，善治要求高效的政府，法律只能规定一般的效率要求和制度。但是行政机关则可以结合自身的实际，制定更为高效的方案和要求。

第三节　行政自我规制的本质

在哲学意义上，本质是指事物区别于其他事物的内在规定性，把握某一现象的本质才能将其与其他事物相区别。就某一种理论或制度而言，对其本质的把握是进行理性建构的前提。同理，行政自我规制作为一种现象存在，准确认识其本质才能更好地对其进行解构和建构，进而解决与之相关的理论问题。从行政自我规制的运作方式和形式来看，作为行政主体对自身及其公务员行为的规范和制约，其本质上属于公权力的运行，行政自我规制的活动则属于内部行政行为，建构的是内部行政法治和不成文宪法。从行政主体与公务员的关系上看，其属于行政主体自身利益的维护以及行政主体与内部工作人员利益博弈的过程。

一、公权力的运行——内部行政权

行政自我规制的过程本质上是公权力运行的过程，其本身也是利用公权力对自身行为及其公务员行为进行规范和控制的过程。这里的"公权力"是指"人类共同体（国家、社团、国际组织等）为生产、分配和提供'公共物品'（安全、秩序、公交、通讯）而对共同体成员进行组织、指挥、管理，对共同事务进行决策、立法和执行、实施决策和立法的权力"。[1]行政自我规制不同于个人自律的地方在于其本身也是一种公权力的运行，更进一步来说是一种行政权的行使和运用。一言以蔽之，行政自我规制是行使公权力进行自我规制的过程。之所以称行政自我规制是公权力的运行过程是因为：

第一，行政自我规制对被规制对象具有实质的约束力和控制力。权力是一个备受争议的概念，王磊教授总结了理论界关于权力的解释，主要有三种观点。[2]其中，有一种观点认为，权力是参与决策或影响他人的能力和可能性。[3]从实证的角度看，该观点更符合权力的现实状态和运行逻辑。行政自我规制对于被规制对象具有实质的约束力，行政自我规制的措施会对被规制对象产生实质影响，因而具有权力的属性。无论从理论还是现实来看，行政自我规制并不以对方的同意为前提，因而其具有实质意义上的强制约束力，不同于私人之间行为的效力。这种实质上的约束力和控制力决定了行政自我规制权是一种权力，具有显著的权力属性。

第二，行政自我规制的主体是公权力组织。一般而言，行政主体都具有公共组织的性质，即均是由一定数量的人员按照特定的组织原则所组成的共同体。行政主体的组织性本身就包含了内部进行自我管理和控制的必要性。行政主体一般由法律设定或授权建立，因而其天然具有一定的公权力性质。作为公权力组织，行政主体在进行自我管理和控制时不可避免会行使公权力。

第三，行政自我规制是行政主体内部自我"决策""立法""执行"和"管理"活动的总和。由于公权力是一种"决策、立法"和"执行决策、立法"的权力，因而行政自我规制所进行的活动，与公权力的性质是一致的。如，行政主体进行自我规制的过程与公权力的运行过程具有同构性：首先，行政主体制定规则和指南等为自我规制提供依据，这个过程相当于进行"决策"和"立法"；其次，行政主体执行规则和指南的过程实质上相当于执行

---

〔1〕　姜明安主编：《行政法与行政诉讼法》，北京大学出版社、高等教育出版社2011年版，第6页。

〔2〕　关于权力有三种比较主流的观点：第一，权力是一种能量。第二，权力是参与决策或影响他人的能力和可能性。第三，权力是国家的一种职能，是法律秩序的效力和实效。王磊：《宪法的司法化》，中国政法大学出版社2000年版，第89~92页。

〔3〕　王磊：《宪法的司法化》，中国政法大学出版社2000年版，第90页。

"决策"和"立法"。唯一不同的是立法者与执行者是同一主体。行政自我规制与公权力运行的同构性也决定了行政自我规制具有公权力属性。

第四，行政自我规制行使的是内部行政权。前已述及，行政自我规制行使的是公权力，但是这种公权力具体的性质为何则需要进一步论证。本书认为，行政自我规制行使的公权力，具体而言是内部行政权。之所以得出这一结论的理由如下：首先，行政自我规制具有行政性。姜明安教授指出："行政是组织的一种职能，任何组织要生存和发展，都必须有相应的机构和人员行使执行、管理职能。"[1]行政自我规制是组织的自我规范和控制，因而具有显著的行政性。第二，行政自我规制行使的是内部行政权。行政自我规制是行政主体对内进行的执行和管理活动，而这些活动中所行使的权力原则上应当被认定为行政权。但是，传统理论认为行政权就是执行法律，管理内政外交事务的权力。有学者指出："行政权是政府为实现国家设立的行政目的而使其管理对象的行为服从于它的意志的能力。"[2]为了与传统行政权相区别，本书使用内部行政权这一概念，即行政主体执行内部决策和管理内部事务的权力。由于行政主体的法律地位是法律赋予的，并且其往往是为了实现公共利益而设立，公益实现的优先性决定了行政主体内部行政权的权威性和强制性显著强于社会自治组织和私法上的行政权。为了更好地实现行政目的，维护公共利益，行政主体应当具有更强的内部行政权，使其能够更好地对行政系统内部进行管理，进而助成公共利益的实现，增进人类福祉。

确认行政自我规制内部行政权运行的属性具有两点意义：第一，权力具有强制约束力和影响力，一旦处理不当则可能导致危害，因而行政自我规制也应当防止对被规制主体的侵害。第二，防范权力异化是法治的目标，既然行政自我规制具有公权力运行的属性，那么为了防止其异化也应当将其纳入法治的框架下运行。

二、发展不成文宪法

受到英国宪法原理的启迪，美国学者提出了"不成文宪法"理论。[3]与

---

〔1〕 姜明安主编：《行政法与行政诉讼法》，北京大学出版社、高等教育出版社2011年版，第1页。

〔2〕 季涛："行政权的扩张与控制——行政法核心理念的新阐释"，载《中国法学》1997年第2期。

〔3〕 See Emily S. Bremer, "The Unwritten Administrative Constitution", *Fla. L. Rev.* Vol. 2014, No. 66.

传统宪法学上使用的成文宪法和不成文宪法这对理论分类意义上的概念不完全相同，[1]该理论主要强调的是行政立法、行政规则和司法判例发挥宪法功能和作用。具体而言，不成文宪法理论的核心观点为：在没有成文宪法或者成文宪法未涉足的领域，其他法律、规则或者惯例发挥着与宪法一样的功能，构筑或者补充着一国宪法体系。[2]换言之，即使是成文宪法国家，仍然存在不成文宪法的生存空间。这些"不成文宪法"发挥着宪法功能，与成文宪法共同构筑了一国宪法体系。不成文宪法理论的实质在于为其他法律、惯例、规则或者要素嵌入宪法结构、发挥宪法功能提供了合法性通道。不成文宪法理论为行政规则、行政实践与宪法之间关系提供了全新的解释理论和视角。

　　按照不成文宪法理论，行政机关自我规制的实践本质上是在发展不成文宪法。之所以得出这样的结论，是因为行政机关自我规制的过程和措施体现了宪法的功能。根据学界的总结，传统意义上的宪法至少有五项主要功能：第一，创设和界定政府体系与边界，即建构政府；[3]第二，建立政府机关之间的关系；第三，规范政府和被管理者之间的关系，[4]包括界定公民权利；第四，规定和保障部分政治原则，这些原则可以表达共同的意识形态或人们关于社会应当如何统治的共同信仰；[5]第五，巩固其确立的规则和结构，确保它们难以或者无法被修改。[6]通过考察行政自我规制的实践可知，行政机关制定规则或者惯例实现自我控权的过程中，或多或少体现了上述功能。如前所述，FBI 制度的自我规制规则实际上界定了政府监管与公民宪法基本权利的边界；行政权三分制则实现了内部分权和制衡。除此之外，行政自我规制的实践起到了建构行政国家、划定制度边界、明确行政机关与公民之间关系等方面的作用，因而彰显了宪法的功能。更深层次地说，行政自我规制客观上体现了宪法的价值追求，具有发展宪法的作用。

---

　　[1]　传统宪法学上成文宪法与不成文宪法主要是为了区分一国宪法传统，成文宪法国家和不成文宪法国家基本上是非此即彼的。

　　[2]　See Beau Breslin, *From Words to Worlds*: *Exploring Constitutional Functionality*, Johns Hopkins University Press, 2008, p. 121.

　　[3]　See Adam Tomkins, *Public Law*, Oxford University Press, 2003, p. 8.

　　[4]　See Ernest A. Young, "The Constitution Outside the Constitution", *Yale L. J*, Vol. 2007, No. 117.

　　[5]　See Joseph Raz, *On the Authority and Interpretation of Constitutions*: *Some Preliminaries*, *in Constitutionalism Philosophical Foundations*, Larry Alexander ed. , 1998, p. 153.

　　[6]　See Ernest A. Young, "The Constitution Outside the Constitution", *Yale L. J*, Vol. 2007, No. 117.

明确行政自我规制建构不成文宪法的意义在于：首先，行政自我规制可以为行政权提供合法性来源。如前所述，宪法创造权力理论意味着宪法是权力合法性的最高标准和最终标准。既然行政自我规制构建的是不成文宪法，那么其宪法的价值可以为行政权提供可靠的合法性来源。因而符合宪法精神的行政自我规制具有提升行政权合法性的作用。其次，行政自我规制可以补充宪法体系不足，构成一国完整宪法体系不可分割的部分。从这个意义上，行政自我规制是行政系统内部丰富和发展宪法的努力。而行政自我规制作为一种"束权"行为，其合法性亦在于其符合宪法的价值。最后，承认行政机关制定行政规则具备不成文宪法功能的理论，可以鼓励行政机关在进行行政决策时考虑宪法因素，从而为行政机关履行宪法承诺、实现行政权合法性提供基础。[1]

三、内部行政行为的组合

行政自我规制是一系列行为的组合，这些行为本质上属于内部行政行为。事实上，学界对于行政行为的界定仍存在争议。[2]比较权威的观点认为，行政行为是行政主体运用行政权实现行政目的的一切活动。[3]这一定义包含行政行为的主体要素、职权要素和意思要素，更符合法律行为的要件，因而本书也基本采纳这一观点。将行政自我规制的行为界定为内部行政行为主要基于以下几点理由。

1. 行政自我规制的主体是行政主体

行政行为的第一要素是主体要素，具体来说，只有行政主体做出的行为才是行政行为。本书认为，行政自我规制的主体是行政主体，[4]因而符合行政行为的主体要素。理论上，行政主体主要是与行政相对人相对应而存在的概念，在行为并不针对行政相对人时，其是否仍然具有行政主体的地位呢？换言之，该组织是否还具有职权主体的性质呢？对于这一问题，本书认为，行政主体虽然因为行政相对人而存在，但其一旦成立，便具有了稳固的地位。所以，

---

〔1〕 See Gillian E. Metzger, "Ordinary Administrative Law as Constitutional Common Law", *Colum. L. Rev*, Vol. 2010, No. 110.

〔2〕 关于行政行为的标准，有四个学说：行为主体说、行政权说、公法行为说和合法行为说。

〔3〕 姜明安主编：《行政法与行政诉讼法》，北京大学出版社、高等教育出版社2011年版，第152页。

〔4〕 这里的"行政主体"主要是指具有法定职权的组织，而不是行政法学上的主体性概念。

行政主体所作出的行为并不限于必须向相对人作出。只要是行政主体作出的行为，即使不针对行政相对人，也不妨碍其成立行政行为。事实上，宪法和相关法律赋予了行政机关自我管理权，这种授权意味着其进行自我规制时仍然是一种职权主体。[1]而职权性又是行政主体的核心要素。换言之，各类行政机关在进行自我规制时仍然是职权主体即行政主体，因而符合行政自我规制的主体要素。

2. 行政自我规制行使的是行政权

如前所述，行政主体进行自我规制行使的是行政权，因而符合行政行为的职权要素。从制度化的行政自我规制过程的外观来看，行政自我规制包含两个彼此衔接的过程：规制规则的制定过程和规制规则的实施过程，前者具有行政立法的外观，[2]后者则具有行政执法的外观，因而是一种内部行政权。当然，可能会有人提出质疑：行政自我规制权未必具有法律依据，因而这些职权往往并非法定职权。这种情况下是否符合行政行为的职权要素呢？回应质疑的关键是解决行政行为职权要素是否必须法定的问题。原则上，行政行为中职权要素应当是法定职权，否则不能构成行政行为。然而，这一原则主要适用于针对相对人作出的外部行政行为，基本的法理是"无法律则无行政""法无授权不可为"。但是，对于行政主体针对自身和公务员作出的行为，则由于其某些权力并非源于法律，而可能是基于法理、政策、习惯和惯例，因而，不宜以法定职权为要件。换言之，只要行政主体进行自我规制的行为是在行使行政权，那么就应当认定其符合职权要素。之所以得出这样的论断，是因为"为自己立法"[3]具有较高的道德价值，符合法治的精神，人类的追求，并不严格要求有明确的法律依据。

3. 行政自我规制是为了实现特定的行政目的

行政目的是行政行为的要素之一，因而判断一行为是否为行政行为应当看其是否具有行政目的。从实证角度分析，行政主体进行自我规制也是为了实现特定的行政目的：就直接目的而言，是为了确保自身及其公务员行为的规范化和科学化，起到规范和控制自身行政权的目的；就间接目的而言，是

---

〔1〕《中华人民共和国宪法》第 27 条规定"一切国家机关实行精简的原则，实行工作责任制，实行工作人员的培训和考核制度，不断提高工作质量和工作效率，反对官僚主义"。

〔2〕事实上，有些行政自我规制规则就是以行政立法的形式出现的，如行政规章。

〔3〕"为自己立法"包含两个层面：自我设权和自我限权，前者应符合形式法治的要求，而后者则因为其具有较高的道德价值，只需要受制于实质法治的限制即可。

为了使自身能够更好地实现有效的外部管理和服务等行政目的。换言之，行政自我规制的行政目的包含两个层面：内在层面优化行政组织；外在层面实现"良性行政"。这两种目的有的是基于法律的明确规定，有的是基于政策的考量，还有的是基于现实情况的权衡，并不要求有明确的法律依据，但都具有明显的公共性，即为公而不是为私。质言之，行政主体进行自我规制是为了更好地实施法律，也是为了更好地维护公共利益，其与行政法治的精神是契合的。因而，行政自我规制的目的原则上应当界定为行政目的。行政自我规制既然是为了实现特定的行政目的，就符合行政行为的目的要素。

行政主体进行自我规制的行为符合行政行为的主体要素、职权要素和目的要素，因而应当被认定为一种行政行为。但是，这些行为具有两个显著的特征：行为对象是行政主体自身及其公务员；行为的依据未必是法律，因而不应当定性为传统的行政行为，而应定性为一种内部行政行为，以与传统行政行为相区别。

明确行政自我规制内部行政行为属性具有以下理论和现实意义：第一，既然行政自我规制的行为属于行政行为，那么其应当接受行政法治精神的规训，不能"任意而为"；第二，行政行为具有公定力、确定力、拘束力和执行力等效力，那么行政自我规制行为也应当具有相应的效力；第三，行政自我规制属于内部行政行为，因而其运行逻辑和要求与外部行政行为不完全相同，不能完全等同视之。

四、行政组织利益的维护和平衡

行政组织是由个体的人组成的，其本身是否具有独立的利益呢？对于这个问题政治哲学给出了不同的答案，如前所述，否认行政组织具有独立利益诉求的观点存在一定的风险。从现实来看，行政主体是有独立拟制人格的有机体，具有自身的利益，而且具有维护自身利益的诉求。正当化的行政自我规制本质上是行政主体对自身合理利益的维护，对自身不当利益诉求的抑制。

1. 理论前提：利益主体的多元化

作为抽象的哲学概念，利益本身具有丰富的内涵。本书所提到的利益特指好处。[1]具体而言，利益就是能够给主体带来的好处。根据存在形态，利

---

[1] 尽管这一概念简单，但能体现利益最本质的东西，而且可以避免主观论和客观论的分歧。

益分为精神利益和物质利益。关于利益的主体，叶必丰教授认为，"利益是人的利益，利益的主体是人"。[1]然而，这种观点显然是落伍了，现代哲学观点认为，人与自然是双主体关系，均有各自的利益诉求。利益主体已不再仅限于人。既然我们将利益界定为好处，那么人之外的客观事物同样存在与之对应的好处，这种好处的抽象表达就是利益。因而，笔者主张利益主体应当多元化，而不是仅限于人的利益。利益主体多元化的哲学观点，为行政主体享有自身利益的判断提供了理论前提。

2. 行政主体存在自身的利益诉求

有学者认为，行政主体在外部的关系上，没有自己的目的和利益。行政主体的行为必须是为了国家的目的和国家的利益。所以在内部的关系上，行政主体自身的目的和利益，也往往和国家的目的、利益一致。[2]该学者基本上否认了行政主体存在自身利益的现实性和可能性。笔者认为，这种观点至多算是对应然状态的畅想而已。虽然行政法治要求行政机关依法行政，不得有自己的利益，应当与国家利益、公共利益相一致。然而，事实上，一个机构一旦成立，就具有了自身利益的诉求。这种自身利益的存在并不阻碍其实现国家利益和公共利益，反而恰恰成为其行动的重要动力之一。从实证的角度讲，行政主体确实存在自身的利益，也许这个利益是机关内部个人利益的集合，但是，一旦转化为机关利益，其就不再专属于某个人或某一部分人。这与公共利益的形式和转化方式相似。假如我们承认公共利益和个人利益之间的对立统一关系，就不应该否认行政主体利益的独立性。叶必丰教授指出，"利益主体只能是人或人们所结成的组织（如国家及其国家机关等）。组织作为利益主体，是因为它是一些人的代表，而不是因为它也能享受利益。一定组织所谋求和代表的利益，最终仍要分配给所属的人享受"。[3]对此笔者不敢苟同，因为行政主体至少包含以下几方面的利益。

（1）生存利益。正如400年前，英国哲学家霍布斯所认为的一样，任何行动者的第一本能就是生存。[4]作为行动者的行政主体自然不例外。在《政府

〔1〕　叶必丰：《行政法的人文精神》，北京大学出版社2005年版，第151页。
〔2〕　包万超："公共选择理论与实证行政法学的分析基础"，载《比较法研究》2011年第3期。
〔3〕　叶必丰：《行政法的人文精神》，北京大学出版社2005年版，第76页。
〔4〕　[美] 肯尼思·F·沃伦：《政治体制中的行政法》，王丛虎等译，中国人民大学出版社2005年版，第7页。

机构永远不会消亡吗?》一书中，考夫曼指出，一旦某一个行政主体建立起来，就会努力使自己一直存续下去。[1]尽管考夫曼在此意指行政主体膨胀后很难将其撤销，但也表明行政主体有内在的生存要求。这种生存要求源于行政主体整体工作人员的利益，而不是某一部分或者某一个人的利益。发源于行政人员的生存利益一旦形成便独立于某一个公务员的利益。(2)形象需求。形象是一方主体在另一方主体心中的反映，形象又具有一定的反作用。良好的形象有助于获得上级机关和公众对行政主体的尊重，并且有助于行政主体工作的运转。反之，不好的形象则会使行政相对人产生抵触情绪，不利于工作的展开，甚至还会对公务员的工作热情产生不良的影响，因而行政主体都有塑造良好形象的需求。[2](3)机体健康。行政主体是一个有机体，其本身良好的运作，有赖于该有机体的健康状况，因而，机体健康也是其重要的利益所在。(4)物质支持。行政主体行使职权必须有一定的物质和人员保障，有适当的办公条件和办公设备，这就需要财政等物质的支持。物质支持作为行政主体生命力维系的基础，对于行政主体而言也是一种利益。

3. 行政自我规制是行政主体自我利益的维护过程

作为由一定数量的人员组成的有机体，行政主体内部存在两种利益：行政主体的利益和行政机关工作人员的利益。[3]行政主体自身的利益有时候会存在矛盾，如眼前利益和长远利益，物质利益和精神利益等可能存在着冲突。着眼于长远利益，行政主体会选择自我规制，克服眼前利益的诉求。行政主体与公务员个人利益的相对独立性决定了二者既有一致性，又有冲突之处。一致性体现在某些事情对于行政主体和公务员都是有利的，这时候二者利益一致，利益的一致性可以带来意志的相通性和行为的同质性。但是，这种一致性并不是常态，有时对公务员个人有利的事情，对行政主体可能不利。如，个人贪污受贿滥用权力等行为有损行政主体的整体利益，是行政主体反对的。某些情况下，对行政主体有利的事情，对个人可能产生一定的利益损失。比

［1］ ［美］肯尼思·F·沃伦：《政治体制中的行政法》，王丛虎等译，中国人民大学出版社2005年版，第83页。

［2］ 需要指出的是，此处的形象与"镜中我"理论有一定相似性，区别就在于形象是一种利益诉求，而镜中我理论强调的是行政主体主动根据人们心中的印象调整自己。笔者不主张将"镜中我"理论作为行政自我规制的基础，但可以作为行政主体形象诉求的理论基础。

［3］ 公共利益是行政主体追求的利益，而不是其自身的利益。

如，严格的时间要求，使得工作人员的工作负荷加重；惩戒违反机关内部纪律规定的公务员，虽维护了行政主体的整体利益，但可能会使公务员产生抵触和懈怠的情绪，挫伤其工作积极性。综上，行政主体与公务员个人之间存在利益冲突。如果听之任之，则公务员可能为了个人利益而损害行政主体的利益，因而行政主体为了维护自身的利益，会选择进行自我规制。正如沃伦所言："所有行政机关都需要寻求自我保护，而且，如果意识不到这个现实，就不可能理解宪法中的行政法。"[1]

4. 行政自我规制是行政主体自我利益的约束机制

无论对于行政主体自身还是公务员而言，其都存在不正当的利益诉求，这些不正当的利益诉求不仅损害行政主体和其他公务员的长远利益，而且有违法律的规定和公共利益的宗旨。因而，行政自我规制需要对自身和公务员的不当利益诉求进行约束。在解决权力享有者为了个人利益而为恶的问题上，休谟指出了"化恶为善"的思路，他认为，"议会中所有成员都追逐自我利益，但明智的政府组织通过巧妙的分权，使其中各个集团在谋求自己利益时，必然和公共利益相一致。"[2]在法治框架下，维护公共利益是行政主体的明确义务，能否维护公共利益又关涉到自身利益的实现。基于长远利益的考量，明智的行政主体会尽量使自身与公务员的行为在维护自身利益时，与公共利益相一致。

实证考察表明，作为现象的行政自我规制大多是基于现实利益的考量。一般情况下通过行政自我规制使自身行为更加符合公共利益和社会利益，更能够保证机关自身的利益。正如法国唯物主义哲学家艾尔维修在《论精神》一书强调的："利益是我们的唯一推动力"[3]一样，机关利益的维护和约束便是行政主体进行自我规制的真正动力。

最后需要指出的是，利益本身是一个中性词，包含精神利益，也包含物质利益，本书强调行政主体以"利益"为导向并不意味着强调人性恶。利益的追求并不一定是恶的，因为"为善"在很多人看来就是一种利益诉求，因为为善可以满足其精神利益。正如人本主义心理学家马斯洛所指出的：人有

---

〔1〕 ［美］肯尼思·F·沃伦：《政治体制中的行政法》，王丛虎等译，中国人民大学出版社2005年版，第7页。

〔2〕 丛日云："消极国家观：从基督教到自由主义"，载《浙江学刊》2002年第2期。

〔3〕 北京大学哲学系外国哲学史教研室编译：《十八世纪法国哲学》，商务印书馆1963年版，第536页。

自我实现的需求，[1]这种需求本身即是一种利益。

第四节　行政自我规制的必要性和价值

从历史角度看，行政自我规制作为一种现象古已有之，[2]只不过由于政治生态、社会结构等原因这种自我规制效果不彰，因而并没有受到重视。现代社会背景下，行政权的扩张、外部规制的力不从心、行政自治空间的存在和止恶未必扬善的尴尬等现实，使得行政自我规制变得更加必要。行政自我规制作为一种权力内控机制，能够实现行政权现实合法性证成、行政权的过程控制和回应社会和公民的诉求，具有较大的现实价值。

一、行政自我规制的必要性

行政自我规制的必要性要解决的是行政自我规制在控权体系中的地位问题，即为何行政自我规制能够兴起，并且应该得到重视。行政自我规制之所以必要主要体现在两个层面：行政权的扩张和外部规制存在不足。前者意味着多元控权的需求，后者意味着需要其他规制工具的补足。

（一）行政权的扩张

行政组织自身利益的存在使其具有扩张自身权力的欲望和动力，尽管权力都具有扩张性，但是，行政权尤甚。并且，行政权的执行性和主动性决定了其扩张的空间和路径更加广阔，历史也证实了行政权扩张的现实性。[3]行

---

〔1〕　[美]马斯洛：《马斯洛人本哲学》，成明编译，九州出版社2003年版，第57页。

〔2〕　我国古代存在的监察御史制度，就是权力机关内部进行自我规制的一种形式。

〔3〕　行政权扩张是以利益为导向，以国家公权力为支点，以内部规定为推行手段，将部门权力最大限度地进入公私法领域。行政权的扩张方式：（1）行政权扩张的第一种基本方式是传统行政权以原本的来源与行使方式的自在扩张即以组织化强制力量为基础的、以单方面强制命令性行为为权力行使方式的行政权扩张。这种行政权扩张我们可以称之为强制性权力扩张。（2）基于公共权利的行政权扩张。由于社会现代化与政府行政目的的转向，政府的行政活动中出现了新倾向，其中之一就是现代政府基于其控制的大量公共权利而进行的平等互利的外向事务管理行为，如公营企业、公营事业、公共资源开发与经营、财政投资等。（3）基于统一独立政府人格的行政权扩张鉴于此，现代政府活动中还有一种新倾向就是从事大量说服性的事实行为，比如行政计划、行政指导、斡旋、仲裁等。这就是行政权扩张的第三种基本方式，即以政府人格为直接权力来源，以说服性行为为权力行使方式的行政权扩张，这种行政权扩张我们可以称之为说服性行政权扩张。季涛："行政权的扩张与控制——行政法核心理念的新阐释"，载《中国法学》1997年第2期。

政权的扩张可以分为：违法性扩张和合法性扩张两种。违法性扩张是指违背了宪法和相关法律的规定而扩展自己的职权范围。这是正常的监督与制约机制所能控制的。合法性扩张是指在宪法结构下进行的扩张，这种扩张或者是出于社会发展的需要，或者是运用合法手段实现的行政权扩张，因而，传统的权力控制手段往往无能为力。

　　行政权的扩张有破坏法治基础，破坏市场秩序，损害公民合法权益的风险，因而，对于行政权的扩张应当予以控制，而不能够放任自流。然而，如果对于违法性扩张外部规制还能起到一定的作用的话，对于那些形式合法、适应社会需求的扩张，外部控制可能就不那么有效了。正如学者所言，传统的单纯以"权力制约权力"的控制机制已不再充分有效了。于是，社会控权与政府内部权力自控开始兴起。[1]对于行政权扩张的控制，尤其是合法性扩张的控制有赖于行政系统内部自控机制的作用。为了避免不必要的扩张，行政权应当具备一定的谦抑精神，遵循有所为、有所不为的原则。面对违法性扩张与合法性扩张，行政主体的自我规制均应当有所作为。面对违法性扩张，重点应当强调自我预防、发现和矫治，相比违法性扩张，在合法性扩张的控制中，行政主体的自我规制更突显其必要性和意义，行政自我规制中的权力细化、权力谦抑机制将起到相应的作用。

　　（二）外部规制存在不足

　　就权力规范和控制而言，外部规制无疑是至关重要且不可或缺的，对于为恶的力量必须有一个相同的作用力才能使之恢复平衡。但是，随着社会的发展，行政权外部规制的有效性出现了不足。行政权的扩张，一方面使其自身力量更加强大，另一方面使得社会对其依赖性增加，进而导致外部规制有些力不从心。除此之外，还有以下因素使得外部规制出现不足。

　　1. 专业化制约

　　福利国家、服务政府和数字政府理念促使行政权向社会渗透，行政权细化和末端化必然使得行政的专业性更加明显，技术性更加突出。这种专业化主要体现在两个层面：人员的专业化和事务的专业化。正如斯图尔特强调的，"一个行政机构出于工作需要，被授权雇用任何兼具才能、技术和经验

---

　　〔1〕　季涛："行政权的扩张与控制——行政法核心理念的新阐释"，载《中国法学》1997 年第 2 期。

的人们"。[1]沃伦也指出，"20世纪，扩张了的政府行为迫使政府不得不从专业领域里招募人员。这些人主要来自于医生、律师、科学家和教授等，他们主要处理一些高层次、复杂的任务"。[2]行政人员的专业性使得传统的规制方式可能无法有效地对其进行规制。

行政事务的专业性主要体现在行政权渗透到各个专业的领域，为了适应这个领域管制和服务的特殊需要，发展出相关的专业知识、技术、规则和标准。比如，各个行政监管领域都发展出了大量的标准和技术规程，其中包含了相关领域的专业知识。行政权的专业化倾向，意味着行政事务更加复杂，对其进行监督和制约需要具备相应的知识和技能。遗憾的是，现行体制下的外部规制主体都表现出了固有的功能局限。[3]行政权的专业化倾向使得外部规制往往力不从心，一方面是因为知识和专业的限制，另一方面是出于对行政权专业性的尊重，外部规制逐渐走向宽松化和灵活化。换言之，为了防止因"不专业而导致误伤"，外部规制给予行政机关的自由空间越来越大，这就使得行政权受到规制的空间越来越小。

2. 力量对比的失衡

应然和实然是法学世界里两片不同的天地，二者之间总是隔着或深或浅的河流。无论是从西方的宪法制度设计来看，还是从我国的全国人民代表大会制度着眼，行政机关在理论上都不应该是三机关中最强的机关，而且其应当受到立法和司法的严格审查和控制。因为它是更直接、更广泛地与社会公众联系的机关，一旦滥用对于相对人的侵害也是最明显。[4]然而，"事实情况却相反，行政法制的发展史，就是一部日益扩大行政权，不断限制司法权的历史。对于行政决策的司法复审范围不断受到限制"。[5]更具有民意基础和权威的立法权却步步退让，立法权对于行政权的依赖性逐渐增强。这就导致实然的状态下，行政权在三权中的力量处于优势，在三权抗衡中，立法和司法

---

〔1〕 〔美〕理查德 B·斯图尔特：《美国行政法的重构》，沈岿译，商务印书馆 2002 年版，第 1～2 页。

〔2〕 〔美〕肯尼思·F·沃伦：《政治体制中的行政法》，王丛虎等译，中国人民大学出版社 2005 年版，第 28～29 页。

〔3〕 李春成：《行政人的德性与实践》，复旦大学出版社 2003 年版，第 259 页。

〔4〕 姜明安主编：《行政法与行政诉讼法》，北京大学出版社、高等教育出版社 2011 年版，第 25 页。

〔5〕 〔美〕伯纳德·施瓦茨：《美国法律史》，王军等译，中国政法大学出版社 1997 年版，第 201 页。

处于一种较为弱势的地位。尽管外部规则的有效性不在于立法与司法力量的强大，而在于其传统的权威地位在人们心中的认可，然而，这种认可是否牢固，能否化解危机则是存疑的。从西方法治国家的现状看，司法对于行政权的控制仍然有效，但却是有限的，而且有赖于行政权对于司法权的尊重。

在多方面因素影响下，我国行政权往往具有更加优势的地位，因而力量失衡的现象可能更明显。

3. 社会控制的内在局限

社会控制是控制行政权的重要力量，但是，社会力量控制行政权方面存在矛盾和纠结之处，即对于行政权的需要与对其控制的诉求之间存在张力。正如戈登所言："一般来说，存在一种广为流传的观点，即国家控制的领域应当减少，但在具体问题上，公众永远要求更多的而不是更少的政府行为。"[1]也就是说，公民一方面有着控制行政权的愿望和诉求，另一方面，对行政权又有着无法抗拒的依赖性，这种矛盾的存在消解了社会力量对于行政权控制的有效性，因为社会力量自身对于某些问题就可能产生分歧，因而无法形成合力。分散的力量只有形成合力才能产生强大的力量，社会中的利益分歧使得合力难以形成，因而控制力就会降低。

目前，我国社会组织发展还处在初级阶段，社会力量控制行政权力的自觉性和能力还有待提高。认识到社会控制的局限性有两点启示：第一，需要通过合理的制度安排加强社会控制。第二，行政自我规制对于增强社会控制具有积极意义。

4. 止恶未必扬善

行政权外部规制的基本假定是人性恶，[2]即对人性持怀疑的态度，所以需要有外在的规制来对抗行政权，即权力制约权力。也有学者直接指出：西方控权理论是建立在"性恶论"的观念之上的。[3]基于性恶论的假定，法治模式下的控权机制设计也就以"止恶"为核心，这是人性恶假定自然而然的选择。从目前外部规制的设计原理和制度运行实践来看，其基本上追求的是

---

〔1〕〔美〕斯科特·戈登：《控制国家——从古典雅典到今天的宪政史》，应奇等译，江苏人民出版社2005年版，第391~392页。

〔2〕法治作为最重要的外部规制，其强调的便是人性恶。

〔3〕初红漫："权力规范与制衡的法律机制比较研究——以中美比较为视角"，载《河北法学》2011年第2期。

"止恶"，而且主要满足于"止恶"，即只要行政权不违法、不侵害公众利益即可。然而，从实证观察的角度来看，止恶未必能够扬善。社会对于行政权的依赖性逐渐增加，对行政权提出了更高的要求，仅仅停留在止恶的层面无法满足现实对于行政权的需要。社会对于行政权为善的需求日益增加，而外部规制在这个问题上则难以满足现实的需要。行政自我规制则不限于止恶，而且能够回应为善的需求，因而在当前其必要性更加凸显。

5. 行政自治空间的存在

无论"行政自治"这一命题能否成立，行政主体确实存在一些自我管理的领域，而这些领域可以算是相对的行政自治空间。[1]比如，裁量权、内部工作程序、公务员道德培训、专业性较强的领域等。对于行政主体自治的领域，更有赖于行政权进行自我规制，立法权和司法权往往都保持一定程度的克制和高度的尊重。正如有学者指出："针对行政权的裁量性、技术性以及行政活动的非定型化特点，立法和司法控制表现出了某些固有的功能局限。因此，在关注行政权的外部控制机制的同时，还必须重视行政系统的自我控制，即通过内部行政法的完善以及行政人员出于对其专业理念与标准的认同而产生的义务感和规范性判断，来反思性地监控自己的行为。"[2]

随着社会的发展，新的行政方式和领域的出现扩展了"行政自治"的范围，比如行政指导、区域性行政协议、行政约谈等的出现，这些领域的灵活性和非强制性决定了行政主体拥有更大的自主空间。由于这些行为往往并不是严格依据实定法的规定，因而在对此类行为进行规制时，法院常常因为欠缺适当的审查标准而选择尊重行政主体的决定。一言以蔽之，对于这些领域，外部规制往往心有余而力不足，更有赖于行政主体的自我规制。以行政区域协议为例，行政区域协议[3]往往是互不隶属的行政主体之间的协议，法律的约束性不强，外在规制不力，因而更有赖于行政主体进行自我规制以促进更好的合作和防止纠纷的发生。正如有学者指出，"作为一种非强制的合作机

---

[1] 之所以称之为"相对自治空间"是因为依法行政要求行政权必须在法律的框架内行使，因而，其没有绝对的自治空间，只能是法律范围的有限自治，而且，这种自治也非绝对的，而是要接受司法、民众和媒体监督的。

[2] 崔卓兰、黄嘉伟："区际行政协议论"，载《当代法学》2011 年第 6 期。

[3] "行政协议是两个或两个以上的行政主体，为了提高行使国家权力的效率，实现行政管理的效果，互相意思表示一致而达成协议的双方行为，本质上是一种对等性行政契约。"何渊："论行政协议"，载《行政法学研究》2006 年第 3 期。

制，区际行政协议的优点就在于其灵活性、自愿性，但同时也是它与生俱来的缺陷，要克制行政机关的缔约或违约行为，关键是要从根本上树立政府对自身违法或不当行为的自我控制理念，使其协议的缔结与履行始终在合法合理的范围内运行"。[1]

综上，内外诸多因素的制约使得外部规制在规范和控制行政权方面存在局限性，这就需要引入补充性的控权机制，行政自我规制以专业性、主动性、更强的回应性为优势，能够弥补外部规制的不足。

二、行政自我规制的价值

基于现实观察和学理推演，行政自我规制的价值具有多元性。行政自我规制不仅与外在规制具有共通的价值，也有其特殊的意义，这里主要探讨一下行政自我规制的特殊价值和意义。关保英教授认为，"通过行政权的自我控制，有利于降低行政权控制的成本；有利于建立行政权的良性运行机制；有利于体现行政法治的时代精神"。[2]本书认为，现代行政法治框架下，行政自我规制具有：现实合法性证成、实现过程性控权和回应现实需要三方面的价值。

（一）现实合法性的证成

权力的合法性问题是政治哲学和法学共同关注的核心问题，合法性之所以重要，是因为一个完整的合法性体系说明了要求服从的理性。[3]从现实着眼，一项制度或者一个现象具有合法性才具有持久的生命力。这里的合法性包含两个方面：历史的合法性与现实的合法性。历史的合法性是指一项制度或者事物通过某种历史事件或者历史时刻获得民众法理上的认可和权威性，从而获得合法性。现实合法性是指某一制度或者事物通过现实的行动不断改良自己，从而得到民众的认可和权威性从而获得合法性。一项事物或者权力具有合法性，应当是历史合法性与现实合法性的统一，即该权力既应当有历史的合法性，也应当有现实的合法性，仅有历史的合法性而没有现实合法性的权力是不可接受的。行政权作为一种对于公众会产生巨大影响的权力，其合

〔1〕 崔卓兰、黄嘉伟："区际行政协议论"，载《当代法学》2011年第6期。
〔2〕 关保英："论行政权的自我控制"，载《华东师范大学学报（哲学社会科学版）》2003年第1期。
〔3〕 ［德］卡尔·施密特：《合法性与正当性》，冯克利、李秋零、朱雁冰译，上海人民出版社2015年版，第52页。

法性也必须得到证成。因而行政权的合法性问题是行政法学关注的焦点问题。

传统意义上，行政权的合法性主要源于宪法组织法的赋予或者立法机关的授权，这种合法性实质上是一种历史的合法性。历史的合法性只能证明行政权的享有和行使具有正当的依据，但是，一旦行政权授予了行政主体，行政主体能否按照法律授权的目的行使则存在不确定性。因而行政权仅具有历史合法性是不够的，其还应当通过行动不断获得现实的合法性。换言之，行政主体应当在实际的运作过程中体现现实的合法性，既符合实定法的要求，同时保障行政权的行使合理而正当，进而实现行政正义、增进公众福祉。

在提高现实合法性层面，行政自我规制具有天然优势。其一，行政自我规制意味着行政主体主动采取措施，确保自身和公务员行为合法、正当和理性，满足现实的需求等，能够有效地证成行政权的现实合法性。其二，传统的"传送带"合法性模式因为行政权的扩张而使其自身的合法性可能无法得到保障，因而，需要引入一种新的合法性证成模式，行政自我规制、公众参与都是弥补传统依法行政合法化逻辑不足的重要方式。积极引入公众参与的过程本身，就是行政主体在程序上进行自我规制的重要体现。"传送带"合法性模式下，行政权因为依法行政而获得合法性，但是这种合法性获得模式因为行政权的扩张而变得不再可靠。此时，行政主体通过自我规制对自己的行为进行约束，主动采取措施防止这些行为侵害公众利益，朝着更加符合公众利益的方向运行，无疑可以起到提升行政权权威性和合法性的作用。

根据行政宪法理论，行政自我规制有助于通过"模仿宪法"而使行政行为具有合法性。第一，行政权因符合宪法价值和功能而合法。行政权在行使过程中，通过制定规则、建构制度和框架，体现了宪法上的分权、制衡和权力控制的精神。行政权运行过程中体现的宪法价值和功能，有利于提升行政权的合法性。行政权和行政法本身体现的宪法功能和价值，为确保行政国家的运行符合宪法原则提供了制度和架构，阐明了行政权与宪法原则相关的政治责任，[1]解释了行政机关在宪法中的位置。行政法诸要素的核心被认为是行使宪法的功能，[2]而现代行政治理的成功和合法性都归功于这一复杂而且

---

〔1〕 See Emily S. Bremer, "The Unwritten Administrative Constitution", *Fla. L. Rev.*, Vol. 2014, No. 66.

〔2〕 See Emily S. Bremer, "The Unwritten Administrative Constitution", *Fla. L. Rev.*, Vol. 2014, No. 66.

稳固的法律结构。第二，行政权因受到宪法原则的约束而具有合法性。行政主体面对宪法、解释宪法和发展宪法的过程，必然要受到宪法原则和精神的影响。实际上，行政主体解释和实施宪法本身，为确保行政主体按照宪法原则行动提供了基础，这也有助于实现现代行政的合法性。[1]

（二）实现行政内部过程性控权

现代控权模式不限于消极的事后控制，还应包括积极的事前、事中控制，甚至积极控制比消极控制更有意义，在现代控权制中占有更重要的地位。[2]斯图尔特也指出，"英美早期的行政法主要依赖公民对官员提出的普通法诉讼作为对行政合法性的司法审查的手段，而现在行政法已经发展出了多种模式，如利益代表模式和管制影响分析模式等，通过增进行政民主和进行成本收益分析，来强化行政机关自身对行政权力的过程控制"。[3]如前所述，行政自我规制是一种过程性控权模式，其包含了权源规制、程序规制和结果规制等环节，是一个系统的过程。以一个具体的行政行为为例，行政自我规制在该行政行为作出之前的内部工作中即进行规制，并贯穿于行政行为作出的全过程，并且对行政行为产生的结果进行规制，因而实现了事前、事中和事后控制的统一。

如前所述，行政自我规制实际上是在行政系统内部，通过各种措施和方式，建构内部行政法的过程。内部行政法建立之后，又有助于形成内部行政秩序，即实现内部的过程性控权。

（三）回应现实需要

从理论上讲，服务行政、责任行政、高效行政、行政惠民[4]等现代行政法理念已经成为社会共识，善治理念要求行政权具有高效性、回应性、合法性、参与性。从现实来看，对于安全、福利等公共产品的需求，使得社会需要更多而不是更少的行政规制和服务。行政自我规制的意义体现在两个维度，一方面积极促进自身和公务员的行为在合法的轨道上运行；另一方面，对于

---

[1]　See Gary Lawson, "The Rise and Rise of the Administrative State", *Harv. L. Rev.*, Vol. 1994, No. 107.

[2]　姜明安："新世纪行政法发展的走向"，载《中国法学》2002 年第 1 期。

[3]　［美］L. B. 斯图尔特："二十一世纪的行政法"，载《环球法律评论》2004 年第 2 期。

[4]　行政惠民理念的核心在于政府让利于民，在社会资源的分配上自我克制，不与民争利，在行政活动中以相对人为中心而非以政府自身为中心。葛自丹："论行政惠民理念下的行政法制度重构"，载《辽宁大学学报（哲学社会科学版）》2008 年第 6 期。

社会的需求作出积极的回应，对自身和公务员行为提出更高的要求，使得行政权更加高效、人性化，从而保证行政行为的回应性。比如，为了践行行政惠民理念，行政主体在实施行政行为的过程中，以积极的行动为行政相对人提供尽可能多的现实便利，为行政相对人创造更为便利的生活条件和良好的生存环境，从而达到官民关系由内而外的真正和谐。

从现实观察可知，行政自我规制的回应性主要体现在以下几个方面：第一，对社会突发事件或者社会风险积极做出回应。比如，因校园欺凌事件愈演愈烈，2016年教育部等九部门紧急联合发布了《关于防治中小学生欺凌和暴力的指导意见》，对校园欺凌事件引发的危机做出回应，提出一些治理措施。通过制定行政规则对纷繁复杂的社会事务进行管理和回应，已经成为现代行政机关最重要的一项职能。[1]第二，行政过程中积极对民意做出回应。各国《行政程序法》以及行政机关内部规范，均对行政规则制定过程中的公众参与提出了不同程度的要求。而行政规则制定过程引入公众参与，实际上是吸纳民意，并对民意做出积极回应的过程。基于有效公众参与而制定的行政规则，一般会对民意做出合理回应和安排，在这个意义上，行政规则体现了对民意的回应性，特别是在协商性规则制定程序所确立的新参与框架下，公民的意志往往起到了实质的建构作用。在欧洲，由于行政机关产生于自由和私有化的背景下，因而存在民主赤字，规则制定程序中的参与和透明，在"重塑民主"过程中扮演着重要的角色。[2]第三，行政过程体现政治回应性。行政宪法理论要求行政权既要有政治回应性，还要保护个人权利。[3]希望行政对个人权利予以尊重的同时，行政主体有效率、有能力来完成委派给它们的任务。现实中，行政主体制定规则时并不满足于对法律进行字面解释，而是基于授权或者自身职权，结合经验理性和社会现实，发展出诸多法律之外的规则，以更好地保护公民权利，积极回应政治要求。通过现实考察可知，行政机关越来越倾向于通过行政规则发展行政政策，进而通过各种政策推动

---

〔1〕 See Richard J. Pierce, "Rulemaking and the Administrative Procedure Act", *Tulsa L. J.*, Vol., 1996, p. 32.; See Robert A. Anthony, "A Taxonomy of Agency Rules", *Admin. L. Rev.*, Vol., 2000, No. 52.

〔2〕 See Majone, G., "Europe's 'Democratic Deficit': The Question of Standards", *Eur. L. J.*, Vol. 1998, No. 5.

〔3〕 ［美］杰里·L·马肖：《创设行政宪制被遗忘的美国行政法百年史（1787-1887）》，宋华琳、张力译，中国政法大学出版社2016年版，第309页。

回应社会需求、推动社会发展，而政策制定本身就具有很强的政治性。[1]

第五节　行政自我规制的基本动力和权力来源

从理论上讲，任何活动都需要一定的动力，[2]作为系统的有组织的活动，行政自我规制亦需要一定动力，否则行政自我规制就不可能实施，更不可能有持续的生命力。为了探明行政自我规制因何而启动，为其找到稳定的动力之源，有必要探讨一下行政自我规制的基本动力。与基本动力相联系的是行政自我规制的权力来源，正当的权力来源才能使行政自我规制的动力更加持久。行政自我规制是公权力的运行，但是，这一权力源自何处也是值得讨论的，因为，没有任何来源的权力很容易导致暴政，只有具有"合法"来源的权力才可以稳定发挥作用。

一、基本动力

弄清行政自我规制的动力来源，可以有针对性地提高行政自我规制的有效性。行政自制论者认为，行政自制的基本动力源于政府及其公务员的道德意识，特别是服务相对人的行政理念。[3]沈岿教授认为行政自我规制的基本动力在于：（1）法理型统治。（2）民主、法治意识形态与现实需求。（3）行政的民主合法性压力。（4）官僚科层制的结构。[4]应该说前述两种观点均有一定的合理性，但是，并不具有实质的说服力。本书认为，行政自我规制的基本动力包括：行政组织自身利益的追求和实现；行政组织内部不同主体之间的利益博弈；公务员自我实现的需求与内在德性；他制的外在压力。

（一）维护行政主体自身利益的诉求

如前所述，行政主体具有自身利益，维护其自身利益的诉求构成行政自我规制的基本动力之一。首先，行政主体自身存在着长远利益和短期利益，物质利益和精神利益的冲突。行政主体往往会为了维护自身的长远利益或者为了获得一种精神利益而摒弃谋取短期利益或物质利益的行为，通过自我规

---

〔1〕　See LL Jaffe, *Judicial control of administrative action*, Little Brown, 2006, pp. 412~415.

〔2〕　这里的动力显然包含物理意义上的动力和心理意义上的动力。

〔3〕　刘福元：《行政自制——探索政府自我控制的理论和实践》，法律出版社2011年版，第13页。

〔4〕　沈岿："行政自我规制与行政法治：一个初步考察"，载《行政法学研究》2011年第3期，

制的方式，对自身的短视行为进行规制。其次，行政主体自身的利益与公务员的个人利益之间有时候存在矛盾和冲突，公务员个人利益的实现可能损害行政主体的利益。比如，公务员收受贿赂或者滥用职权，可能会影响单位的整体形象，从而使得行政主体的自身利益受损。为了维护自身利益，行政主体会采取自我规制的方式，对公务员的行为进行规制，确保其行为能够符合行政主体的长远利益，而这个长远利益是与公共利益相一致的。维护自身的长远利益和整体利益，是行政主体进行自我规制最基本也是最直接的动力基础，因为利益是人们行为的动力之源。

当然，需要指出的是，行政自我规制有正面的和负面的两种，负面的行政自我规制也是为了实现一定的利益，但是这种利益往往是某些领导的个人利益或者小部分人公务员的利益，虽然也会起到行政自我规制的效果，但是，这种规制只具有自我规制之名，不具有自我规制之实。而且，在良性的法治框架下，基于个人利益或者小团体利益的自我规制不可能长期有效。本书所强调的是正面的行政自我规制，因而其基本的动力之源是行政主体的正当利益，这种利益应当与公益相符，至少不能相违背。

（二）行政主体内部不同主体之间的利益博弈

行政主体是由数量不等的公务人员构成的组织体，这些人员都是具有独立人格和独立利益的存在。可以说，他们之间的利益存在一致性，也存在一定的张力。从外在表现上看，他们之间既有合作，同时也有竞争。这一点突出表现为行政主体内部领导和公务员之间的关系。根据公共选择理论，政府官员被看作追求利益最大化的经济人，这里的利益不仅仅指经济利益，也包括社会认同感，包括尊重、声望等。[1]行政主体内部的负责人基于社会认同感、声望或者晋升等利益诉求，会对自我规制产生浓厚的兴趣。正如剑桥大学法学院的福赛教授所指出的："明智的管理者愿意看到其行政决定是合法、公正地做出的，也对有关这方面的控制机制持欢迎态度。"[2]行政主体的领导既是公共利益的代表，也是该部门小团体利益的代表，同时还有着自身的利益诉求。因此，在行政主体内部，行政自我规制的动力实质上是这三方面利

---

〔1〕 ［美］杰佛瑞·布伦南、詹姆斯·布坎南：《宪政经济学》，中国社会科学出版社2004年版，第19页。

〔2〕 余凌云：《行政自由裁量论》，中国人民公安大学出版社2005年版，第2页。

益博弈形成的合力。

对于公务员而言，尽管他们对于行政自我规制的决策或者规则没有太多发言权，并且往往是被规制的对象，但是，他们的热情未必低于负责人。由于他们之间存在着竞争关系，所以他们也希望能够在一种较为公正和拥有良性秩序的环境内工作。此外，行政主体在社会上的形象对公务员的自我定位和认同也会产生一定影响，因而，公务员也具有支持行政自我规制的动力。

近几年，城管执法状况的演变便是一个典型的例子。过去由于城管队伍管理混乱、人员素质参差不齐，出现了城管打人、暴力执法等事件，这种情况实质上会对城管执法人员的自我认知和定位产生不利的影响，使其无法感受到自身的价值，倍感压抑。因而，在内心深处，他们也是希望能够改善城管形象，从而找到自身的道德支撑和工作价值。这种情况下，他们也就比较倾向于支持行政自我规制。目前城管执法时一般都进行现场录像，这在一定程度上增加执法透明度。

（三）公务员自我实现的需求与道德素质

尽管本书不同意将行政自我规制的基本动力完全定位在道德基础之上，但是，不容否认的是，行政主体内部公务员自身的道德素质和自我实现的需求确实是行政自我规制动力之一。人本主义心理学家马斯洛认为，人有五种需求，其中最高层次的需求就是自我实现的需求（self-actualization need），它可以归入人对于自我发挥和完成的欲望，也就是一种使他的潜能得以实现的倾向。[1] 尽管传统的法治观将权力享有者作为一种"性恶"的人来看待，但是，其自身仍然具有自我实现的欲望，在行政领域自我实现的欲望主要体现为能够合法、合理且"艺术性"地行使权力。换言之，行政权的行使者内心深处也想获得公众对于其执法或者行使权力的正面反馈。现实制度环境对公务员自我实现的阻碍，并不能成为否定其具有自我实现需求的理由。公务员，尤其是处于领导地位的公务员，其自我实现的倾向性是其支持行政自我规制的内在动力之一。当然，需要指出的是，虽然每个人都具有自我实现的需求，但是，这并不意味着在行政领域每个人都有自我实现的需求，否则一些工作人员表现出来的懈怠、懒惰、任性和腐败等现象就无法得到解释。换言之，人的自我实现的需求，在公务员领域可能转化为公务员对自我实现的需求，

---

〔1〕 ［美］马斯洛：《马斯洛人本哲学》，成明编译，九州出版社 2003 年版，第 57 页。

每个公务员都有将自我实现的需求转化为职业领域自我实现需求可能，但并不是每个公务员的自我实现都体现在自己的职业上。

公务员的道德素质同样是不可忽视的动力来源。正如学者所言："公务员职业道德是根源于行政人员内在的价值观念和行为准则的主观力量，作为使行政行为趋向于善的一种内在动力。"[1]公务员的道德观念是其判断是非善恶的内心依据，是其进行自我克制、抵制不良思想和诱惑的重要屏障，同时也是其自觉遵守法律、为人民服务的内在支撑。公务员本身的良性道德观念，对行政自我规制的启动和生效提供了精神动力和信念支持。

需要指出的是，每个公务员的道德素质是不同的，因而，不可能保证每个公务员的道德素质都比较高。事实上，大部分公务员的道德素质并不会因为角色的转化而有所提升，有的公务员甚至可能因为受到特定场域和环境的影响其道德素质反而降低了，因而，道德素质本身不可能是每一个公务员支持自我规制的动力来源。

（四）他制的外在压力

一般而言，压力不是动力，但是压力可以产生动力，这一点无论是物理层面还是政治运行层面均具有普适性。行政权的外部规制对于行政权而言就是一种外在的压力机制，立法监督、司法审查和社会舆论等外部监督和控制，可以使行政主体处于一种压力之下，促使其时时检视自身行为，及时回应外界对其行政行为合法性、合理性的评价甚至质疑。以行政诉讼为例，假如行政机关在一起行政诉讼中败诉，即其行政行为被确认为违法或者被撤销，那么该行政机关在年度考核中便会被扣除相应的分数，这直接影响单位评奖评优，甚至影响经办人员或者负责人的升迁。因而，行政机关为了防止自己在行政诉讼中败诉，其理性的选择便是采取各种措施加强内部的控制，尽可能避免自己行为违法，进而尽量减少自己在行政诉讼中败诉的风险。这就是典型的外部规制的压力转化为行政机关自我规制动力的例子。信息时代到来，自媒体的发展，使得政府的行为更容易曝光在民众视野中，从过去发生的大量跟政府有关的社会事件来看，政府违法违规行为通过媒体，特别是网络曝光之后，会形成巨大的舆论压力，而这种舆论压力会直接影响该政府的形象，相关负责人也会承担相应的法律责任。而为了防止自己的违法行为被曝光，

---

[1] 张海飞："论当前我国公务员职业道德法律化建设的不足"，载《行政论坛》2004年第6期。

政府部门也有动力去主动地采取措施进行自我规制。

　　总之，从现实观察来看，外部规制的压力客观上会给行政主体自我规制提供动力，而且理论上来讲，外部规制的压力越大，行政主体自我规制的动力就越大。当然，外在规制压力的大小取决于机制设计的有效性和责任规定的严格性。有效的外部规制产生的压力可以使得行政主体对于自身行为时刻保持警惕。为了防止自身因为违法、不当或者懈怠而遭到外部规制的惩罚或者谴责，行政主体会选择更为体面的行政自我规制的路径。正如学者所言，只有加强外部监督，内部的监督机制才会发育成熟。[1]一言以蔽之，有效的外部规制能够对行政主体产生一定的压力，而这种压力又可以转化为行政主体进行自我规制的动力。

二、行政自我规制的权力来源

　　根据传统"主权在民"观念及"法治国"原则，行政权的唯一来源就是法律。在大陆法系主要是指制定法；在英美法系，尤其在英国，既包括制定法，又包括普通法。[2]行政主体的自我规制权显著不同于普通意义上的行政权，因而其来源具有一定的特殊性。通过梳理可知，行政自我规制权的来源有三个层面：规范来源、理论来源和公务员的同意。

　　(一) 规范来源

　　来源于法律规范的权力无疑具有更高的权威性和影响力，因而，为行政自我规制权找寻规范来源具有重要的意义。尽管行政自我规制并非一种法律之治，但是，通过对相关法律的梳理可以发现，行政自我规制的权力并非"空穴来风"，而是具有直接或者间接的法律规范来源。

　　1. 宪法依据

　　作为国家的根本大法，宪法具有最高的法律效力，同时，也是国家权力的根本来源。[3]若一项权力（利）具备了宪法依据，则该项权力（利）便具有较高的权威性和合法性。通过分析宪法规范可知，我国宪法为行政自我规制提供了依据。

---

　　[1]　江必新、张明杰：《关于行政自由裁量问题的对话》，载《行政法论丛》2000 年第 1 期。

　　[2]　王名扬：《英国行政法》，中国政法大学出版社 1987 年版，第 100 页。

　　[3]　宪法并非所有权力的来源，因为行政机关的权力有时候未必是宪法明确规定的。类似观点参见张千帆：《宪法学导论 原理与应用》，法律出版社 2008 年版，第 23 页。

（1）宪法赋予了行政机关自我管理权。《中华人民共和国宪法》（以下简称《宪法》）第 27 条第 1 款规定，一切国家机关实行精简的原则，实行工作责任制，实行工作人员的培训和考核制度，不断提高工作质量和工作效率，反对官僚主义。本款是对国家机关，尤其是行政机关设定的权力和责任，即要求国家机关通过采取各种措施，提高工作质量和工作效率，防止官僚主义的出现。可以说，该条规定是行政机关进行自我规制的直接宪法依据。虽然该条款更像是义务条款，即似乎没有明确的授权性表述，但从国家机关与宪法的关系可以推出行政自我规制权。国家机关有义务遵守和执行宪法，因而宪法为其设定的自我规制的义务其必须履行。而其要履行这个宪法义务，就必然需要有相应的权力才能去履行这个义务。换言之，宪法的这个条款是为国家机关设定义务，但也潜在的赋予其采取自我规制措施的权力，否则这里的义务无从履行。当然，这里的义务是国家机关对宪法的承诺，而权力则是行政自我规制主体针对被规制主体而享有的。换言之，宪法赋予国家机关机关自我规制的义务，为了履行这个义务，行政机关需要享有自我规制的权力。另外，依据《宪法》第 107 条规定，行政机关具有发布决定和命令的权力。从功能主义角度解释，这里的"决定和命令权"应当包含行政机关进行自我管理的权力。实际上，行政自我管理权就包含行政机关自我规制的权力，因为行政自我规制也需要发布一定的决定、命令从而实现对自身、公务员和下级行政机关的规制。

（2）宪法为行政机关设定了"服务行政"的义务。《宪法》第 27 条第 2 款规定，一切国家机关和国家工作人员必须依靠人民的支持，经常保持同人民的密切联系，倾听人民的意见和建议，接受人民的监督，努力为人民服务。其中，"努力为人民服务"体现了自我约束的精神。这一条款实际上为行政机关设定了"服务人民群众"的义务，而行政机关要想履行这一义务，便需要进行自我规制。

（3）宪法赋予了行政机关管理行政人员的权力。《宪法》第 89 条规定的国务院第 17 项职权，即审定行政机构的编制，依照法律规定任免、培训、考核和奖惩行政人员。《宪法》第 107 条第 1 款规定，县级以上地方各级人民政府依照法律规定的权限，管理本行政区域内的行政工作，发布决定和命令，任免、培训、考核和奖惩行政工作人员。这两个条款都规定政府对于行政人员有监督和管理的权力，而行政自我规制本质上也是对行政人员的监督和管理。换言之，宪法的规定可以直接为行政主体自我规制提供依据。

（4）宪法赋予了行政机关自我监督权。《宪法》第108条规定，县级以上的地方各级人民政府领导所属各工作部门和下级人民政府的工作，有权改变或者撤销所属各工作部门和下级人民政府的不适当的决定。这一条赋予了上级行政机关监督所属部门和下级政府的权力，而监督所属部门和下级政府行为的合法性和合理性，也是行政自我规制的重要内容。

2. 法律依据

《中华人民共和国地方各级人民代表大会和各级地方人民政府组织法》第73条规定，县级以上的地方各级人民政府行使下列职权：（1）执行本级人民代表大会及其常务委员会的决议，以及上级国家行政机关的决定和命令，规定行政措施，发布决定和命令；（2）领导所属各工作部门和下级人民政府的工作；（3）改变或者撤销所属各工作部门的不适当的命令、指示和下级人民政府的不适当的决定、命令；（4）依照法律的规定任免、培训、考核和奖惩国家行政机关工作人员……该条规定的行政机关的职权包括发布决定和命令权、监督权和对公务员的管理权，这些都可以为行政自我规制权提供一定的依据，即行政自我规制过程中会用到上述权力。

（二）法理推演

1. 理论障碍的突破——立法性自我规制的逻辑基点

现实中，行政主体往往通过制定规则的方式进行自我规制。以行政裁量权的自我规制为例，行政主体往往通过制定裁量基准的方式进行自我规制。行政主体通过制定规则的方式进行自我规制，原则上属于"立法性"自我规制。根据传统大陆法系的"法律保留"原则和英美法系的"限制性授权原则"，[1]行政主体自我规制中的"立法性规则"欠缺正当性。只有突破这一理论障碍才有可能为行政的"立法性"自我规制提供空间。在行政法的发展进程中，大陆法系和英美法系国家的实践对于各自的原则都实现了突破。在德国，联邦宪法法院在1984年"导弹部署案"中采用"功能结构取向方法"对法律保留的宪法理论进行了重新阐释，认为"权力区分为不同功能，配置给不同机关，其主要目的无非在于要求国家决定能够达到'尽可能正确'的

---

〔1〕"禁止授予立法权原理"是对立法裁量权加以控制的原理。该原理的前提性信念是基于"被授予的权力不能授出"这一法的普遍原则。根据这一原理，立法机关所拥有的立法权是宪法授予的，它不能将该项权力再次授予任何其他人或其他机关。

程度。换言之，即要求国家的决定应由在内部结构、组成方式、功能与决定程序等各方面均具备最佳条件的机关来担当作成。在美国，2001 年的"惠特曼诉美国卡车联合会案"中，法院也明确指出"我们的回应不是去否定法律，而是给管制机构一个自行演绎出确定标准的机会"。[1]应该说，两国的司法实践都在一定程度上对行政机关自己制定规则的权力和事实予以肯定和尊重。在我国宪法体制下，部分行政机关有明确的规则制定权，因而，立法性自我规制的障碍较小。但是，对于没有明确规则制定权的行政主体而言，对传统理论障碍的突破就成了其进行"立法性自我规制"的必要前提。

2. 行政保留——行政自我规制权的基点

如果行政机关只是权力机关牵引下的木偶，完全听从于权力机关的摆布，那么行政自我规制本没有必要，而且没有存在的空间。但是，正如博登海默所言："始终会存在一些法律所不能或只能部分渗透于其间的开放性领域。一个政治国家的典型事态，既非以无限权力的统治为特点，亦非以严格的规范控制为特点。"[2]行政自我规制权力之所以存在就在于其存在一定的自治空间。这个自治的空间在德国法上被称为行政保留。[3]行政保留是指，行政对特定事项或行为方式，具有独占的管制权限或管制特权，在此范围内，立法机关并无管制权限或仅具有补充管制权限，也就是说，行政虽受法律拘束，仍然得保留自行判断及形成活动的空间。[4]行政保留的事项主要是行政执行策略和方法的拟订、行政组织权、行为裁量权、人事权、预算编制和执行权、政策规划权等。[5]行政保留的价值在于其为行政权内部运行提供了一个相对独立的空间，这样，不仅能够充分发挥行政主体的主观能动性、积极性和专业性，同时，也有利于保障个案正义的实现。[6]

〔1〕 周佑勇："裁量基准的正当性问题研究"，载《中国法学》2007 年第 6 期。

〔2〕 〔美〕博登海默：《法理学 法律哲学与法律方法》，邓正来译，中国政法大学出版社 1999 年版，第 359 页。

〔3〕 行政保留理论从属于权力分立理论，强调行政作为一个整体应有自我负责的领域，不受到立法、司法之干涉，以期为行政在立法、司法中找到"自我责任"从而不受干预之空间。

〔4〕 陈敏：《行政法总论》，新学林出版有限公司 2007 年版，第 153、175 页。

〔5〕 翁岳生主编：《行政法》，中国法制出版社 2002 年版，第 334~335 页。

〔6〕 从依法行政的角度来看，行政权作为执行权，若在行政执法时没有一定的弹性自主空间，势必难以适应变化多端的社会情境，故客观上要求行政机关拥有相当的自由决定权限进行合目的性判断，以实现个案正义，从而导出行政保留的理念。

当然，行政保留的存在并不意味着行政权的绝对自治，从行政法治的观点看，行政主体不应存在绝对自治的空间。它主要强调立法权和司法权对于行政自我管理的容忍、尊重，但是并不排除立法与司法在一定程度上对行政自我管理的干预。行政保留原则对于行政自我规制的价值就在于其为行政自我规制提供了基点，没有法律依据的自我规制措施之所以能成立就在于行政权具有相对保留的空间。

（三）公务员同意和集体行动

行政主体对于公务员的规制包括两个层面：法律层面和伦理层面。如果说行政主体对公务员行为合法性规制的权力来源于法律，那么，其对公务员的伦理和向善的规制权力又来源于哪里，则是需要讨论的问题。行政主体可能会对行政人员提出高于法律的要求，这种要求最终会落到每一个公务员头上。而它因何有权对行政人员提出更高的要求？本书的答案是：行政人员的同意和集体意志的达成。

按照社会契约论[1]的基本原理，人们之所以接受国家的统治，是因为人民通过契约的形式将自己的部分权利让渡给国家。国家的权力是基于人民的让渡，国家一旦获得这一权力即获得了对公民进行控制和管理的权威性。社会契约论的核心理念即在于，人民的同意是国家进行统治的重要基础。根据社会契约论的精神，个人自愿加入共同体，意味着其对该组织的纪律或者管理的同意，组织即获得了一定的管理权和规制权。换言之，组织成员通过自愿加入的方式将自己的部分权利让渡给了该组织，该组织自然就获得了对其进行管理和规制的权力。这一点基本上适用于任何共同体，因为共同体为了更好地生存和发展，必然要对内部成员进行管理，否则共同体便可能面临风险。行政主体作为担负着公共使命，社会对其公信力有更好期待的组织体，更需要对内部成员进行管控，而其管控的权力在该成员选择加入时便已经自动生成。

行政主体中的个体成员也适用这一原理：当一个人选择公务员作为自己的职业时，其首先应当意识到，公务员是为公众服务的。为了更好地履行服

---

〔1〕　社会契约论首先由霍布斯提出，他从自然状态出发提出了"专制契约论"，洛克提出了"自由契约论"，卢梭提出了"民主契约论"。尽管他们之间的观点存在差别，但他们的共性在于：国家并非从来就有的，基于人民的授权和同意而获得统治权。参见张千帆：《宪法学导论 原理与应用》，法律出版社2008年版，第64~68页。

务义务和维护公共利益，其需要接受行政主体的组织纪律、培训和适当的惩戒。当他进入行政系统时，就意味着他对所要受到约束的同意或者默认。行政自我规制权作为一种组织管理权，是成员因加入直接让与的，这其实与社会契约论的原理是非常相似的。另外，行政自我规制的规则是公务员自己制定的，且往往是集体讨论的结果，故而这些规则本身带有集体意志的成分，能够增强可接受性和说服力。

第六节　行政自我规制与外部规制的关系

在传统行政法学视野里，对行政权的外部规制才是正道，行政自我规制即使不是旁门左道，其可能性和有效性也是受到质疑的。因而，行政自我规制往往并未被纳入行政法学的研究视野中，在行政法制度上难寻踪迹。理论上，行政自我规制与外部规制具有天然的联系，准确定位行政自我规制有赖于将其与外部规制进行对比分析。通过梳理可知，行政自我规制与外部规制的关系可以总结为：外部规制为行政自我规制提供压力；外部规制对行政自我规制存在依赖，外部规制通过内部规制更好地发挥作用；二者之间有一定的契合性，行政自我规制是外部规制的有益补充，因而在当前情况下，外部规制与自我规制并举才是正道。

一、外部规制：有效自我规制的保障

作为现象存在的行政自我规制，古已有之，但是，历史一再证实，行政自我规制的真实性和有效性需要外部规制提供保障，或者说没有严格的外部规制自我规制也很难有效的发挥。外部规制激发行政自我规制的作用机理主要体现在以下几个方面。

（一）促使行政主体行为谨慎和德性发挥

外部规制首先意味着一种监督的存在，作为被监督者，行政主体和公务员自然存在一定的心理压力，对自身的行为会更为谨慎，自我规制的迫切性也更强。监督的存在还意味着行政主体的表演有了对其进行打分的观众，行政主体的公务员出于对被尊重、被认可等心理需求的追求，会选择进行自我规制。此外，外在的监督也是公务员德性得以发挥的压力机制。在存在监督的情况下，行政主体更倾向于选择符合道德准则的行为。因为理论上，道德不仅是一种内心机制，还是一种关系概念，即在人与人的关系中道德概念中才得以成立，道德自觉持续转化为道德行动有赖于外在监督产生的压力机制。无论理论还是现实来看，纯粹的道德自觉具有很大的不确定性，而且很难发挥持久的约束力。

（二）提高违法和不当行为的成本

经济学理论认为，人们无时无刻不在进行着成本和收益的计算。行政主体作为一种经济主体或者由经济主体所构成的组织，其本身也会对自己的行为进行成本收益的计算。一般而言，它会选择成本较低而收益较高的行为方式。其他国家机关对行政权的规制，往往以责任为后盾，具有较强的权威性，一旦行政主体作出违法或者不当的行政行为，就可能承担特定的不利后果，它将为此付出较高的成本和代价，而所能获得的收益则是不确定的。基于预期成本与预期收益之间的计算，行政主体会倾向于选择收益比较稳定的行政自我规制。在这种情况下，即使不是出于道德的考量，而是纯粹基于理性的权衡，行政主体也会尽量选择控制自身的行为，防止违法或者不当行为的发生，减少不必要的成本支出。另外，外在规制的存在使得良性的自我规制措施和效果有了法定和固定的评论者，甚至可能得到一些收益和奖励。外部规制使得行政机关违法成本提高，而行政自我规制的收益提高，理性的经济人当然会更倾向于选择自我规制。

（三）增强行政主体内在的生存压力

法治框架下，行政主体的行为必须合法，而且应当以公共利益为导向，否则，行政主体及其公务员就要受到一定的惩罚或者谴责。外部规制存在的目的即在于实现法治的目标，强迫行政主体的行为必须符合法律的规定。这时候外部规制使得行政主体及其公务员面临着生存压力。为了使自身免于惩罚和不利，行政主体或公务员会选择积极进行自我规制，而不是选择承担外部规制的不利后果。另外，财政资金的有限性和民众对于减少财政支出的诉求的合力促使立法机关往往通过减少工作部门或者裁减人员的方式来减少财政支出。立法机关显然倾向于将一些社会评价不良、作用不大的机关予以撤销。财政供给的减少使得行政主体可能面临较大的财政困难，行政主体可能会选择裁员的方式缓解资金压力，而在行政主体内部，行为不端、责任心不强和能力有限的人往往会"首当其冲"。在这种生存压力下，行政主体及其工作人员会积极寻求自我规制，为自身赢得更好的评价，增强社会的好感，使得立法机关撤销该主体的行为因缺乏民意基础而不得不放弃。

二、外部规制对自我规制的依赖

特伦斯·丹提斯等教授提出了行政权外部规制的有效性依赖于内部规制的观点。他们认为："无论行政机关能否影响议会和法院的控制形式和发展，我们都无法否认，议会和法院的控制能否生效，毫无疑问地需依靠行政机关的内部机制"。[1]本书认为，行政自我规制为外部规制的有效性提供了契合的内因、道德支撑和信仰支持。

（一）内因塑造

根据唯物辩证法中内外因关系原理，内因是第一位的原因，是事物发展的根据；外因是第二位的原因，是事物发展的条件，外因必须通过内因才能起作用。[2]毛泽东同志认为："事物发展的根本原因，不是在事物的外部而是在事物的内部，在于事物内部的矛盾性。任何事物内部都有这种矛盾性，因而引起了事物的运动和发展。事物内部的这种矛盾性是事物发展的根本原因，一事物与其他事物的互相联系和互相影响则是事物发展的第二位原因。"[3]外部规制对行政主体而言是一种外因，如欲真正发挥其作用则有赖于行政主体"内在控制"与之契合。行政自我规制的价值之一即在于实现内因的塑造，通过对组织体内部组织原则的内化、组织文化的改善和良性规则的自行设定，为外部规制发挥作用提供良性的内因基础。例如，在英国，正是通过各部的自我约束制度，议会和法院的控制才能大体上在行政机关内部传输和扩散。[4]外部规制与行政自我规制之间的关系，恰恰符合哲学上内外因关系的原理：就行政权的规范和控制而言，行政自我规制就是一种内因或者是对内在因素的塑造，而外部规制则是权力控制的外因。根据内外因原理，外部规制需要通过行政自我规制才能更好地发挥作用。当然，需要指出的是，并不是说没有完善的行政自我规制外部规制就完全无法发挥作用，因为对于责任的恐惧、

---

〔1〕［英］特伦斯·丹提斯、阿兰·佩兹：《宪制中的行政机关——结构、自治与内部控制》，刘刚等译，高等教育出版社2006年版，第382页。

〔2〕上海市高校《马克思主义哲学基本原理》编写组：《马克思主义哲学基本原理》，上海人民出版社1994年版，第100页。

〔3〕《毛泽东选集》（第3卷），人民出版社1991年版，第301页。

〔4〕［英］特伦斯·丹提斯、阿兰·佩兹：《宪制中的行政机关——结构、自治与内部控制》，刘刚等译，高等教育出版社2006年版，第382页。

对于收益的追求，也是外部规制发挥作用的内因。行政自我规制只是行政权控制的内在因素之一，该因素的缺失并不必然导致外部规制的失效，只是其效果往往会大打折扣。

行政自我规制内因塑造功能还体现在，行政组织将法律的规定、外部监督以及外在的不利评价等转化为内部的规范和制约，并且提出更具体、更严苛的要求，这在一定程度上使得外部规制通过行政自我规制机制，即外部规制通过行政自我规制发挥了更好的作用。因为自己为自己设定的规则往往更容易得到遵守和执行。中国目前的法治状况表明，外部规制制度的健全并非规制有效性的充分条件，而只是必要条件。缺乏行政自我规制这一内在因素的塑造，外部规制的效果确实有所折损。

（二）建构内部行政法

行政权的内部运行和作用往往被传统行政法所忽视。内部行政法的概念实际上为行政权内部运行纳入行政法话语体系，确定内部行政法在宪制体系中地位和作用提供了重要视角。

首先，行政权内部运行构筑内部行政法。根据马肖的考察，美国的行政机关通过制定规则、先例和实践创设了"内部行政法"。这些规则、先例和实践构成的"行政法"创设行政行为（制度、措施），对行政机关进行授权，同时建构和约束行政行为。换言之，行政机关可以通过自己关于组织和程序的内部决定来"架构"行政法。[1]行政宪法理论认为，内部行政法具有宪法的功能和价值，应当承认其法律地位和作用。内部行政法的价值体现在三个方面：第一，内部行政法塑造行政机关的行为，规范行政机关的裁量权，防止行政恣意。第二，内部行政法是外部规制发挥作用的前提和基础。正如有的学者指出，"没有内部行政法，就无法经由政治监督、命令和司法审查让外部问责体系运行起来"。[2]第三，内部行政法为外部规制法的发展提供了素材和经验理性。比如，《美国联邦行政程序法》的制定，实际上是在总结行政机关内部已有的经验和实践的基础上，加入建构理性进行制度优化的

---

〔1〕 ［美］杰里·L·马肖：《创设行政宪制被遗忘的美国行政法百年史（1787-1887）》，宋华琳、张力译，中国政法大学出版社2016年版，第302页。

〔2〕 See Gilliam E. Metzger, "The Interdependent Relationship between Internal and External Separation of Powers", *Emory L. J.*, Vol. 2009, No. 59.

结果。[1]

其次，内部分权与职能分立。"分权原则"是宪法的核心原则之一。[2]行政宪法理论认为，行政系统内部亦存在分权和制衡机制，这种分权和制衡机制具有宪法的功能和价值。第一，行政分权保护政府治理的多元主义，防止行政权因过度集中而不受限制，有利于提升行政国家的正当性和合法性。在这个意义上，行政分权代表的是"宪法的回归，将行政治理嵌入宪法传统当中，通过利用制衡性的制度，推动善治、政治责任以及与法治契合"。[3]第二，行政规则实际上为行政机关内部不同职能之间建立了不可逾越的界限。[4]行政机关常通过内部行政规则，在行政机关内部建立各种行政机构，规定各个机构的职能、分工、工作程序以及不同机构之间的合作等。根据行政规则的不同，机构之间不能相互逾越和替代，亦不得随意放弃自己的职责和使命。第三，除此之外，行政系统内部还实行与分权原则相似但是本质不同的职能分立制度（separation of functions）。该制度同样是为了对抗行政专制和恣意。该制度的基本原理是，根据工作的性质，将一项特定的工作分配给单一的、恰当的分支机构，旨在保护正当程序的价值，即确保行政决策的公正。[5]职能分立是功能性分权原则在行政系统内部的体现，通过相应的职能分配给更为适合的内部机构或者个人，一方面实现"人尽其才"的作用，另一方面有助于通过职能分立实现行政系统内部的分工和相互制衡，从而更好地实现公正和效率。[6]

（三）道德养成

如张千帆教授所言："事实上，在没有道德支撑的情况下，法治本身就陷入了'囚徒困境'；无论严刑峻法看上去多么可怕，无论执行机制规定的如何

---

[1] ［美］杰里·L·马肖：《创设行政宪制被遗忘的美国行政法百年史（1787-1887）》，宋华琳、张力译，中国政法大学出版社2016年版，第331页。

[2] See Emily S. Bremer, "The Unwritten Administrative Constitution", *Fla. L. Rev.*, Vol. 2014, No. 66.

[3] See Jon D. Michaels, "An Enduring, Evolving Separation of Powers", *Colum. L. Rev.*, Vol. 2015, p. 115.

[4] See Gilliam E. Metzger, "The Interdependent Relationship between Internal and External Separation of Powers", *Emory L. J.*, Vol. 2009, No. 59.

[5] See Michael Asimow, "When the Curtain Falls: Separation of Functions in the Federal Administrative Agencies", *Colum. L. Rev.*, Vol. 1981, No. 81.

[6] See Peter L. Strauss, "The Place of Agencies in Government: Separation of Powers and the Fourth Branch", 84 *Colum. L. Rev.*, Vol. 1984, No. 84.

完备，如果没有人信仰法律和道德，法律终究只是纸上文字而已。"〔1〕道德本身的抽象性使得其不可能成为规制行政权的坚实基础，但是，公务员内在的道德素质水平无疑会直接影响外在规制对行政权产生作用的深度和有效性。

行政自我规制的重要维度即在于对公务员伦理道德水平的规制和提升。比如，通过职业道德培训和推动道德实践使得公务员内在德性和意识得以提升，这种内在德性为其自觉遵守法律，自愿接受外在规制的束缚提供了重要的德性基础。中国是以伦理为本位组织的国家，伦理以道德为主要手段，因而应当强调道德的作用。〔2〕对于公务员而言，加强道德自修和道德素质的培养有利于确保公务员人性可控性；有利于其规则意识的养成；有利于培养公务员对于法律和自身职业所应当具有的神圣感和使命感；有利于营造良性的机关文化，以上都可以为外部规制发挥作用提供必要的土壤。

（四）信仰培育

法律的实施和遵守有赖于信仰的养成，依仗于内心的敬畏感、使命感和人性的可控性以及内在的规则意识。诚如伯尔曼所言：法律必须被信仰，否则就形同虚设。〔3〕对于法律的信仰是法律得以遵守和维护的内在保证，没有对于法律的信仰，法律便无法真正得到有效地实施。行政自我规制是行政主体内部的规范和调控，其可以通过各种措施塑造有利于信仰形成的机关文化，培植公务员对于法律和正义的信仰和坚守，从而为公务员维护法律、遵守法律提供一种良性的土壤。

（五）技能提升

法律和政策具有高度的专业性和复杂性，因而执行法律和政策需要专业的知识和丰富的经验。换言之，法律得到有效实施的前提是行政机关及其工作人员具备相应的专业知识和经验。但很多执法人员未必拥有这些知识和经验，于是行政机关会定期组织培训，通过培训提升公务员的法律知识和专业执法知识，这样有助于其更好的理解法律，适用法律，从而更好地落实法律。这种技能的提升，无疑也可以使外部规制更好地发挥作用。

另外，行政自我规制的重要做法是在行政系统内部建立各种制衡机制，

---

〔1〕　张千帆：《宪政原理》，法律出版社 2011 年版，第 203 页。

〔2〕　梁漱溟先生认为中国是伦理本位的社会，突出的现实是以伦理代替宗教。参见梁漱溟：《中国文化要义》，上海世纪出版社 2005 年版，第 70 页。

〔3〕　[美]伯尔曼：《法律与宗教》，梁治平译，中国政法大学出版社 2003 年版，第 3 页。

促使行政机关之间相互监督和制约，从而实现行政权的合法化。这些内部的制衡机制包括但不限于：跨部门审查；职责分工的精细化；上级官员的监督；异议通道制度等。[1]其中，异议通道制度是指，当下级机关或者下级公务员认为上级机关或者行政机关负责人的行为存在违法或者不当之处时，其可以提出异议，从而对行政机关或者官员的行为构成制约。另外，专业公务员提供了另一种内部制衡。正如 Michaels 强调的"公务员是与政治绝缘的"，其具有天然的优势，使其能够将试图绕开法律（skirt laws）或者谋取私益的企图拉回来。[2]而且，专业公务员在确保"非政治性知识"提高行政机关决策科学性方面起到了关键作用。专业公务员的显著特点便是淡化政党色彩，同时远离选举的压力，能够更好地保持政治的中立性。

三、行政自我规制与外部规制的契合

行政自我规制与外部规制并非泾渭分明，行政自我规制之中具有外部规制的精神和原则，外部规制之中也有着自我规制的诉求和实践。二者之间的契合性主要体现在：精神的相通性；作用的相似性；对象的相同性。

（一）精神的相通性——规范和控制行政力

现代行政权的外部规制以法治化的规制模式[3]为核心。行政法治的精神在于规范和控制行政权力，保障公民权利，要求行政权应当在法治的框架下运行，自觉守法，不得侵害公民权利且应当积极履行职责保护公民的合法权利。外部规制也主要是为了实现行政法治的基本精神，即规范和控制行政权。比如，司法审查的作用在于通过诉讼的方式，实现对行政权的规范和控制，保护行政相对人的合法权益。尽管行政自我规制存在更高的诉求，但是其基本的诉求仍然是规范和控制行政权，保护公民权利，因而其基本诉求是与外部规制相通的。另外，两种规制模式都强调对于实质合法性和正义的追求，实质的合法性强调法律本身的正当性和行政行为更加符合自然公正的原则。正义是社会追求的崇高价值，两种模式都旨在限制行政权，为实现正义而努

---

[1] See Anjali S. Dalal, "Shadow Administrative Constitutionalism and The Creation of Surveillance Culture", 2014 Mich. St. L. Rev, Vol. 2014, No. 59.

[2] See Jon D. Michaels, "An Enduring, Evolving Separation of Powers", *Colum. L. Rev.*, Vol. 2015, No. 115.

[3] 如司法审查、权力机关监督控制等。

力。总之，二者在精神上具有相通性，这是行政自我规制和外部规制都能纳入法治框架的重要前提。

（二）行动逻辑相似性——"规则之治"为主

虽然行政自我规制与外部规制的方式和手段均具有多样性，但是，二者都以"规则之治"为主要方式。这里的规则之治强调的是治理主体主要以规则的制定和实施为主要内容的治理模式。"规则之治"包含相互衔接的两个过程：规则的制定过程和规则的实施过程，其中，制定规则是进行自我规制的基础，而规则的实施是自我规制的关键。外部规制是一种法治框架下的规制模式，其更强调依据法律规则对行政权进行规制。行政自我规制同样强调按照一定的规则对自身的行政权和行为进行有效地规制。尽管二者都不排斥原则之治和惯例之治，但是居于主导地位的仍是规则之治。规则之所以受到青睐就在于其本身的确定性和可预测性，能够有效地避免分歧，提供明确的解决方案，从而使权力与权力、权力与权利之间的博弈更加有效。实际上，规则之治也是法治的基本模式。

（三）对象的相同性——行为

虽然行政自我规制存在两个维度，但其直接规制的对象仍然是行政主体自身及其公务员的行为。公务员的思想和伦理道德的培训可以作为手段，但并不是行政自我规制的直接对象。外部规制作为一种法治化的路径，其规制的对象也仅限于行政主体的行为，而不直接调整行为者的内心。外部规制和行政自我规制均以主体的行为为直接的调整对象主要是基于两方面考量：第一，外在行为的客观性、具体性和可控性。外在行为是客观存在的，是看得见、摸得着的，因而对外在行为进行调整更加可行。同时，外在行为的客观性决定了其可控性，而且将行为作为调整对象更为方便，也更为有效。第二，从调控成本上看，以行为为调控对象更符合低成本高收益的经济学要求。相较于人的内心、思想和感情，对行为的调控无疑具有成本较低，而收益较高的特点。由于行为具有外在性，便于观察和感知、监督和控制，因而规制成本较低。另外，由于责任追究的便利性和控制的有效性，使得规制行为的收益更高。第三，从对于社会的影响来看，行为相比于思想和感情，更容易对社会产生实质的影响，从而使得对其进行调控更加必要。以行为作为调整对象并不是说对道德和内心置之不理，而是说直接规制的对象只能是行为，对于公务员的道德要求只能是一种手段，而非对象。换言之，即使着眼于对公务员的道德素质进行约束和控制，也只能凭借公务员的外在行为。行政自我规制不宜进入人的内心和精神世界。当然，行政主体可以通过道德培训来提升公务员的道德修养，并且可以对公务员的行为提出伦理要求。

四、行政自我规制是一种有益的补充

尽管外部规制的有效性对行政自我规制具有依赖性，但是，本书仍然认为，有效的外部规制是行政自我规制的动力之源和有效性保障。没有外部规制，行政自我规制只能是一种浪漫的理想，是否能成为现实具有很大的或然性。就二者的地位而言，外部规制是主，行政自我规制则是一种非常有益的补充，二者相互配合，才能更好地实现对行政权的规范和制约。行政自我规制不是对外部规制的取代，当然，也不能仅强调外部规制而忽视或者拒绝行政自我规制的建设。

行政自我规制理论的提出，绝非为了改变行政法治建设的方向和进路，行政法治仍应当以外部规制为主要路径，行政自我规制则是其中非常重要的、不可或缺的组成部分。本书之所以这样说并非妥协于学界主流学者对于该命题的忽视，而是以一种更为客观的心态评价所得出的理论，否则就会陷入王婆卖瓜，自卖自夸的困境之中。

本章小结

本章在批判吸收前人研究成果的基础之上，对行政自我规制的相关理论进行了梳理，并总结了本书的理论体系。行政自我规制是指行政系统内部自发开展的，以规范和控制行政权为目标，以行政主体自身及公务员行为为对象，以止恶与扬善为维度，通过各种措施，实现行政权合法、合理和有效行使，并进而实现行政正义、增强行政回应性等价值的自我规范和控制的制度、方式和手段的总和。

就背景而言，传统的外部规制模式在回应善治要求方面存在不足，善治对于行政权提出了更高要求。作为背景的善治要求行政主体进行自我规制；反过来，为了回应善治的要求，应当加强对于行政自我规制的研究与实践。既然善治成为一种必然的趋势，那么就应当将其引入法学语境中来，讨论其与法治和行政自我规制的关系，从而为更好地研究行政自我规制提供背景

支持。

对于行政自我规制的本质，可以从以下角度理解：第一，从行政自我规制的运作方式和形式上看，其作为行政主体对自身及其公务员行为的规范和制约，属于公权力的运行，且属于内部行政权的运行，行政自我规制的行为属于内部行政行为组合，构建的是内部行政法治秩序。第二，从行政主体与公务员的关系上看，行政自我规制属于行政主体自身利益的维护以及行政主体与所属人员利益博弈的平衡。

行政自我规制的基本动力包括：行政主体自身利益的追求和实现；行政主体内部不同主体之间的利益博弈；公务员自我实现的需求与内在德性；他制的外在压力。行政自我规制权的来源有三个层面：宪法和法律，行政保留原则和公务员的同意。行政自我规制与外部规制的关系非常密切：外部规制为行政自我规制提供压力机制；外部规制对行政自我规制存在依赖性；二者之间有一定的契合性，行政自我规制是外部规制有益补充，因而在当前情况下，外部规制与自我规制并举才是正道。

第二章

行政自我规制的可能性与理论基础

或许是出于对行政权现实表现不甚满意，或者是出于对于人性的不信任，亦或者是基于怀疑主义立场，人们对于行政自我规制的可能性总是抱着质疑的态度。很少有人否认行政自我规制的价值，但是，对其可能性产生质疑的却大有人在。因而，如果试图将行政自我规制作为一种科学的理论提出来，首先需要证成其可能性。行政自我规制本质上是一种关于主体行为的规制理论。人性论、博弈论和合作论则具有比较强的主体性，因而从中探寻支撑行政自我规制可能性的论据无疑是可行的。人性论属于政治哲学的范畴，通过人性论的讨论可以为行政自我规制提供人性论基础；博弈论属于经济学范畴，通过博弈论的分析可以为行政自我规制提供经济学视角；合作论是社会学理论，通过合作论的分析，可以为行政自我规制提供社会学解释。

第一节　行政自我规制的人性论基础

任何一门社会科学都是围绕人的问题展开的，人性的问题也是无法回避也不应该回避的命题。正如休谟所言："显而易见，一切科学都或多或少与人性有某种关系；不管看起来与人性相隔多远，每门科学都会通过这种或那种途径返回到人性当中。"[1]对于人性的认识构成了现代世界政治与法律制度的基石。作为一种理念或者制度的行政自我规制亦应当建立在一定的人性论基础之上。人性的论断影响着行政自我规制命题的成立，假如秉持人性善的观点，就不需要自我规制，但如果认为人性恶，行政自我规制又岂不成天方夜

---

〔1〕 ［英］大卫·休谟：《人性论》，中国社会科学出版社 2009 版，第 2 页。

谭？人性的真实状态似乎决定了行政自我规制这一命题的命运。政府的运作是以人为核心的，正如里普森所言，"政府的建立完全是依靠人，为了人，并为人所有的"，[1]因而，人性论亦是行政法学问题的根基。

一、人性论之争与质疑

人性善恶的话题古往今来引起了无数哲人的思考，在人的本性是什么问题上，基本上分为三派：性善论、性恶论和中立论。[2]由于人性本身的不可验证性，因而三种人性论观点都只是一种假定，这就决定了这三种观点本身的可质疑性。故而，对三种理论进行剖析和质疑，从而获得新的认知完全是有可能的。

（一）性善论——浪漫主义假定

性善论的基本主张是人本性是善的，人之所以为恶是因为外界的影响或者人性善因素的发展受到了阻滞。历史上，持性善论者数量可能不及性恶论者多，但是，他们的理论也非常有分量。在西方，有"西方马克思主义者"之称的弗洛姆认为，"人的本性是良善的，良善是人的第一潜能，邪恶不是人的本性中的独立成分，而是良善的发展受到阻碍的结果，是人的第二潜能。[3]弗洛姆还认为人的第一潜能是善的，破坏性是第一潜能发展受阻造成的。"[4]中国传统的性善论以孟子为主要代表，他主张人人生来而有仁心，因而自然向善；人之所以为恶，完全是受外界不良影响的结果。[5]孟子认为上天赋予每个人"四端"构成了仁义礼智的寄托之所。"恻隐之心，仁之端也；羞恶之心，义之端也；辞让之心，礼之端也；是非之心，智之端也。"[6]"四心"人生而有之，因而人本身就有着善的潜质。弗洛姆和孟子的性善论存在一定差别，但基本的思想脉络是一致的：人具有善的本能或者潜质，恶并不是人所

---

[1] [美] 莱斯利·里普森：《政治学的重大问题》，刘晓等译，华夏出版社2001年版，第10页。

[2] 关于人性论的学说主要分为性恶论和性善论两种，但是，在两者之间也存在一些中立的学说，如"白板论""折中说"等。因而本书在人性论的争论中引入了三个学说。

[3] 所谓潜能，是指一种现实的可能性，潜能的实现依赖于一定的条件。

[4] 王元明："弗洛姆的性善论及其与孟子的性善论的比较"，载《天津师范大学学报（社会科学版）》2007年第5期。

[5] 张千帆：《为了人的尊严——中国古典政治哲学批判与重构》，中国民主法制出版社2012年版，第141页。

[6] 《孟子·尽心上》。

固有的本质。性善论的假定多少带有一些浪漫主义情怀，因为这意味着人天生就有着纯粹的利他主义情怀，自私自利的动机和行动只是外在环境的影响：善的潜质发展受阻或者外界恶的环境影响。这种假定将人性完全寄托于或者归责于外在因素，将自身置于超然的地位，其浪漫之处即在于性善论者是从自身主观内心世界出发，抒发对理想人性一厢情愿的追求而已。他们论调的基本语言结构是：我相信人性是善的，而不是我发现人性是善的。

（二）性恶论——实用主义假定

性恶论在西方具有悠久的历史。在宗教文化里强调，人有与生俱来的堕落趋势和罪恶潜能。[1]在世俗领域，亚里士多德继承柏拉图"性恶论"的观点，对人性做出如下判断：每一个个体人性都带有恶的一面，都有可能作恶，因此，要将所有人都置于法律的约束之下，防止人的恶性外露于行。[2]我国古代儒家的荀子认为每个人的天性都是恶的。当然，他认为人类并非命中注定地陷入于性恶之中，因为每个人同时也有转化本性的能力。[3]春秋时期法家提出"以法治天下"的主张，基本上是建立在人性恶的基础之上。西方宪政思想的人性论基点就在于人性本恶。本书在此不对性恶论提出质疑或者批判，但是，从古今中外性恶论的论述中发现，性恶论的假定更多的是立足于实用主义的立场，而非真的是为了反映真实的人性。因为性恶论者之所以提出这样的判断，主要是为了证明自己所提出主张的正确性和可行性，而并非为了更真实地反映人性，这一点在现代宪法制度的建立过程中体现得尤为明显。比如，斯科特·戈登在谈论美国立宪主义时强调，"尽管汉密尔顿及麦迪逊认为美国人善良正直，但他们十分清楚地指出，共和政体的设计如果以人的此种特质为基础，结果将是致命的"。汉密尔顿曾指出，我们不应忽视代表们可能会"天生具有更自私的动机"。他认为，"纵观人类行为的历史经验，实难保证常有道德品质崇高的个人，可以将国家与世界各国交往的如此重大的职责委之于如合众国总统这样经民选授权的行政首脑掌握"。[4]人性恶的假

---

〔1〕 包万超："行政法治：精神及制度"，载《政府法制》1996年第4期。

〔2〕 初红漫："权力规范与制衡的法律机制比较研究——以中美比较为视角"，载《河北法学》2011年第2期。

〔3〕 张千帆：《为了人的尊严——中国古典政治哲学批判与重构》，中国民主法制出版社2012年版，第91页。

〔4〕 ［美］斯科特·戈登：《控制国家——从古典雅典到今天的宪政史》，应奇等译，江苏人民出版社2005年版，第391~392页。

定对于制度设计而言更为方便，而且为权力的外在制约提供了坚实的人性论基础。因为假定人性本恶，就可以为人设定各种制度枷锁，从而为政府限制公民自由提供正当化基础。相反，如果人性是善的，那么政府限制人的自由便丧失了天然的正当性基础。

（三）中立论——逃避还是真理？

介于性善论和性恶论之间的还存在一些中立或者折中的人性论观点，本书将之统称为"中立论"。中立论又可以分为两种倾向性：无所谓善恶和既有善又有恶。无所谓善恶论者认为，每个人的人性都是空白的，无所谓善恶，人性的变化源于社会环境的影响，而非其本身存在的人性恶或者善。中立论者认为，人性中善和恶的因素并存，因而有时候表现为善，有时候表现为恶，这都是非常正常的。哈特对此也有类似的论述："人并不是受相互灭绝的愿望所支配的恶魔，但是，如果说人不是恶魔的话，人也并不是天使，他们是处于这两个极端之间的中间者。"[1]按照哈特的观点，人性具有中立性，人性既不是非常完美，也不是充满了恶性，而是具有一定的中间性。应该说，人性的中间性学说对于人性的假定是一种比较中立的立场，对人性仍然抱有希望，但是又不过于乐观，态度上是中肯的。然而，学术态度的中肯并不能保证学术观点的真理性，中立论的学说虽然不像前述两种学说这样的极端，但是，似乎也在试图回避现实的问题。无论性善论者还是性恶论者，从他们的主张看，他们基本上都立足于现实，是为了解释现实的社会现象而提出自己的观点和立场。与之不同的是，中立论更看重的是从性善论和性恶论之间寻找一种平衡或者妥协，而不是解释社会现实，因而，逃避现实之嫌。而正是对于现实回应的欠缺，使得这种学说的生命力显得如此孱弱。

（四）质疑——从经验主义立场

在对人性的研究中，休谟主张经验主义。[2]他认为人性科学是经验科学，必须建立在观察和经验之上，人性科学中的一切结论都是从经验中获得的，

---

[1]　张文显：《二十世纪西方法哲学思潮研究》，法律出版社1996年版，第98页。

[2]　经验主义和理性主义是西方哲学史上两种认识论思潮。从认识方法上，理性主义的"自明原则+演绎"方法与自然科学中的数学公理方法有密切联系，经验主义的"经验+归纳"方法与自然科学中的观察实验方法有密切联系。参见周晓亮主编：《近代：理性主义和经验主义，英国哲学》，凤凰出版社、江苏人民出版社2004年版，绪论，第18页。本书此处所使用的是认识论意义上的经验主义。

并只是以经验作为其可靠的根源。[1]经验主义是"经验+归纳"的方法,是一种立足于现实、回应现实的研究思路,因而更容易获得比较符合实际的结论。基于此,下文从经验主义立场出发,对以上三种人性论学说进行评判无疑是比较可行的方法。

首先,性善论虽然可以解释现实中存在的有些人因为环境的影响而变恶的现象,但是,其无法解释为什么在相同的环境中,不同的人却具有不同的人性表现,就连生活在同一个家庭里的双胞胎,都可能带有不同的人性表现。同样,性善论无法解释为什么在不同的环境中,不同的人却带有相同的人性表现。面对现实的考验,性善论显得有些苍白无力。性善论也无法回答一个很现实的问题,即人天生就会撒谎,而不论其是否曾经学习过。

其次,性恶论虽然可以解释现实中存在的任何人都有可能为恶的倾向性,但是,它仍然需要面对现实的质疑。既然人性是恶的,为什么几乎每个人都可能具有善的表现?更容易引起人们质疑的是,为什么有的人具有非常强的利他性?[2]而且性恶论也具有一定的逻辑困境:既然每个人都是恶的,那么这个社会就应该是毫无希望的纷争状态,只有通过严刑峻法才能控制人们的恶。然而,正如张千帆教授所言:"秦朝的法律表面上看很严密,最后却落得二世而亡的下场,足以表明法治主义理论及其理性人的行为假定看上去逻辑严密,实际上是自相矛盾、站不住脚的。"[3]性恶论对于现实的解释是不充足的,并且基于性恶论的制度安排又可能存在逻辑上的困境,性恶论在现实面前的说服力也有待提升。

最后,中立论虽然态度上中肯,但是由于其缺乏一定的现实解释力,所以其很难获得强有力的支持。既然人无所谓善恶,那么为什么人在相同的环境中会表现出不同的善恶倾向性?既然人既有善又有恶,那么善恶之间到底如何存在,如何发展则是存在疑问的。正如前文所述,中立论回避现实的倾向性决定了其本身理论生命力的萎靡。正如休谟所强调的,既然一切结论都来自于经验,那么任何没有经验根据的原则和结论都应被看作是无效的假设,

---

〔1〕 [英] 大卫·休谟:《人性论》,中国社会科学出版社 2009 版,第 13~24 页。

〔2〕 不容否认的是,我们身边确实存在着很多被认为人性善的人。

〔3〕 张千帆:《宪政原理》,法律出版社 2011 年版,第 203 页。

人性科学不接受假设。[1]与性善论和性恶论相比，中立论因为缺少对于现实的回应，而使自身不能得出非常有效的结论。

二、人性善恶双向驱动理论的提出

（一）人性善恶双向驱动理论

前文从经验主义立场对人性三论提出了质疑，接下来尝试着从经验主义立场完善人性论。经验主义要求立足于现实，发展更为符合现实的人性论。正如马斯洛所言："人是会受一定利益或情感的驱使而作出相应行为的动物，离开了利益或情感的刺激人就失去了前进的动力，但人亦非完全是欲望的奴隶，相反，人也具有利他的可能，试图以人是动物这种假设为基础来寻求解决人类社会和政治问题的答案，将会使人类陷入荒谬的境地。"[2]从经验主义着眼，上述三种理论均有不足，从现实的立场看，本书认为人性应当是善恶双向驱动的。

1. 善恶双向驱动理论的基本原理

该理论的基本原理为：原初意义上的人，[3]善与恶构成其人性的整体。善恶的分布类似于太极图中阴阳两部分。（如图2.1）善恶之间存在界限，但是并非泾渭分明。善恶之间有差别，但又有着互动的关系。在原初意义上，人性的善恶总体保持着平衡。人性的发展源于对外界的回应性。如果一个人生活在真空之中，那么，他的人性将永远保持平衡。但是，按照人本主义心理学的观点：人是一种不断需求的动物。[4]这种需求决定了人必须对于外界进行回应，而这种回应的过程便伴随着善或者恶的发展。善恶的倾向性与人的需求有关，而需求又与人的体质、性别、性格、身体状况等有着密切的联系。人之所以为人就在于其内在地包含了善与恶的潜质，人类在进化过程中，善与恶的因素不断嵌入人性的基因当中，并在互动中逐渐达到平衡。既然人是一种社群性动物，那么个人就必然与其他人打交道。从进化博弈论的角度

---

[1]　周晓亮主编：《近代：理性主义和经验主义，英国哲学》，凤凰出版社、江苏人民出版社2004年版，第417页。

[2]　[美]马斯洛：《马斯洛人本哲学》，成明编译，九州出版社2003年版，第81页。

[3]　原初意义上的人在此指两个层面：第一，剥离了具体人格特性，一种抽象意义上的人；第二，刚刚出生的人。

[4]　[美]马斯洛：《马斯洛人本哲学》，成明编译，九州出版社2003年版，第1页。

而言，人们为了生存，在人与人之间的博弈中，人们的行为必然有合作也有背叛，[1]无论合作还是背叛，其目的都是获得生命的延续。人类进化的历程显示，只有那些能够做出优势策略的群体或者个人才可能更好地生存。所谓优势策略就是在合作与背叛之间灵活运作，寻求较为合适的平衡点。一味地合作和一味地背叛都将是自取灭亡，因而能够在进化博弈中获胜的，必然是能够灵活采用两种策略的人。人本身所具有的记忆功能将两种策略转化为内在的本能，而这种内在本能又转化为人性。通过不断的进化，人内在的善恶因素也根深蒂固地嵌入人性当中。总之，人性善恶是人在进化过程中，通过恶与善的不同策略的无数次重复，从而内化为人的本能反应，又进而形成了人性的要素。

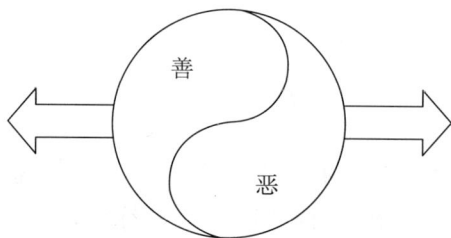

图 2.1　人性善恶双向驱动示意图

2. 善恶之间的关系和发展方向

既然人性中内在包含善与恶的两种潜质，那么二者之间的关系为何，二者遵循什么样的发展路径是善恶双向驱动理论关注的焦点，也是理解人性的关键。

就二者的关系而言，人性中善与恶两种潜质之间的关系是复杂的：首先，二者之间存在区别，表征着不同的倾向性，二者存在一定的界限，在完全内在的因素制约下，谁也不能战胜谁。其次，二者之间又存在互动性，即善恶之间存在相互转化和交融的倾向性，二者之间并非绝对泾渭分明和相互绝缘。善恶之间的界分决定了不能将人性简单地定性为"性善论"或者"性恶论"，善恶之间的互动性决定了人性并不是完全恒定，更不是非善即恶的。

就善恶之间的发展方向而言，善恶朝着两个不同的方向发展。人性善恶

---

〔1〕　此处合作与背叛是善与恶的另一种表达。

具有两种发展路径，一种是人性之内的互动，另一种是善恶各自的扩张。前一种人性发展的路径是善恶之间互动的路径，具有内在的运作机理，本书在此不涉及。另一种路径是善恶各自的扩张。善与恶因素成长的关键路径在于回应性上的不同。从人本主义角度来看，人是一种不断需求的动物。为了满足需求，其必然要对外界作出回应，在回应性上善恶两种因素有着各自不同的路径依赖。善与恶对于不同事物和环境的回应性不同。一般而言，引发善的因素发展的环境和事物，往往并不能引发恶的因素的发挥。当然，至于什么因素会引发善的因素发挥，什么因素有利于引导恶的回应则是因人而异的。在回应性的强度上，一般而言，恶比善的回应性更强，因为恶的倾向性往往更有利于自身需求的满足。当然，这种"有利"可能完全源于感觉或者本能，不一定是真实的。善恶的倾向性和本质的差别，决定了二者之间发展轨道的差别。一般而言是朝着相反的方向发展。正如陈端洪教授所言："为了寻找平衡，人性往往朝两个方向发展、延伸：善与恶，舍与贪。"[1]善恶双向发展的倾向性给我们以启示：第一，既然善恶之间具有不同的路径依赖，那么要想对善恶进行调控，可靠的方式就是改变能够引起回应性的因素，起到止恶，或者扬善的作用。第二，止恶并不能扬善。如前所述，善恶具有不同的发展轨迹，单纯限制恶的发展并不能起到发展善的作用，即止恶对于善的发展轨迹并没有太大的影响。

3. 善恶双向驱动人性的遗传性和现实解释力

如同猩猩和蚂蚁天生继承了合作的利他倾向，人的善恶双向驱动的人性亦具有一定的遗传性。这种遗传性决定了人性的普适性和根本性。

在自然状态下，善恶的倾向性不完全是一种理性的选择，正如休谟所言："由于理性绝不可能通过反对或赞成某种行为而直接地阻止或者产生这种行为，所以，理性就不可能是已经被发现有某种影响的道德上善恶的根源。"[2]这种善恶倾向的非理性化决定了善恶发展的复杂性，进而在现实中表现为一种奇怪的现象：相同环境的人（即使双胞胎）却会有不同的善恶倾向；不同环境的人却可能有相同的善恶倾向。人性的复杂性和不可验证性使得对人性进行假定而非认定成为比较明智的选择。

---

〔1〕　罗豪才等：《行政法平衡论讲演录》，北京大学出版社 2011 年版，第 112 页。

〔2〕　[英] 大卫·休谟：《人性论》，中国社会科学出版社 2009 年版，第 320 页。

诚然"善恶双向驱动"的人性论同样是无法完全得到验证的理论，但是它与其他人性学说的不同之处在于：第一，该理论坚持经验主义立场。本书在阐释该理论时利用了经验主义的方法进行分析和概括，尽可能确保对于人性的判断更符合实际也更为科学。第二，该理论将人性变化归因于"人对于需求的回应性"这一人本主义理论之上，并且尝试着回答传统人性论遇到的现实质疑，旨在建构一种更为符合现实的经验主义人性论。第三，该理论建立在人的生物本性之上，是对人类演化历程的总结，勾连了人性与生物性的联系，并非一种空想。概言之，建立在对传统人性论批判基础之上，运用经验主义研究方法，以人本主义为理论支撑的人性善恶双向驱动理论具有较强的科学性，同时也具有比较强的解释力，因而可以作为其他社会科学的人性论工具。

（二）人性善恶双向驱动理论的启示

运用经验主义立场，基于人本主义理念而提出的人性善恶双向驱动理论，具有更强的现实解释力，适于作为法学研究的人性论基础。根据人性善恶双向驱动理论可以得出以下启示。

1. 人具有善的可能，也具有恶的可能

既然人性中包含了善与恶两种内在潜质，而这两种属性存在各自的发展路径和回应性，因而一个人既有可能为善，也有可能为恶，善与恶都具有现实的可能性。人之所以可能为善，是因为人内在地包含着善的因素，这种善的因素在一定的环境影响下就能得以发挥。这种善的潜质转化为善的人性遵循两种路径：首先，善的潜质直接引发善的行为。比如，孟子所说的恻隐之心，这是善的潜质直接作用的结果。其次，善的潜质因对外界具有回应性而不断发展，从而逐渐构成人性善的一面，进而引发善的行为。人性中恶的作用机制与善的作用机制是一样的，在此不再赘述。人既具有为善的可能，也有为恶的可能，因而，要防止两种认识论：一种是"天下无贼"；另一种是"人皆魔鬼"。

2. 人性可控

人性双向驱动理论认为，善恶因素均基于对外界的回应性，朝着不同的方向发展。善恶因素对于外界的回应性，决定了人性的可控性，即人性可以通过外界因素的改变而得到调整和控制，而不是只能听之任之。人到底选择为善还是为恶，在一般情况下，是可以通过一定的手段进行引导、调节和控制的。其实，人性可控理论也是法治的潜台词，法治虽然假定人性恶，但是它还必须承认人性可控，否则，任何制度设计都将无济于事。毕竟，如果人性是无可救药的，什么制度又能使其起死回生呢？当然，需要指出的是，人性可控并非绝对的和必然的。如前所述，人性的复杂性和回应的随机性决定了人性可控的有限性和或然性，需要特定的条件，且结果并非固定的。就如在同一个环境中长大的人，有的成为道德模范，有的锒铛入狱，证明人性可控只是相对的，并不是绝对的。

3. 止恶未必能够扬善

由于善恶因素具有不同的回应性，使得其本身朝着不同的方向发展，遵循不同的路径，因而善与恶完全可以同时发展，而且相互之间并不产生冲突。善恶的双向驱动和不同的回应性决定了：止恶未必能够扬善。因为善的发挥也需要一定的回应性，单纯的止恶并不意味着为善的发展提供了充分的条件，即善的因素可能仍然停留在原地，它需要能够使它产生回应性的特定条件才能实现发展。止恶的方法只是控制住了"恶"产生回应性的环境或条件，并不一定为善提供了必要的条件，因而止恶并不当然意味着善的因素就能变化。这也是法治所遭遇的困境之一，法治强调止恶，通过责任和强制实现止恶，但是，止恶之后并没有相应的为善的因素发展提供条件，有时候制度设计不合理反而可能使得人更加的恶或者冷漠。比如，当前推行的认罪认罚制度。

4. 扬善可以抑恶

因为善恶总体而言朝着双向发展，善恶之间并不必然相互排斥，一方的发展也并不意味着另一方的退败，所以，通过提倡善的建立来排除恶的因素的想法本身是不现实的。但是，由于人性中善恶因素的发展基本上遵循的是一种回应性路径，这种回应性具有一定的路径依赖。如果主体的内在和外在的因素更适于善的因素的发展，那么这个时候，善的倾向性就比较明显和突出，并进而使恶的因素发展受到一定抑制。因为这个时候，人性中恶的因素回应性降到比较低的程度。也就是说通过主动建构，为善的因素提供激发其回应性的条件，在一定程度上可以使激发恶的回应性因素减少，从而起到抑恶的作用。当然，这种作用具有较大的或然性，因为恶的回应机制能否得到抑制并不是必然的。但是，扬善可以抑恶的逻辑启示我们应当注重激发善的回应性条件和环境的建设。

三、人性论与行政自我规制

基于人性恶的假定，行政自我规制即使不是不可能，也至少是虚伪的和失效的。然而，基于人性善恶双向驱动理论，行政自我规制则具有相当的可能性和价值，而且人性的善恶双向驱动理论更强调行政自我规制的必要性。人性善恶双向驱动理论对于行政自我规制的启示如下。

1. 人性的向善性决定了行政自我规制的可能性。如果人人都是天使就无需行政自我规制，如果人人都是魔鬼，行政自我规制又何以可能？人性善恶双向驱动理论强调人性中善的因素存在，并且善的因素基于特定的回应性，按照一定的路径独立发展。人性中善的潜质使每个人都有着向善的可能，作为行政主体代表者的公务人员亦不例外。前文已经强调过，善恶双向驱动的人性具有普适性，因而公务人员的人性基础亦是相同的。当然，由于外在和内在的因素影响，不同公务员的善恶因素已经发生了变化，因而，不能说他们的人性中善恶因素是完全一致的。正如有人指出：公务人员并不因为进入行政系统就成为公仆，也并不因为进入行政系统就变成了恶人，他们与普通人共享着人性基础。每个公务人员内心中善的因素为行政自我规制由理念变为现实提供了可能，但并不是必然的。善的因素需要一定的回应性机制才能转化为现实善的德行，而善的潜质能否真正得以发挥，则依赖于内在和外在的因素。但是，不能因为公务人员善的因素的发挥存在不确定性，就否认其向善的可能性，并进而否认行政自我规制的可能性。质言之，行政系统内部公务人员内在存在的善的因素，为行政自我规制提供了基础和可能。

2. 人性可控决定了行政自我规制能够发挥作用。如果人性是不可控的，那么任何形式的规制都是徒劳的，毕竟，规制的有效性主要依赖于各方主体积极或者消极的回应。人性善恶双向驱动理论强调人性的可控性，即通过一定的手段和措施可以使人性得到调控。行政自我规制是一种制度化的自我规范、控制方式和过程的集合，包含着丰富的规制手段和措施。这些措施之所以能够发挥作用就依赖于被规制者人性的可控性。只有人性可控，调控机制才能真正起到止恶或者扬善的作用。以止恶机制为例，按照人性善恶双向驱动理论，恶的因素之发展主要依靠对外界的回应性，因而，通过各种手段和措施减少甚至消除会使恶产生回应性的因素便能有效地抑制恶性的发展。比如，通过增加行政过程的透明度，使公务人员接触贿赂的机会减少，通过严格的监督使其滥用权力的需求降低等，在一定程度上有助于实现控制恶性发展的作用。以发达国家的高薪养廉政策为例，如果从人性论的角度解读，高薪养廉政策之所以能够起到作用，主要是因为其满足了人的需求，进而降低了对于行贿行为（金钱物质诱惑）的回应性。官员恶的因素并没有因此而减少，只是其对于外在刺激的回应性有所减弱。

3. 止恶不能扬善凸显行政自我规制的必要性。如前所述，人性中善恶因素基于不同的回应性朝着不同的方向发展，二者之间可以同时增长而不是此消彼长。人性中的善恶因素的双向发展又决定了止恶不能扬善成为一种正当逻辑，这一点对于行政权的行使者而言是非常重要的。传统法治理论对行政权的规制是以人性恶为基础的，因而突出强调对于权力行使者恶的因素进行制约。这种以止恶为核心的传统控权模式虽然更加便利和有效，但是也因为止恶不能扬善的现实而存在局限性。很显然，社会的治理，尤其是良好的社会治理单纯靠止恶这一种路径是不充分的，因为没有善的发挥，治理的效果只能是最低程度的合法，而非较高层次的正义和正当。传统法治在人性善的引导和发挥方面存在欠缺，使得其在回应社会对于善的治理和公职人员德性的需求时显得有些无力。行政自我规制以止恶和扬善为维度，不仅止恶而且还着重强调扬善，从而能够有效地弥补传统法治单纯止恶的不足，更好地回应社会的需求。一言以蔽之，止恶不能扬善的逻辑凸显行政自我规制的必要性。

4. 扬善可以抑恶彰显行政自我规制的价值。人性中的善恶因素基于不同的回应性具有不同的路径依赖，因而其本身的发展具有独立性。但如果一个人所处的环境主要促使其善的潜质作出回应，进而使得其善的因素得到发挥，那么人在该特定的时间内，恶的潜质就会因为缺乏激发其积极回应的因素而受到一定的抑制。这与某些人所主张的善与恶此消彼长的观点是不一样的，扬善能够抑恶强调的是人所处的环境使得善的回应性增强，那么此时恶的回应性便会降低，因为此时的环境既然适合善的因素发展，那么一般而言就可能不利于恶性因素的发挥。[1]扬善可以抑恶的基本判断可以彰显行政自我规制的价值：行政自我规制以扬善为维度，通过各种措施和手段来营造适宜善

---

[1] 需要强调的是，由于环境的复杂性，完全可能存在既有利于善的张扬，又有利于恶的因素发挥的环境。

的潜质作出回应的环境和条件，从而促使善的因素得以发展，同时使恶的因素受到一定的抑制。换言之，既然公务人员所处的环境更适于善的因素发展，那么恶的回应性就有可能降低。当然，需要指出的是，这种扬善可以抑恶的机制具有或然性，不具有必然性。

5. 行政自我规制的制度设计应当契合人性善恶双向驱动理论。任何制度设计都应当考虑人性因素，否则该制度很难真正地发挥作用，行政自我规制也不例外。人性善恶双向驱动理论的启示是，行政自我规制制度设计应当为人性中善的因素的发展和恶的因素的抑制均提供相应的回应机制，以使善的因素得到发展，恶的因素得到抑制。

四、每个人内在的道德价值——行政自我规制的外在因素

社会学理论认为，行为产生关系，关系是"行为的固定化形式"。[1]在行政法领域，行政权的运作产生了行政主体与行政相对人之间的关系。行政法以"行政关系"为调整对象，因而，行政法学亦应当以"关系视角"研究问题。行政权的运行结果是行政主体与行政相对人之间产生了一种互动的、[2]对立统一的关系，这种关系是行政法的核心。行政主体与行政相对人之间存在互动和博弈的关系，因而一方主体必然受到另一方的影响。正如学者所言，社会行为的本质，决定了它不可能不受到他人和外界的干扰和影响，因而也就不可能单方面地决定行为的结果。[3]本书认为，人性中善的因素使得每个行政相对人具有内在的道德价值，对于行政主体的自我规制会产生一定的影响。

（一）行政相对人的内在价值催生行政自我规制

人之所以为人就在于其本身具有特殊的价值和德性，行政相对人内在价值的外在表现为：尊严和幸福感。希伯来宗教[4]教义认为，"上帝以自己的形象造人，因而每个人天性中都有一点基本的灵明，每个人都是上帝所造，

---

〔1〕 庞树奇、范明林主编：《普通社会学原理》，上海大学出版社2000年版，第16~17页。

〔2〕 互动是指人与人之间的社会交往活动，或人们对他人的行动和反应过程，包括人的心理交流和行为交往过程。

〔3〕 庞树奇、范明林主编：《普通社会学原理》，上海大学出版社2000年版，第16~17页。

〔4〕 希伯来宗教是现代宗教的主要根源。

故有不可侵犯的价值和尊严"。[1]在儒家看来，每个人生来具备内在的德性，以及实现德性、走向成熟的能力，因而，每个人都是一种有尊严的存在。[2]康德认为，德性是人类生活世界的重中之重，"人之所以拥有尊严和崇高并不是他获得了所追求的目的、满足了自己的爱好，而是由于他的德性"。"一个人只有获得了德性，他才是自由的、健康的、富足的。"[3]行政相对人同样具有内在的德性和价值。在行政相对人与行政主体之间的互动关系中，这些内在的德性和价值对行政主体起到了制约和影响作用。这种影响的表现就在于行政主体和公务员有可能对自身的言行进行自我规制，而不是放任和任性。至于说这种影响的产生机制，既有孟子所言的恻隐之心，也有行政主体自身的道德原则，还可能是一种随机的情感反应。无论如何，这种影响确确实实存在着。还有一点值得指出的是，这种影响的程度是因人而异的，并不具有一个可量化的标准。当然，并非所有的行政主体及其工作人员都会基于行政相对人的内在价值而自我约束，但这种行为被称为行为失范，是一种不正常的现象，而非通例。

（二）行政相对人的内在价值强调其主体性

既然人所具有的内在德性和价值使得人显著不同于其他动物，那么，人就不能被简单当成一种客体或对象的存在，否则就是对人内在价值的否定。相应的，行政相对人在行政关系中作为一种具有内在德性和价值的存在，其本身应当被当成主体而非对象和客体。这种主体性主要体现为三个方面：平等、参与和目的性。行政主体将行政相对人视为主体，则其对于行政相对人的想法自然要予以重视，对于自身的言行则会保持谨慎。平等要求行政主体在互动的行政关系中必须尊重对方，以平等的态度对待相对人，并且必须对自身的行为进行规制。参与本身就是一种对行政权的制约，同时，良性的参与以行政主体自我规制为前提。行政相对人的内在价值凸显其目的性，行政权的行使应当以人为目的，因而行政主体要积极回应行政相对人的需求，为了更好地回应相对人的需求，需要行政主体进行自我规制。康德认为，一个

---

〔1〕　包万超："行政法治：精神及制度"，载《政府法制》1996 年第 4 期。

〔2〕　张千帆：《为了人的尊严——中国古典政治哲学批判与重构》，中国民主法制出版社 2012 年版，第 38 页。

〔3〕　苗力田：《德性就是力量——从自主到自律》，载［德］伊曼努尔·康德：《道德形而上学原理》，苗力田译，上海人民出版社 2005 年版，代序第 1~7 页。

有德性的人还应当得到幸福。康德的德性论注重的不是作为"目的"的幸福，而是作为获得幸福之前提条件的德性。[1]普适的内在德性决定了每一个行政相对人都有追求幸福和获得幸福的权利，对于行政权而言，其一方面不得滥用权力破坏行政相对人的幸福，另一方面还需要积极的作为以助成行政相对人的幸福，这些都是行政自我规制的题中之义。

（三）相对人的内在价值是行政主体信任的基础

只有具有内在德性和价值的人才有可能获得他人的信任和尊重。既然行政相对人被界定为具有内在价值的存在，那么就要求行政主体应当对行政相对人保持一种信任的态度。这里的信任主要是指对于行政相对人自我管理的能力、实现个人幸福的能力以及践行道德要求的能力之认可和尊重。行政主体对行政相对人的信任是其正当行使权力的重要基础，因为如果不信任人民的道德和智慧，政府就将承担过多的义务、行使过多的权力，从而增加权力滥用的危险，进而损害人民的权利和利益。[2]行政主体对于行政相对人的信任至少包含以下价值：第一，信任是行政主体做出积极行政行为，回应行政相对人需要的重要基础。当行政主体缺乏对于行政相对人的信任时，其积极性自然就会消减。第二，对于行政相对人的信任促使行政主体减少对行政相对人的不当干预，自我限缩权力、压缩权力的运行空间，降低权力被滥用的可能。第三，对行政相对人产生信任，行政主体才敢于将管理事项交由一定的社会主体进行，从而实现行政权的社会化。

第二节　行政自我规制的博弈分析

根据人性善恶双向驱动理论，行政自我规制不仅具有可能性，而且具有内在动力基础。但是，人性本身的抽象性和不稳定性，使得行政自我规制仍然具有随机性。况且，可能有人会质疑：人性论本身就是一个难以证成的问题，假如人性确实是自私的，那么行政自我规制理论何以成立？为了回应这一质疑，行政自我规制需要寻找更为坚实的理论基础，博弈论进入了本书的

---

〔1〕　苗力田：《德性就是力量——从自主到自律》，载［德］伊曼努尔·康德：《道德形而上学原理》，苗力田译，上海人民出版社 2005 年版，代序第 1~7 页。

〔2〕　张千帆：《为了人的尊严——中国古典政治哲学批判与重构》，中国民主法制出版社 2012 年版，第 38 页。

视野。博弈论作为数学工具，可以为包括行政自我规制在内的行政法现象提供一种有力的分析工具。本书认为：行政法律关系主体之间，特别是行政主体与行政相对人之间存在的关系本质上是一种博弈关系，双方在一定的规则下实施一定的策略和行为。现实中，双方的不同选择会构成几个策略的组合，而其中存在一个或者几个均衡解，构成一种稳定的策略组合。在良性的法治框架下，行政自我规制与行政相对人的服从与配合是行政机关与行政相对人博弈的稳定策略组合，行政机关具有行政自我规制的动力和倾向性。

一、博弈论：行政法中主体行为分析的有效工具

（一）博弈论的概念和要素

博弈论（game theory）是由数学家冯·诺依曼提出并建构的数学理论，经过众多学者的努力，博弈论已经成为经济、政治、生物等各研究领域的分析工具。博弈论研究的是决策主体的行为发生直接相互作用时候的决策以及这种决策内在均衡问题，又称为"对策论"。[1]博弈可以划分为合作博弈和非合作博弈。合作博弈与非合作博弈之间的区别主要在于人们的行为相互作用时能否达成一个具有约束力的协议。如果有，就是合作博弈；反之，则是非合作博弈。[2]

博弈论的基本要素包括：参与人、行动、信息、战略、支付函数、结果、均衡。参与人指的是博弈中选择行动以最大化自己效用的决策主体（可能是个人，也可能是组织）。行动是参与人的决策变量。战略是参与人选择行动的规则，它告诉参与人在什么时候选择什么行动。如"人不犯我，我不犯人，人若犯我，我必犯人"便是一种战略。这里，"犯"与"不犯"是两种不同的行动，战略规定了什么时候选择"犯"，什么时候选择"不犯"。信息指的是参与人在博弈中的知识，特别是有关其他参与人（对手）的特征和行动的知识。支付函数是参与人从博弈中获得的效用水平，它是所有参与人战略或行动的函数，是每个参与人真正关心的东西。结果是指博弈分析者感兴趣要素的集合。均衡是所有参与人的最优战略或行动的组合。上述概念中，参与人、行动、结果统称为博弈规则，博弈分析的目的是使用博弈规则决定

---

[1] 张维迎：《博弈论与经济信息学》，格致出版社、上海人民出版社2012年版，第2页。

[2] 张维迎：《博弈论与经济信息学》，格致出版社、上海人民出版社2012年版，第3页。

均衡。[1]

(二) 博弈论与法律问题的契合

博弈论作为一种数学工具，其能够作为法律问题的分析工具，在学界已经达成共识。博弈论之所以能够作为法律问题的分析工具，在于博弈论与法律现象具有契合性。

1. 博弈论以对策行为为研究对象

博弈论的研究对象是博弈过程中参与者的对策行为，其关注的是参与者如何选择策略以及选择策略组合的稳定性问题，即最优组合问题。法律和法学所关注的也是主体的行为问题以及因行为而产生的法律关系问题。博弈论和法律研究对象的一致性，使得博弈论可以在分析法律问题上有用武之地。通过博弈分析，法学研究者可以发现行为主体根据博弈规则（主要是法律规则）如何选择策略，以及如何获得一种最优的策略组合，从而为完善法律提供思路和方法。

2. 博弈论强调一定规则之下的博弈

博弈是一定规则下的活动，正如博弈论的英文"Game Theory"一样，博弈就如同游戏，需要遵循一定的规则。按照博弈理论，参与人、行动和结果统称为博弈规则，博弈规则对于博弈者的策略选择具有决定作用。博弈规则一般会因博弈主体策略选择的变更而变更。与之相类似，法律同样以规则为核心要素，法律规则对于主体的影响是法学学者必须面对的问题。法学领域的博弈分析有助于弄清法律规则如何影响主体行为的选择，进而为法律规则的优化提供依据。法律规则其实本身就是博弈论中重要的规则样态，因而，博弈论与法律的联系殊为密切。

3. 博弈论以理性人为假设

博弈论以理性人假设为前提，博弈论假定参与人都是追求自我利益最大化的主体。诚如学者所言："假设不是复制经验世界，一种实证理论的成立不取决于假设的'真实性'，而主要看由假设和相关的理论模型推导出的结论是否逼近被观察到的经验事实。"[2]经济学中的博弈论，首先假设博弈主体均是理性人，即追求自我利益最大化的个体。博弈论将博弈主体定性为理性人，

---

〔1〕 张维迎：《博弈论与经济信息学》，格致出版社、上海人民出版社2012年版，第7页。
〔2〕 包万超："公共选择理论与实证行政法学的分析基础"，载《比较法研究》2011年第3期。

主要是为了更方便进行博弈分析和构建博弈模型。法律虽然不否认道德，但是基本上也是将人假定为理性的人。如前所述，这种理性人假定更多的是基于实用主义立场，主要为了分析行为和调整行为的方便。当然，本书认为，理性人并不必然就是性恶的人，因为为善和自我实现也是重要的精神利益，而这具有显著的利他性。

综上，博弈论与法律在以上三个方面的共通性，决定了对法律现象进行博弈分析的可能性。正如有学者指出：博弈论为解释和预测行政法现象提供了最有效的分析工具。第一，将适当的博弈模型应用于对各类重要的行政法现象的描述和解释。第二，预测行政法现象的博弈均衡。[1]当然，需要指出的是，法律毕竟是一种特殊行为模式，因而对于法律的博弈分析必然有其特殊性。

二、博弈均衡：稳定的策略组合

博弈论以行为策略为研究对象，以策略达到某种均衡为目的。博弈均衡是指所有参与人的最优战略或行动的组合。在"利益"最大化的引导下，当事人经过相互作用达到了一个谁都不愿意再改变的结果，任何改变将至少使其中一个当事人的利益受到损失或其判断要受到损失。[2]一旦博弈双方达到一种均衡状态，则双方都不愿意改变原来的策略，从而使得这种策略组合趋于稳定的状态。既然这种策略组合是相对稳定的，那就意味着参与者更倾向于选择这种策略，尤其是在相似的博弈中重复出现的领域，博弈者会习得博弈的更好策略。就如棋牌高手，经过长期的训练就懂得下哪一张牌对自己更有利。

均衡作为稳定的策略组合有两种样态：第一，个体和集体的收益都能得到最大化；第二，个体收益获得最大化，但是集体收益无法保障。前一种策略组合因为实现了个体与集体的共赢，使得个人理性和集体理性得以契合，是一种对社会具有积极意义的策略组合，因而是博弈规则的设计者所欲实现的博弈均衡。稳定的策略组合也可能构成"囚徒困境"，此类博弈中虽然参与者自认为选择了最有利于自身的策略，并且这种策略组合构成了一个均衡解，

---

〔1〕　包万超："面向社会科学的行政法学"，载《中国法学》2010 年第 6 期。

〔2〕　魏建：《法经济学 分析与范式》，人民出版社 2007 年版，第 189 页。

但是，对于团体而言，这种稳定的策略产生的社会效益显然是非常低的。"囚徒困境"反映了个人理性与集体理性的矛盾，因而这种状态的均衡一般是需要打破的。

三、收益：博弈策略选择的动因和依据

从理论上讲，理性的行为人作出一定的博弈策略的目的即在于最大化自身的收益，因而，收益是策略选择的动因和依据。这里的收益既包括预期收益，也包括现实收益，既包括物质性收益，也包括精神性收益。在博弈规则特定的情况下，收益是博弈策略的潜在因素。

1. 获得一定的收益或者防止收益损失是参加人作出博弈策略的动因。基于对自身需求的满足，参加人往往是为了获得一定的收益或者防止遭受损失才会遵循博弈规则，选择一定的博弈策略。假定一个博弈策略不会给参加人带来任何实质的收益或者并不能防止损失，参加人往往会拒绝该博弈策略。毕竟，博弈策略一般意味着成本的付出，没有任何收益的博弈策略，理性人是不会选择的。

2. 预期收益最大化是参加人选择博弈策略的根据。在可预知的博弈策略中，参与人如何进行选择并不是随意的，其基本的根据是作出该种策略后所产生的预期收益。经过理性的计算，[1]参加人认为作出某种策略，能够获得更优的结果时，则一般倾向于选择这种策略。尽管参加人的策略选择必然会考虑到对方的情况，但是，预期收益最大化对于其选择具有至关重要的作用。

3. 实际获得收益是参加人调整博弈策略的动因。经过初次博弈以后，博弈参加人一般会获得实际的收益。实际收益可能与预期收益相近，也可能差距较大，如果相近，其基本上会选择坚持目前的策略，如果实际收益远远低于预期收益，则其会选择对策略进行适当调整。比如，在合同博弈中，如果合同一方因合同顺利履行实现了自身的预期利益，那么其可能会选择与对方继续签订类似的合同，并且选择合作的策略，积极履行合同。相反，若合同的履行为其带来的收益远小于预期收益，其可能会改变策略，不再与对方签订类似的合同。

---

〔1〕 理性的经济人一般被假定为能够进行有效计算的人，这种计算并不要求严密的运算，更不要求借助工具。一些计算其实本身就是人的本能，我们俗称"算计"。

既然收益是参加人进行博弈、选择博弈策略和进行博弈策略调整的重要根据，那么博弈过程中的收益状况就会直接决定博弈的状态，因而，博弈过程的分析需要强调对于收益的分析。

四、行政关系中的博弈

行政关系[1]是行政法调整的核心，也是行政自我规制理论所关注的核心。行政关系是由多个主体构成的，因而行政关系中的博弈是多元化的，这就决定了对其进行博弈分析的复杂性。

（一）行政法领域的多头博弈

行政关系主体的多元化决定了行政关系中的博弈具有多头博弈的特点，即存在多个主体的博弈。根据行政关系主体的种类，行政法领域的博弈分为行政主体与行政相对人之间的博弈、行政主体之间的博弈和行政主体与行政法制监督主体之间的博弈等。由于各个主体法律地位的不同、适用的法律规则不同，使得他们之间的博弈具有各自的特点，也使得行政法领域的博弈具有一定的复杂性。行政法领域的多头博弈决定了该领域博弈分析具有自身的特点。

（二）核心博弈关系——行政主体与行政相对人的博弈

行政关系的多元化决定了博弈关系本身的多元化，即在行政法领域内存在多种博弈关系，这些博弈关系依据一定的博弈规则并存着。根据行政法的理论，行政法是以行政主体与行政相对人的关系为核心的，因而，二者之间的关系是整个行政法的核心关系，所以行政主体与行政相对人之间的博弈是整个行政关系内各种博弈中最重要的博弈关系，处于中心地位。

行政主体与行政相对人之间的博弈作为核心博弈，决定了对于该类博弈的规则设定构成了行政法的核心，而且，其他类型的博弈规则也是围绕着这类博弈所建构的。行政主体与行政相对人之间良性的博弈是行政法关注的焦点。

（三）核心博弈关系的特点

1. 力量和地位的非平等性

一般认为，博弈的前提是博弈双方地位具有平等性。[2]博弈中的平等强

---

〔1〕　行政关系是指行政主体行使行政职能和接受行政法制监督而与行政相对人、行政法制监督主体所发生的各种关系，以及在行政主体内部发生的各种关系。参见姜明安主编：《行政法与行政诉讼法》，北京大学出版社、高等教育出版社2011年版，第18页。

〔2〕　罗豪才、宋功德："现代行政法与制约、激励机制"，载《中国法学》2000年第3期。

调的是双方在面对博弈规则时的平等，而不是说事实上博弈双方实力相当，力量相等。换言之，博弈双方的平等是指任何人都应当平等地遵守博弈规则，不能有例外。但是，博弈规则本身未必为博弈双方设定了平等的地位和实力。在行政关系中进行的博弈，法律是最关键的博弈规则。基于法律规定的差异，行政主体与行政相对人之间权利义务存在不对等，因而行政主体与行政相对人之间的力量和实际地位是存在差异的。他们只是面对博弈规则时平等，而不是事实上的平等。因而二者之间博弈策略选择的考量因素存在很大差异，这一特点决定了行政主体与行政相对人之间的博弈显著不同于实质意义上的平等主体之间的博弈。另外，法律为行政主体设定了优势地位，因而这种博弈中，行政主体往往具有更大的自主性和权威性。

2. 动态博弈与静态博弈共存

根据博弈参加人是否同时选择行动可以将博弈分为静态博弈和动态博弈。静态博弈是指博弈参加人同时选择行动的博弈过程，动态博弈是指博弈参加人先后选择行动的博弈过程。[1]从行政法的实践来看，行政主体与行政相对人的博弈既有动态博弈也有静态博弈。某些情况下，行政主体与相对人的博弈是动态博弈，如行政机关作出一个行政行为后，行政相对人根据行政行为选择自己的策略。典型的如行政处罚，行政机关发现违法后作出行政处罚，行政相对人针对行政处罚选择相应的策略。某些情况下，行政主体与行政相对人的博弈是一种静态博弈，即行政主体与行政相对人同时作出一定行为，主要体现在行政合同或者合作行政中。区分动态博弈与静态博弈的价值在于，两种不同的博弈中，由于参加人选择策略的时间先后不同，因而策略选择的主动性、自主性和积极性可能存在差异。在动态博弈中，行政主体先选择一个策略，行政相对人在选择博弈策略时则会受制于行政主体的策略，因而其灵活性会受到限制。因为行政主体的策略选择即意味着博弈规则的选择，行政相对人要么接受这一规则，然后进行博弈，要么不接受这一规则，但是会存在一定的风险。因为在法律领域的博弈中，放弃或者违背规则不仅没有收益，还可能付出很高的代价。相反在静态博弈中，双方同时作出策略，博弈参加人都具有比较大的自主性。

---

[1] 张维迎：《博弈论与经济信息学》，格致出版社、上海人民出版社2012年版，第2页。

五、行政自我规制的博弈分析与启示

在博弈的语境中，行政自我规制包含两层意思：作为过程的行政自我规制和作为策略的行政自我规制。行政自我规制首先是一个过程，包括行政自我规制措施的制定和实施，过程意义的行政自我规制主要是行政主体内部的事务。策略的行政自我规制是指行政主体在面对行政相对人时选择自我规制作为策略。由于两种自我规制都是行为的组合，这就决定了进行博弈分析的可能性。下文重点对作为策略的行政自我规制进行分析。

（一）行政自我规制的博弈分析

无论是作为过程的行政自我规制，还是作为策略的行政自我规制，二者都具有行为属性，是一系列行为的组合：过程意义的行政自我规制以行为为主要内容；策略意义上的行政自我规制本身就是一个或者几个行为，基于行政自我规制的行为性质，对其进行博弈分析是可行的。

1. 行政自我规制中的博弈类型

行政自我规制框架中的行政关系主要包括两种：行政主体与行政相对人的关系和行政主体内部的关系。因而，行政自我规制框架下的博弈亦分为两种：行政主体与行政相对人之间的博弈和行政主体内部主体之间的博弈。行政主体内部的博弈均衡构成了行政主体稳定的外在表现，因而具有非常重要的意义。行政主体与行政相对人之间的博弈是最重要的博弈关系，因为它反映的是行政主体对外的策略选择，是行政自我规制的终极目的。当然，行政主体内部的博弈也是非常重要的，该类博弈的良性运行是行政主体内部健康和作出统一策略的保障。但是，限于篇幅本书在此不对该类博弈进行分析。为了论证的方便，在此首先假定通过博弈之后，行政主体内部形成了稳定的策略组合。而且在良性的博弈规则下形成的策略组合至少不妨碍行政主体从事合法的行为。本书只对行政主体与行政相对人之间的博弈进行分析，找出其博弈的均衡状态，从而确证行政自我规制这一策略的可能性和必要性。

在良性的法律规则框架下，参加人之间的初次博弈应当是依赖于主体的自觉，这种限制的目的是确保参加人之间的策略选择是出于自愿而非强迫，增加博弈分析的真实性和可信度。随后的博弈才可以加上责任和惩罚等强制性要素。本书所涉及的博弈强调主体自觉状态下的策略选择，即主体在进行博弈策略的选择时是基于自身真实的意思表示。理论上，法治的良好状态或

者常态，也应该是以主体的自觉为基础的，只有在不能达到目的时才付诸强制，从而引起第二次博弈。

2. 行政主体与行政相对人的博弈分析

为了博弈分析的方便，本书首先需要对行政主体和行政相对人的策略进行简化。在行政自我规制的话语体系内，行政主体的策略选择主要有两类：进行自我规制和不进行自我规制。行政相对人的策略选择也主要有两种：服从（配合）和不服从（不配合）。事实上，以上参加人的策略是对实践中参加人具体的博弈策略的抽象化和简化，每一种策略代表着非常多的具体策略或行动。行政主体进行自我规制是对所有自我规制措施的抽象。比如，行政主体自觉遵守更为严格程序或者提出更高的要求都是自我规制的表现，但是，如果将这些具体的策略一一分析，不但不可能而且也没有必要。

根据上文假定，行政自我规制语境下，行政主体在与行政相对人进行博弈的过程中有两个策略：自我规制和不自我规制。面对行政决定（行政命令和行政指导等），行政相对人也有两个策略：服从（配合、合作）和不服从（不配合、不合作）。[1]从逻辑上讲，行政主体与行政相对人之间形成四类策略组合。假定行政主体选择自我规制，则其需要付出成本为1，行政相对人的服从与配合对于行政主体的收益为2；行政相对人的服从和配合付出的成本为1，行政自我规制对于行政相对人的收益为2。那么双方策略选择的收益情况或者博弈矩阵如下：（1）行政主体选择自我规制时，如果获得了公民的自愿服从或者配合，则其收益为1，行政相对人的收益也为1；（2）如果行政主体不进行自我规制，而获得行政相对人的服从和配合，则行政主体的收益为2，行政相对人的收益为0；（3）如果行政主体选择自我规制的策略，而行政相对人选择不配合、不合作的策略，则行政主体的收益为0，行政相对人的收益为2；（4）如果行政主体选择不自我规制的策略，行政相对人选择不服从和不配合的策略，则双方的收益为0。根据支付矩阵（表2.1）所示：行政自我规制意味着付出1，得到行政相对人的服从收益为2，最终收益为1；行政相对人合作和服从付出成本1，行政自我规制的情况下获得收益2，最终收益为1；行政不自我规制意味着付出成本为0，收益为2，公民选择服从和合作，

––––––––––

[1] 在此，我们假定行政相对人有自由选择的自由，即选择是基于他内心的想法，而不是外在强制力。也许现实中相对人往往畏于受惩罚而甘愿忍受，也有很多行政相对人选择不服从和不配合。

付出成本为 1，收益为 0，因而最终收益为-1。

表 2.1 行政主体与行政相对人之间的博弈矩阵

		行政相对人	
		服从（合作）	不服从（不合作）
行政主体	自我规制	（ 1　　　1）	（-1　　　2）
	不自我规制	（ 2　　　-1）	（0　　　0）

上述博弈矩阵中有两个博弈均衡：行政主体自我规制与公民服从（合作）、行政主体不自我规制与公民不服从（不合作）。根据博弈论的基本原理，这两种均衡属于稳定的策略组合，因而双方主体会倾向于作出这样的策略选择。行政主体自我规制与行政相对人不服从；行政不自我规制与行政相对人的服从都不是稳定的策略组合。

上述两种均衡都是稳定的策略组合，是双方主体倾向于作出的策略，因而二者之间并没有谁优先于谁的问题。虽然两种博弈中，双方都认为实现了自己收益的最大化，但是行政主体不自我规制和公民不服从这样一种博弈均衡所产生的社会收益为零甚至为负，这种博弈均衡显然不利于社会整体利益。本书把它们称之为"负态均衡"。由于前一种博弈均衡不仅使得行政主体和行政相对人都获得了利益的最大化，而且其带来了社会的整体收益，本书将这种均衡称为"正态均衡"。这种划分的标准是社会收益，以社会收益为标准反映了个人理性与集体理性的兼顾。

3. 正态均衡的维持与负态均衡的打破

由于正态均衡能实现参与者和社会整体利益的双赢，因而博弈规则的设计者有责任通过制定良性的规则，更好地维持正态均衡。对于负态均衡，博弈规则的设计者应当通过规则设计打破它，使得博弈朝着正态均衡方向发展。行政自我规制领域应当强调对于正态均衡的维持和负态均衡的打破。

首先，正态均衡的维持。行政主体与行政相对人博弈的正态均衡不仅有利于双方收益的最大化，而且对于社会整体利益也有促进作用，因而应当通过规则设计使这种正态均衡更加稳固。基本的路径为：第一，通过增加正态均衡的收益促使双方主体都具有维护正态均衡的积极性。第二，通过增加破坏正态均衡的负担或成本，使双方主体不敢轻易打破正态均衡。行政诉讼的基本设计思路应当是通过成本与收益的设置，使行政主体与行政相对人在均衡的状态下发展。

其次，负态均衡的打破。行政主体与行政相对人博弈的负态均衡不仅无法使双方权益得到保障，而且会使社会整体收益贬损，因而，应当通过规则设计打破负态均衡。第一，通过增加负态均衡中双方主体的负担，促使其放弃负态均衡中的策略。第二，通过改变博弈规则使双方的负态博弈均衡无法维系。比如，行政主体的行为被确认违法或者不当，其在年度考核中可能会被扣分，从而影响该行政机关的年度考核奖金，这对于行政主体而言是非常不利的，它便会想办法打破这种负态均衡。

需要强调的是，由于行政主体与行政相对人的关系是受法律控制的，而且二者之间的博弈事关公共利益，因而行政系统内外建立的监督责任机制是不会容忍负态均衡长期存在的，而且行政主体的行政优先性也使得其可以通过强制力促使行政相对人改变不合作和不服从的策略，从而打破这种均衡。因而，在行政自我规制领域，负态均衡只是理论上的稳定策略组合，而非事实上的策略组合。相反，基于法律的强制性和公益性，尽管在理论上正态均衡不如负态均衡稳固，但是，事实上在良性的法治结构中，正态均衡比负态均衡稳固。

（二）博弈分析的启示

通过对行政自我规制中行政主体与行政相对人策略选择的博弈分析，可以得出以下结论。

1. 行政自我规制是一种稳定策略

从前文的博弈分析可知，在行政主体与行政相对人的博弈中，行政主体选择自我规制和行政相对人选择服从和合作是一种博弈均衡，是一组稳定的策略组合。在良性的博弈规则[1]下，行政主体进行自我规制是行政主体的稳定策略。行政主体与行政相对人之间的负态博弈均衡，因为受到法律规则的控制和行政权优先性的影响，其本身并不可能具有非常强的稳定性。因而，尽管行政主体在行政过程中可能存在两种策略，并相应的构成四种策略组合，但是，进行自我规制是更为稳定的策略。从博弈分析的角度，行政自我规制作为一种策略不但是可能的，而且是行政主体的一个比较稳定的策略。通过

---

[1] 主要是法律规则，也包括政策性规则。

现实观察也可以验证这一理论推演,在一个相对稳定的社会中,行政主体约束自己的权力是常态,滥用权力侵害公民是非常态,这与我们的生活体验也基本是一致的。

2. 行政自我规制可内化为习惯性选择

行政权运行领域的特殊性在于博弈的重复性,这里的重复性不仅包括行政主体与相同的行政相对人连续发生的多次博弈,也包括行政主体与不同的行政相对人基于相同的博弈规则作出重复的博弈行为。以行政执法为例,行政主体会基于相同的法律对不同的行政相对人作出行政决定,从而不断重复着类似的博弈活动。博弈的重复性会让参加人不断积累博弈经验,从而形成一种更为稳定的博弈策略选择。当这种博弈策略成为习惯时,在下一次同类博弈中参加人就会顺其自然地选择该博弈策略。该原理也适用于行政主体,行政主体在不断重复博弈的过程中,逐渐将较为稳固的策略内化成自身的习惯,从而使得自我规制成为一种比较倾向性的选择。

3. 良性规则应当有助于正态均衡的维持和负态均衡的打破

如前所述,行政主体与行政相对人之间博弈的均衡解有两种:一种是正态博弈均衡,一种是负态博弈均衡。对于前者应当尽量维持,对于后者应当尽量打破。无论是维持还是打破都离不开规则的调控作用。维持行政自我规制中的正态博弈均衡需要设计一定的规则:一方面,使行政主体选择自我规制的策略以及行政相对人选择服从与配合的策略时获得更大的收益,从而激发行政主体与行政相对人葆有坚持自身行为策略的积极性。另一方面,增加行政主体和行政相对人放弃目前策略的成本,从而使其不愿轻易放弃目前的策略。打破行政自我规制中的负态博弈均衡,需要设计如下规则:一方面,增加行政主体和行政相对人选择不合作策略的成本,从而使其不愿意选择不合作策略;另一方面,减少行政主体和行政相对人选择不合作策略的收益,从而降低其选择不合作策略的积极性。

综上,博弈论既为行政自我规制可能性提供了一种可靠的解释工具,也为行政自我规制的塑造提供了重要的思路,即通过增加或者减少参与者的收益来调控行政主体的行为,引导行政主体积极开展自我规制。

第三节 行政自我规制的合作论：自我规制-信任-合作

社会学理论认为，人与人之间的关系是一种互动的关系，这种互动中，人与人之间的合作关系是主流。狄骥以社会学家埃米尔·杜尔克姆的社会连带主义理论为基础，指出人与人之间是一种社会连带关系，政府与个人之间也是一种社会连带关系。社会连带关系在行为上表现为人们之间的相互合作关系。[1] 狄骥所提出的公民与政府之间存在合作关系的观点有着划时代的意义，[2] 为研究和调整二者之间的关系提供了新的视角。合作是社会文明的标志和保证，其中，政府与公民的合作以及政府与政府之间的合作成为合作的重要议题。合作以信任为前提，而信任又以合作双方的自我规制为必要条件。换言之，行政主体的自我规制是公民和其他机关信任它的前提，而信任又构成了双方合作的必要条件。自我规制—信任—合作的基本框架决定了行政机关自我规制的可能性和必要性。

一、行政法框架内的合作

合作行为是社会互动中，人与人、群体与群体之间为达到对互动各方都有某种益处的共同目标而彼此相互配合的一种行动。[3] 行政法框架内的主体主要有两种：行政主体与行政相对人。由于两类主体均具有多元性，因而，两类主体合作的基本组合为三种：行政主体与公民之间的合作；行政主体与行政主体之间的合作；行政相对人与行政相对人之间的合作。其中，第三种基本上可以排除在行政法的框架外，因而行政法框架内的合作关系主要分为两种。

（一）行政主体与公民的合作

善治理念的引入丰富了行政主体与公民合作的含义。善治视野下，行政主体与公民之间的合作包含两个层面：其一，行政主体与公民通力合作，实现共同治理；其二，行政相对人对行政主体命令、指示、建议和服务等配合。

---

〔1〕 叶必丰：《行政法的人文精神》，北京大学出版社 2005 年版，第 151 页。

〔2〕 当然，狄骥的社会连带主义合作观否认公民权利，只承认公民的服从义务，这一观点受到了广泛的质疑，一般认为，狄骥否认公民权利的主张不能成立。

〔3〕 沙颂主编：《社会学概论》，中国经济出版社 1999 年版，第 60 页。

前者主要体现为一种权利，后者更多体现为一种义务。但无论何种合作，对于行政机关履行行政职责，维护公共利益均具有不可或缺的作用。当然，随着现代行政理念和治理理念的发展，行政主体和公民之间的合作被提到了更高的地位。行政主体与公民合作的价值突出体现在以下几点：第一，增强行政权的合法性和正当性。如前所述，现代行政权面临着更深层次的合法性危机，因而合作治理的方式可以借助行政相对人的参与增强其民主性。第二，充分发挥民众的聪明才智，从而增强行政权行使的合理性。第三，合作行政作为一种新型的行政方式，有利于促进行政法理念的更新和行政法理论的发展。第四，有助于弱化行政行为的暴力性，降低行政权的运行成本。

（二）行政主体之间的合作

行政主体之间的合作是行政法领域合作的重要组成部分，行政部门的专业化分工更加凸显了行政主体之间进行合作的必要性。目前，行政主体之间的合作主要包含两种类型：传统型和现代型。传统型的合作主要是指不同的行政主体，[1]为了实现特定的行政目的而互相配合或者一方为另一方提供协助，从而作出一定行政行为或者实施一定行政政策的行为组合。比如，实践中的执法检查，多个部门往往联合行动，相互配合对社会上的各类行政违法行为进行查处。现代型的合作主要是指不同地区的行政机关，特别是不同地区的人民政府进行的区域合作。[2]区域合作是指一定区域内的各地方政府基于共同的利益追求，经过磋商与沟通将资源在地区之间进行优化组合以获得最大的经济效益和社会效益的活动。比如，京津冀一体化建设便是北京、天津和河北省三个地区之间的合作。

以上都是行政法框架内的合作类型。两种合作的真实性和有效性，对于善治和行政法治都具有至关重要的作用。合作的真实性主要是指合作是基于合作双方的自愿或真实的意愿而不是基于强制的压力。就公民对于行政机关的配合而言，正如边沁所言有自愿和被迫两种。"当这种服从被认为是被统治者的意愿或是他们愉快（这样说更合适）的自然结果时，我们用'顺从'这个词；当它被认为是统治者意志或者愿望的结果时，我们用'屈服'这个

---

〔1〕　可能是同一行政区划内的行政主体，亦可能是不同行政区划内的行政主体。

〔2〕　石佑启："论区域合作与软法治理"，载《学术研究》2011年第6期。

词。"[1]一般而言，基于自愿的配合或者协作下的合作才具有真实性。合作的有效性强调双方的合作能够带来正面的价值，实现 1+1>2 的效果。

二、信任——合作的必要条件

合作的真实性和有效性是合作规则必然要关注的。行政主体与公民之间、行政主体之间合作的真实性和有效性有赖于多种因素，其中一个至关重要的因素就在于各主体之间能够相互信任。从社会学角度而言，成功的合作应当具备以下条件："第一，目标一致；第二，认识相近；第三，相互信任和配合。"[2]这些条件对于行政法框架内的两种合作都是适用的。信任对于合作的重要性体现在以下几个方面。

（一）信任为合作提供前提

"人们可能认为，信任并不是合作必不可少的先决条件。共同利益才是合作的充分条件。""然而，单就共同利益而言，它只是合作的一个不稳固的基础。除非所有人值得信任，否则就存在着其中一人为获得更多而可能'欺骗'他人的危险。"[3]行政法领域的合作往往以公共利益为基础，原因在于行政法领域合作的一方或者双方主体是公共利益的代表者和维护者。公共利益往往构成行政领域合作的共同利益基础，但是，公共利益概念本身的模糊性决定了其本身不可能成为行政领域合作的稳固基础。公法领域的合作同样以信任为前提：一方面，公法领域的合作取决于主体的意志选择，一般而言，行为主体只有信任对方时才会选择自愿合作的策略；另一方面，公法领域的合作需要理性支撑，主体信任对方时作出合作的决定才符合理性的要求。

（二）信任确保合作的有效性和真实性

现实中的合作并不都是真实的和有效的，这一点在行政法领域尤为突出。真实和有效的合作应当是自愿的、积极的合作，而不是被动的、消极的应付。行政主体与行政相对人之间力量和权威的不对等性决定了行政相对人往往处于弱势地位。现实中存在的部分合作可能只是表面的假象，实际上充满了强制和猜疑的色彩，这种合作显然是缺乏真实性和有效性的。信任因素在确保

---

〔1〕 [英] 边沁：《政府片论》，沈叔平等译，商务印书馆 1995 年版，第 134 页。

〔2〕 沙莲主编：《社会学概论》，中国经济出版社 1999 年版，第 60 页。

〔3〕 [英] A·J·M，米尔恩：《人的权利与人的多样性——人权哲学》，夏勇等译，中国大百科全书出版社 1995 年版，第 45~46 页。

合作的真实性和有效性方面起到了关键作用：首先，信任产生一种道德上的认同感，使得合作策略的做出是出于自愿而非强迫，这是合作真实性的保证。其次，信任为合作提供理性支撑，从而确保合作的有效性。信任是基于主体的理性判断，而非感性使然。经过理性判断之后再做出的合作行为便是建立在一定的理性基础之上，从而确保合作的理性前提，而理性又是合作有效性的关键因素。

（三）信任为合作的持续提供保障

部分行政领域的合作具有持续性要求，事关公共利益的维护。信任为合作的持续性提供保障主要体现在：第一，信任使合作各方产生安全感。安全感是合作得以维系的心理基础，试想谁能忍受在一种猜忌和担心之中进行长期的合作。尤其是对于行政相对人而言，安全感更为重要，因为根据马斯洛的观点，安全是人的基本需求，[1]没有安全感就不可能有长期的合作。第二，信任构成稳定合作的理性基础。信任是理性选择的过程和结果的结合体，能够使得基于信任而产生的合作更加富有理性。理性的选择更符合主体利益，并且更能激发主体的积极性，从而使得合作更加稳定和持续。

三、行政自我规制——信任产生的基础

信任是一方主体通过交往或者观察而对另一方主体的道德品质或者行为能力等因素的一种内心确信，这种内心确信取决于对方的现实表现，因而信任其实是对于合作相对方（被信任者）提出的要求。一般而言，在交往中，只有能够克制自己，言行一致，讲究诚信，注重形象的主体才能得到信任，这一点对于个人和集体都是通用的。行政主体要想获得行政相对人的信任，就必须进行合理的自我规制，行政自我规制是信任产生的重要基础。

（一）影响行政相对人的内心确信

假设行政主体通过自我规制，在保证行政行为合法和合理基础上，还能够做出更为"善"的举动。那么，一般而言，对于受到行政权直接影响的行政相对人便会产生一种积极的内心确信，这种积极的内心确信又可能转化为对行政主体的信任。反之，若行政主体不能够积极地进行自我规制，并且作出了一些不合法、不合理的行政行为或者出现了失信行为，那么受到影响的

---

〔1〕 ［美］马斯洛：《马斯洛人本哲学》，成明编译，九州出版社 2003 年版，第 1 页。

行政相对人就会产生一种消极的内心确信，而这种消极的内心确信最终将转化为对行政主体的不信任。

（二）引导社会公众的内心确信

"主体形象"是一个抽象的概念，但是它具有更加广泛的影响力，因为它往往影响着各种潜在的主体。行政主体通过自我规制有助于产生"维护公益、服务大众和廉洁高效"的形象。这种形象通过社会既有的传播机制在社会中广泛传播，从而在社会公众中产生一种积极的内心确信。这种内心确信不是基于自身与行政主体的直接交往，而是通过间接的感知。但是，社会心理学的研究表明，这种内心确信同样非常有力。反之，如果行政主体不进行自我规制，加之外在规制不到位，行政主体的形象就可能大大折损。而这种不良的形象在社会既有的传播机制中的传播速度非常惊人，受到影响的社会成员的数量急剧增加。这种消极的内心确信显然无法使社会公众对行政主体产生充足的信任。相比之下，行政主体的自我规制对于行政相对人信任的产生具有非常重要的作用。

（三）引领相互信任的社会风气

在现实的行政法谱系中，行政主体和行政相对人力量并不相等，影响力亦存在很大的差别。无论是作为整体的行政系统，还是作为个体的行政主体，它们的表现都会对社会产生非常大的影响。行政主体尤其是政府本身具有一定的行政权威，这个权威对于社会具有一定的示范作用。行政主体通过自我规制的方式营造一种可信任的形象，对于行政相对人亦有激励作用，从而引领社会共同营造一种相互信任的社会风气。法治意味着"良法的服从。"[1]行政自我规制要求各类行政主体应主动带头守法，积极行善，这对于其他社会主体具有示范作用。

无论从善治对于"合作治理"的要求角度，还是从现代行政法中行政主体与行政相对人关系的转变角度，合作都将成为当代以及今后行政法主体关系的关键内容。为合作提供理性前提，保证合作的真实性、有效性和持续性

---

〔1〕 这一论断源于亚里士多德关于法治的定义，他认为"法治包含两重含义：已成立的法律获得普遍的服从；而大家服从的法律本身是良法"。〔古希腊〕亚里士多德：《政治学》，吴寿彭译，商务印书馆1965年版，第199页。"良法的服从"意味着任何主体都应当服从法律。有学者提出法治意味着"法律的统治"，这一论断尽管与"良法的服从"相似，但是却容易引起法律工具主义的误解。因为法律还是需要人来实施，那些实施法律的人就有可能用法律来统治人。

是各类行政主体面临的重要课题。如前所述，合作有赖于信任的建立，行政主体的自我规制又是促使行政相对人和社会产生更加充分稳固信任的必要条件。从这个角度而言，合作是行政主体的重要任务，而要实现真实、有效的合作又必须营造信任基础。一言以蔽之，为了赢得相对方的信任，行政主体会倾向于进行自我规制，塑造可信形象。在公法私法化、合作行政兴起的当下，行政主体要想获得行政主体的合作，需要通过自我规制塑造可信的形象。另外，行政自我规制的重要目标和判断标准也应当考虑是否能够促成合作。

本章小结

本章从人性论、博弈论和合作论三个维度分析论证了行政自我规制的可能性和必要性。同时也为行政自我规制理论和实践奠定了科学的理论基础。首先，在解构传统人性论观点的基础上提出人性善恶双向驱动理论。根据该理论作出如下判断：人性中含有善的因素，决定了行政自我规制的可能性；人性可控决定了行政自我规制能够发挥作用；止恶不能扬善的逻辑使得行政自我规制非常必要；扬善可以抑恶彰显行政自我规制的价值。其次，借助博弈论的分析工具，对行政自我规制框架中行政主体与行政相对人的策略选择进行博弈分析，得出以下结论：行政自我规制是一种稳定策略，经过反复的博弈实践，可能转化为行政主体进行自我规制的习惯。良性规则和制度设计应当有助于正态均衡的维持和负态均衡的打破。最后，根据社会学中的合作理论，得出如下判断：行政主体的自我规制是公民和其他机关信任它的前提，而信任又构成了双方合作的必要条件。为了促成合作，行政主体应当进行自我规制，并且有进行自我规制的内在动力。

第三章

行政自我规制现象的实证考察：经验与问题

透过现实观察可知，行政自我规制并非学者们一厢情愿的主观建构，而是具有鲜活的实践样本。行政自我规制作为现象和实践存在于行政权的运行领域，对行政权的规范和制约起到了一定的作用。奥里乌曾指出："行政机构的处理措施受其自身的严格监督，其中存在着一种自发的控制。"[1]通过现实考察可知，作为现象存在的行政自我规制既有起到积极作用的实践，也有起到负面作用的实践，为我们研究行政自我规制理论提供了正反两方面的素材。本部分将选取行政自我规制的正面和负面例证进行分析，在此基础上找出行政自我规制存在的问题和不足，为进一步完善行政自我规制制度和理论提供经验基础。

第一节 行政自我规制的正面经验

行政自我规制的现象古已有之，内容可谓丰富多样。但是，作为一种理论或者制度化的行政自我规制主要是指现代行政法视野下的控权现象。基于此，对行政自我规制正面例证的考察，限定于当前行政权运行领域的自我规制现象，如行政裁量基准、审裁分离和"裸奔式"公开。

一、裁量基准制度——金华市公安局的有益尝试

行政裁量权广泛存在是一个不争的事实，如何实现裁量正义也是行政法

---

〔1〕[德]莫里斯·奥里乌：《行政法与公法精要》，龚觅等译，辽海出版社、春风文艺出版社1999年版，第488页。

所关注的问题。防止裁量权的滥用，有很多"药方"可供选择。[1]在我国，行政裁量基准制度[2]就是行政主体为自己开的"药方"，它是一种行政自我规制的实践。周佑勇教授认为：裁量基准在性质上应当定位为一种行政自制规范，或者说是一种自制型的行政规范。[3]

在我国，行政裁量基准的实践先于理论的探讨，可以说是实践推动了理论的研究。行政裁量基准源于地方执法实践经验的总结，富有实践性和专业性。根据学者的考证，[4]行政裁量基准实践的开拓者是浙江省金华市公安局。为了解决公安执法中存在的"裁量不公"的问题，金华市公安局要求各县市局和分局选择一至两个治安状况复杂、案件数量较多、执法比较规范的科所队作为试点单位，在深入调查的基础上再确定一至两种最易滥用处罚裁量权的热点、难点违法行为展开裁量基准试点。经过近一年的试点，在进行总结和完善的基础上，金华市公安局制发了《关于推行行政处罚自由裁量基准制度的意见》，[5]并根据违法情形制定了十余件行政处罚裁量基准（见表3.1），这在全国属于首例，并产生了广泛的影响。

通过考察可知，行政处罚裁量基准的基本原理是行政主体根据执法经验，对法律规定的行政处罚幅度再进行细化，分为若干情节规定相应的处罚上限，从而实现压缩裁量空间作用的制度。以《治安管理处罚法》第70条规定的赌博为例，该条规定："以营利为目的，为赌博提供条件的，或者参与赌博赌资较大的，处五日以下拘留或者五百元以下罚款；情节严重的，处十日以上十五日以下拘留，并处五百元以上三千元以下罚款。"该条款客观上赋予了公安机关较大的裁量空间，实践中很容易被滥用。为了进一步压缩行政处罚裁量空间，金华市公安局制定的《赌博违法行为处罚裁量基准》在法定的"营利+为赌博提供条件+处罚"结构中，将"为赌博提供条件"设定为定量，以"营利"为变

---

〔1〕　比如，姜明安教授认为，对于行政裁量的规制可以通过原则规制、规则规制、司法规制、行政惯例规制和程序规制等。姜明安："论行政裁量权及其法律规制"，载《湖南社会科学》2009年第5期。

〔2〕　按照周佑勇教授的观点，裁量基准，是指对法定授权范围内的裁量权予以情节的细化和效果的格化而事先以规则的形式设定的一种具体化的判断选择标准。参见周佑勇、熊樟林："裁量基准司法审查的区分技术"，载《南京社会科学》2012年第5期。

〔3〕　周佑勇："裁量基准的制度定位——以行政自制为视角"，载《法学家》2011年第4期。

〔4〕　周佑勇："裁量基准的制度定位——以行政自制为视角"，载《法学家》2011年第4期。

〔5〕　《金华市公安局关于印发〈关于推行行政处罚自由裁量基准制度的意见〉的通知》金市公通字〔2004〕23号。

量，根据营利的多少，具体划分了几种幅度，即"为赌博提供条件，获利不满二百元的，处五百元以下罚款"；"为赌博提供条件，获利二百元以上不满一千五百元的，处五日以下拘留处罚"；"为赌博提供条件，获利一千五百元以上的，处十日以上十五日以下拘留，并处五百元以上三千元以下罚款"。这一规定客观上压缩了公安机关的裁量空间，可以一定程度上防止裁量权被滥用。

表 3.1　金华市公安局裁量基准文件列表

	规范性文件名称
1	关于推行行政处罚自由裁量基准制度的意见
2	盗窃违法行为处罚裁量基准
3	赌博违法行为处罚裁量基准
4	卖淫嫖娼违法行为处罚裁量基准
5	殴打他人及故意伤害他人身体违法行为处罚裁量基准
6	诈骗违法行为处罚裁量标准
7	扰乱公共秩序违法行为处罚裁量基准
8	违反互联网营业场所管理违法行为处罚裁量基准
9	涉毒违法行为处罚裁量基准
10	未取得机动车驾驶证驾驶机动车违法行为裁量基准
11	醉酒后驾驶机动车违法行为处罚裁量基准
12	旅馆业工作人员违反有关规定违法行为处罚裁量基准
13	违反出租房屋管理规定违法行为处罚裁量基准
14	收容教育措施裁量标准
15	金华市公安局常见劳动教养案件期限裁量标准

行政裁量基准制度起于金华，取得了较好的效果，现已在全国开花，成果丰硕。[1]如《深圳市工商行政管理局行政处罚自由裁量规则（试行）》《石家庄市科技局行政处罚自由裁量实施办法（试行）》《石家庄市科技系统

---

〔1〕　自 2003 年试点以来，按该基准制度共办理治安案件 9120 起，处罚对象 25658 人，其中没有一名当事人因不服量罚，而提起行政复议和行政诉讼。参见楼启军："金华市对卖淫嫖娼实行分类处理"，载《光明日报》2004 年 2 月 13 日，第 5 版。

行政处罚自由裁量权执行标准（试行）》《杭州市工程建设管理行政处罚裁量规则》《浙江省住房和城乡建设厅工程建设领域行政处罚裁量基准（试行）》《长沙市教育局行政处罚裁量权基准》《江苏省安全生产行政处罚自由裁量权适用规则（试行）》等。

通过对金华市公安局行政处罚裁量基准制度生成路径的分析可以得出以下认识：首先，实践中的裁量基准是行政自我规制的实践。理由如下：第一，行政处罚裁量基准的设定主体是行政主体自身，是自己为自己限权，符合行政自我规制的主体要素。第二，行政自我规制规范的对象是行政主体的行政裁量行为；目的是在合法的前提下，通过对法律规定的裁量权进行细化，以确保行政裁量权合理行使，防止裁量滥用的发生，维护裁量正义。其次，裁量基准起于实践，具有问题指向。行政裁量基准是行政主体在执法实践中对执法经验的总结和概括，而不是理论的演绎，具有实践先行的意味。同时，行政裁量基准的出现与实践中存在的"执法随意、裁量不公"问题有关，因而，裁量基准制度是应时所需，为了解决现实问题而出现的。再次，行政主体具有主动性和积极性。金华市公安局制定裁量基准并非源于法律的明确义务，也非基于上级的指示和命令，而是公安系统主动进行的执法制度创新。这一实践事例表明，行政主体在一定程度上具有进行行政自我规制的积极性。最后，裁量基准以成文规则的形式予以展现。从各地裁量基准的实践来看，制定裁量基准以书面文件表现是通例，即实现裁量基准规则的成文化。

二、审裁内部分离的自我实现——株洲县审计局的"查处分离"制度

当权力集中在一人之手时，自由便不复存在了，这一点尤其适用于行政处罚等侵益性行政行为。为了防止行政职权的过分集中，参考权力分离理论，行政系统衍生出了行政职能分离制度。行政职能分离制度指的是，把行政机关内部某些相互联系的职能加以分离，使它们分属于不同的机构或不同的工作人员掌握和行使，以加强权力制约，保证程序公正，防止滥用职权的一种制度。根据学者考察，职能分离是英美普通法上的传统制度，它衍生于普通法的自然公正原则。自然公正原则的一项重要内容，就是任何人不得做与自己利益有关的案件的法官，这是避免偏私的必要程序规则。职能分离原来是司法程序中的一项法律制度，后来随着对行政权监督控制的加强，这一法律制度便移植和扩展到行政领域，并由此派生出行政领域中的职能分离制度。

作为行政过程中的职能分离，其基本含义就是行政机关的调查追诉职能与审理裁决职能分开，分别由不同的行政工作人员或行政机构来行使，以便更好地保障公正。换言之，就是审理、裁决活动与追诉调查活动不能集中于一个人或一个机构。[1]审裁分离是行政职能分离的重要组成部分，主要适用于行政处罚领域。根据《中华人民共和国行政处罚法》[2]的规定，行政机关负责人对于行政处罚案件的调查、裁决等都有决定的权力，因而我国并没有在实质上建立审裁分离制度。当然，在实践中，行政主体通过制定本部门的行政处罚法实施细则等方式，不同程度地确立了执法机关内部案件调查和作出处理由不同部门负责的制度。[3]株洲县审计局的查处分离制度即是其中之一。

2003 年 3 月，在总结多年来审计执法工作实践经验的基础上，株洲县审计局制定了《株洲县审计局查处分离暂行办法》。通过该暂行办法，株洲县审计局正式确立了查处分离制度。作为一种新的审计业务管理模式，查处分离制度是职能分离制度在审计业务管理上的具体表现。该制度要求在审计机关内部将现场审计查证职能与审计处理处罚职能加以分离，使之分属于不同的内设机构掌管和行使。查处分离制度的基本内容是：第一，在组织机构方面，打破原来的处（科、股）室界限，对其进行重新组合，按人员结构、特长和工作需要，内设若干审计现场查证组和一至二个审计处理处罚组。第二，在工作职责方面，明确分工。一方面，取得的审计证据、编制审计日记和审计工作底稿由查证组的审计人员负责。另一方面，审计报告的真实性、合法性由审计组组长（主审）负责。查证组与处罚组之间既有分工又有协作，同时相互制约和监督。株洲县审计局的实践表明，查处分离的制度起到了较好的效果。[4]

通过上述材料可知，株洲县审计局的查处分离制度是行政自我规制的实践例证。理由如下：从主体上看，查处分离制度的设立主体是审计部门自身，

---

〔1〕 冼德庆："略论行政程序之职能分离制度"，载《华南师范大学学报（社会科学版）》1997年第4期。

〔2〕 《中华人民共和国行政处罚法》第57条规定，调查终结，行政机关负责人应当对调查结果进行审查，根据不同情况，分别作出如下决定：确有应受行政处罚的违法行为的，根据情节轻重及具体情况，作出行政处罚决定；违法行为轻微，依法可以不予行政处罚的，不予行政处罚；违法事实不能成立的，不予行政处罚；违法行为涉嫌犯罪的，移送司法机关。对情节复杂或者重大违法行为给予行政处罚，行政机关负责人应当集体讨论决定。

〔3〕 袁建波："论行政执法的内部制约与监督"，载《成都行政学院学报》2006年第2期。

〔4〕 颜泽云、罗才红："论审计查处分离制度"，载《中国审计》2004年第15期。

符合行政自我规制的主体要素。从目的上看，审计局设立查处分离制度是为了防止审计职能的过分集中，将查处和处罚职能分配给不同的工作机构，使它们分工负责，相互制约和配合，从而提高行政效率，确保行政公平更好地实现，体现了自我规制的目的。最为关键的是，在法律没有规定查处分离制度的情况下，株洲县审计局主动结合自身经验，将查处权和处罚权进行了严格分离，体现了行政主体进行行政自我规制的积极性和主动性。从株洲县审计局的实践经验可知，株洲县查处分离制度的确立具有三个特点：第一，查处分离源于实践经验，是经验积累的结果。第二，审计局通过规范性文件的方式，确立了查处分离的制度。第三，查处分离并非基于法律的要求，而是行政主体主动进行的制度创新，在客观上具有行政自我规制的效果，体现了行政自我规制的积极性。

三、"裸奔式"的公开——白庙乡的财政公开尝试

透明性是善治政府的必然要求，行政主体努力实现自身对外透明的过程和状态本身就是行政自我规制的重要内容和方式。国务院于 2007 年制定了《中华人民共和国政府信息公开条例》（以下简称《政府信息公开条例》），旨在提高政府工作的透明度，促进依法行政。国务院制定《政府信息公开条例》的实践是一种广义上的行政自我规制行为。实质上，《政府信息公开条例》是一种"法律意义上"的规制，因而其只是提出了较低限度的要求。实践中，某些地方政府和部门从自身出发，作出了更加透明化的承诺并且践行自己的诺言，对财政公务进行了详尽的公开。这些单位中，白庙乡主动公开财务信息的做法影响颇大。

2010 年，四川省巴中市巴州区白庙乡在网上公开了财政公务支出明细。这次财政公开的内容不仅包括一般的财政预算信息，也包含了大量的财务明细，甚至明细到某年某月某日某人请客吃饭喝酒抽烟的具体数额，其透明度之大，差不多是毫无保留地"裸晒"财政收支信息[1]，被称为政府"裸

---

〔1〕 以《四川省巴州区白庙乡政府机关 2010 年 1 月公业务费开支公示》为例，该表格不仅详细记录每分钱公务花费，连"花 1.5 元购买信纸"都单独开列，对于政府预算中历来讳莫如深的"三公"费用，也都一五一十地悉数公布。根据表格显示，1 月份，乡政府支出业务费 44 笔，共 8240.5 元，其中最大的一笔开支是，1 月 24 日招待"财务预算公开民主议事会观摩来客"，请客三桌，花费 1269 元，最小的一笔开支为"购买信纸"，花费 1.5 元。

奔"，获得舆论的一片喝彩。同年 3 月 17 日，在媒体见面会上，巴州区区委书记廖伦志表态：在支持和完善白庙乡"裸"账的基础上，将尽快推进全区各乡镇和各部门政务全公开。4 月起，巴州区的 48 个乡镇 51 家单位将依次"裸晒"账本。[1]

白庙乡财务公开的透明程度远远高于《政府信息公开条例》的要求，是其对自身信息公开提出的更高要求，属于行政自我规制的范畴，即塑造更加透明政府的努力。白庙乡的"裸奔式"财务公开并非源于法律的要求，也并非形势所迫，具有较强的自愿性和主动性。尽管有些人指责政府负责人有炒作和作秀之嫌，但是这种有助于推进政府公开透明的作秀又何乐而不为呢？另外，虽然有人对白庙乡的做法存在质疑，但是白庙乡主动全面公开自身财务状况的行为，确实增强了政府的透明性，能够增强人民对于政府的信任，从而促进社会的和谐。一言以蔽之，白庙乡"裸奔式"的公开毫无疑问是一种行政自我规制的实践，因为它是行政机关对自身提出的更高要求，而不是法律或者其他主体为其设定的义务。

四、实践经验的启示

通过对以上三则典型行政自我规制的案例分析可知，尽管它们属于不同的领域，而且所进行的行为具有一定的差异，但它们具有一些共同的经验和价值。

1. 从内在心理动机上，自愿而非被迫。实践中存在的行政自我规制现象更多的是出于行政主体的自愿，而不是法律或者外在机构为其设定的义务。当然，善治理念的引入、民众的诉求还有媒体的呼吁可能是行政自我规制现象出现的重要诱因，但是，行政自我规制更多的是对这些诉求的回应，而不是出于外在的压力。这表明行政主体具有行政自我规制的意愿，即使没有外在的要求和压力行政自我规制仍是有可能的。自愿性的自我规制因是出于行政主体的主观愿望，因而其真实性和实效性更强，而且自愿性彰显了行政自我规制的可能性。当然，不容否认的是，并非所有的行政自我规制都是出于自愿，有些行政自我规制行为可能是迫于外部压力或者法律的要求，上级的

---

〔1〕 苗志勇："巴州推广"白庙经验"4 月起 48 个乡镇晒账本"，载凤凰网，https://news.ifeng.com/mainland/201004/0406_17_1596332.shtml，最后访问时间：2023 年 4 月 5 日。

命令等。

2. 从行为表现上，行政主体具有行政自我规制的积极主动性。从以上行政自我规制的实践看，行政主体一般都是主动采取措施进行自我规制，而不是被动地接受命令和安排。行政主体的主动性体现在两个方面：第一，在没有外在要求或者法律规定的情况下，积极将自身的实践经验总结成一定的自我规制措施。第二，在制定行政自我规制目标或者措施之后，自觉遵守这些措施，并积极推动这些措施的落实。行政主体进行自我规制的主动性，表明其进行行政自我规制具有一定的动力基础。

3. 从形式上看，成文化规则的作用更加明显和突出。无论是金华市公安局的裁量基准实践，还是株洲县审计局的查处分离制度的确立，行政主体的做法具有以下几点共性：先制定行政规范性文件，以成文化的方式为具体的规制提供一定的规则，随后将行政规范性文件作为依据，通过规则的实施达成相应的行政目的。尽管行政规范性文件原则上不具有法律效力，但是由于其具有可预见性和确定性的特点，因而，依行政规范文件进行自我规制也体现一种法治的精神，即"依规则而治"。

4. 行政自我规制的方法均源于实践经验的积累。行政自我规制基于经验积累主要指两个层面：其一，行政自我规制的迫切性源于执法过程中出现的问题。比如，行政处罚裁量基准制度的出台就是因为公安系统行政处罚数量多，裁量范围大，出现滥用裁量权的情况。其二，行政自我规制的方法源于执法者经验的总结，行政自我规制来源于实践经验的特点使它更好地与行政实践相契合，而且更符合行政主体行政领域的特点，能够做到量体裁衣。同时，基于实践经验的总结，更体现其专业化、微观化，从而弥补外部规制的不足。

第二节　行政自我规制的负面例证

现实中，行政主体所进行的自我规制行为并不都是正面的和积极的。行政主体基于不当的利益或者使用不合理的方式而进行的自我规制，不仅没有起到规制行政权的效果，反而造成了不利的后果，侵害了行政相对人和公务员的合法权益。其中比较典型的两种负面行政自我规制例证是：行政执法指标制度和违法的工作责任制。从本质上讲，无论是执法指标，还是工作责任制都是行政主体为了督促自身和公务员积极履行职责，维护公共利益而确立任务或者责任，是行政主体对自身和公务员行为的一种制约，因而是行政自我规制的重要内容。

一、行政执法指标制度

行政执法指标制度是指行政主体为其所属的公务员或者下属单位设定的执法任务，并根据执法任务的完成程度给予奖励或惩罚的制度。行政执法指标广泛存在于行政执法领域。如公安、市场、税务部门的处罚指标，安全生产部门的安全生产指标，教育部门的升学率指标，环境监管部门的环境事故指标等。行政执法指标往往以内部文件或者会议纪要的形式确立。如《某市区区交通执法大队 2007 年-2008 年创建文明工作总结》中提到，闵行区交通行政执法大队近两年查处非法车辆 5000 余量；黑车罚没款达到 5000 多万元。超额完成市总队和区建管局下达的预定指标任务。[1]

执法指标制度本质上是一种行政自我规制措施。它的积极意义在于能够促使下属单位和公务员积极履行职责，减少行政不作为现象的发生，但是，从实践的操作看，其消极意义显然大于其积极意义。正如有学者所言，行政执法指标制度会使执法者为追求指标而损害执法的质量和公正。迫于执法指标制度的压力，部分执法者在行使执法权时可能不严格遵守法律的目的，产生畸重的处罚。

总之，行政执法指标制度作为行政主体在实践中摸索出的行政自我规制的措施，对于督促和激励行政人员履行职责具有一定的意义，且效果非常明显。但是，各地的实践却使得这种行政自我规制的方式受到质疑。

二、不恰当的工作责任制

实践中，工作责任制是行政主体进行自我规制的重要方式。通过实施工作责任制，可以确保公务员责任明确，提高行政工作人员的责任意识，督促其积极履行职责，从而更好地维护公共利益并为公众提供良好的服务。但是，现实中存在行政主体违法履行工作责任的现象，一定程度上侵害了公务员的合法权益。

---

[1] 翟健峰："行政自制：'钓鱼式执法'的反思"，载《青岛行政学院学报》2010 年第 4 期。

　　比如，某县委县政府为了确保拆迁任务顺利实现，创造性地推出了"四包两停"的工作责任制，要求全县党政机关和企事业单位工作人员，做好某商贸城拆迁对象中自己亲属的"四包"工作：在规定期限内完成拆迁补偿评估、签订好补偿协议、腾房交付各种证件及妥善安置等工作；不能认真落实"四包"责任者，将实行"两停"处理——暂停原单位工作、停发工资。这一拆迁事件一度引起全国关注，在有关部门介入后这场闹剧才得以收场。[1]

　　"四包两停"工作责任制显然存在违法之处。首先，行政主体无权作出这样的命令。尽管地方政府有经济管理权，但是其无权发布命令要求公务员负责其亲属的动员和拆迁工作，法律未曾赋予其此项权力。其次，从《中华人民共和国公务员法》规定的公务员义务来看，[2]公务员虽然有执行上级决定和命令的义务，但是，这个决定命令本身应当是依法作出的，而且应当与其自身的职责有关，公务员不是政府或者领导的依附，其没有义务履行法律之外特别是违法的命令。对自己的亲属进行拆迁动员和安抚，并非公务员的职责所在，政府却以此为工作责任的内容实属荒唐。"四包两停"工作责任制无视《中华人民共和国公务员法》对于公务员职权保护的规定，显然是一种违法行为。

　　上述两个案例的共性之处在于：第一，均具有行政自我规制的外观，即都是行政主体采取措施加强对公务员行为进行管控的行为。第二，两个案例的做法均不符合法治精神，不具有正当性。通过两个案例给我们的启示是，行政自我规制并非都是正面的，完全有可能存在违法的或者不当的行政自我规制现象，因而对于行政自我规制要慎重对待。

第三节　行政自我规制存在的问题

　　管窥作为现象的行政自我规制实践可以发现，行政自我规制的实践与行

---

　　〔1〕　杨建顺：《行政强制法18讲》，中国法制出版社2011年版，第265页。
　　〔2〕　《中华人民共和国公务员法》第14条规定："公务员应当履行下列义务：（1）忠于宪法，模范遵守、自觉维护宪法和法律，自觉接受中国共产党领导；（2）忠于国家，维护国家的安全、荣誉和利益；（3）忠于人民，全心全意为人民服务，接受人民监督；（4）忠于职守，勤勉尽责，服从和执行上级依法作出的决定和命令，按照规定的权限和程序履行职责，努力提高工作质量和效率；（5）保守国家秘密和工作秘密；（6）带头践行社会主义核心价值观，坚守法治，遵守纪律，恪守职业道德，模范遵守社会公德、家庭美德；（7）清正廉洁，公道正派；（8）法律规定的其他义务。"

政自我规制理论所倡导的原理仍然存在一定的差距。现实世界中的行政自我规制仍然存在诸多问题亟待解决。其中，最主要的问题在于：行政自我规制的动力不足；有效性难以保障；合法性受到质疑。

一、行政自我规制的动力不足

行政自我规制的动力因素可以分为两个层面：内在动力和外在压力，这两个方面缺一不可，否则行政自我规制就会欠缺动力基础。行政自我规制内在动力不足会导致动力的不稳定性和随机性；外在规制不足会导致行政自我规制的持续性不强。

（一）内在动力的不稳定性和随机性

本书将行政自我规制的内在动力分解为：行政主体自身利益的维护和公务员自我实现的需求。出于长远利益和生存利益的考量，行政主体会主动实施行政自我规制，然而，行政主体能否判断长远利益则有赖于行政主体的组织构成和机关文化，而这些在不同的行政主体中差异较大。尽管公务员都有自我实现的需求和可能，但只有与良性道德相契合的自我实现需求才有可能促使其推动和认可行政自我规制。由于部分公务员内在道德素质的参差不齐，使得行政自我规制的内在动力有所减弱。总之，行政主体和公务员存在差异导致行政自我规制的内在动力不具有稳定性，并且可能伴随着随机性。从根本上说，按照人性善恶双向驱动理论，人性中善恶因素回应性的随机性，是行政自我规制伴有随机性的重要原因。

（二）动力缺乏持续性

行政自我规制的动力还有赖于外在的压力机制，因为外在压力机制可以转化为内在动力。然而遗憾的是，外部规制在我国尚未成熟。就权力机关的规制而言，尽管宪法和组织法赋予了全国人大及其常委会和地方各级人大及其常委会在监督和控制行政权问题上的至高权威，但是，人大在控制行政权方面还有较大提升空间。一方面，由于人大及其常委会（以下简称：人大）的主要职能在于立法和修法，监督和控制政府并非主要职责。尽管人大也做了一些努力，但效果并非尽如人意。另一方面，人大对于行政权的依赖性不断加强，其授予或者默认了行政主体的行政立法权，这一定程度上弱化了人大的监督力度。就司法机关而言，我国的司法机关对于行政权的控制仍然处在低水平阶段，无论在审查的深度还是力度方面都有待加强。司法权对于行政权控制不足是一个不争的事实。就社会力量控制而言，我国的公民社会仍在发育过程中，还没有形成一种持续的和有效的控制力量。总之，外在规制的不足使得行政权的生存压力较小，因而行政自我规制的动力持续性不足。一言以蔽之，行政自我规制缺乏外在规制导致动力缺乏持续性。

二、行政自我规制的有效性缺乏保障

（一）行政自我规制有效性欠缺的表现

作为现象的行政自我规制实践方式多样，但行政自我规制的规范性不足，往往遭遇有效性困局。以各地实施的行政裁量基准制度为例，尽管它在一定程度上改善了行政主体滥用职权的问题，但是裁量基准规则的有效性还是打了折扣。执法人员脱逸行政处罚裁量基准的情况比较普遍。2007 年发生的"周文明诉文山交警案"中，[1]文山交警拒绝适用明显有利于行政相对人的裁量基准，而选择适用《中华人民共和国道路交通安全法》进行处罚，表明裁量基准在现实中可能失效。

行政自我规制有效性欠缺体现在以下几个方面：第一，缺乏稳定性和持续性。实践中，行政主体的自我规制措施往往欠缺稳定性和持续性。行政自我规制的措施往往刚开始时效果比较明显，但随着时间的推移，各种自我规制措施的有效性就可能减损，不具有持续性。第二，依赖领导或者上级的态度。行政自我规制的效力依赖于领导或上级的重视和肯定，一项行政自我规制措施如果得到领导或者上级的支持，就能起到较好的效果，否则就可能起不到应有的作用。第三，约束力和权威性不足。行政自我规制的措施往往都源于行政主体的执法实践，并没有直接的法律依据，这种情况下，行政自我规制措施的约束力和权威性就可能存在不足。

（二）有效性不足的原因

行政自我规制有效性不足的原因很多，但主要原因在于欠缺制度化和缺乏系统性。

首先，行政自我规制制度化不充分，因而权威性和稳定性不足。实践中的部分行政自我规制现象具有显著的"运动式"规制的倾向，"其勃也兴焉，其亡也速焉"。究其原因在于没有将行政自我规制的规则和措施制度化和成文

---

〔1〕 陈娟："驾驶机动车超速，究竟该罚多少"，载《人民日报》2008 年 4 月 2 日，第 15 版。

化。行政自我规制的措施人为因素和主观因素比较强。欠缺制度化生成，就使得行政自我规制往往缺乏持久的生命力。

其次，行政自我规制措施缺乏系统性，未能形成规制合力。理论上讲，行政自我规制应当是一个系统工程，需要综合治理。就目前而言，行政主体的自我规制实践大多还只停留在方式创新层面，行政自我规制的措施和制度只是散见于不同的行政主体内部，欠缺系统性和综合性。一项制度的有效性，有赖于其他制度的配合和支持，否则很难发挥其应有的作用。毕竟，对于行政权的规制需要各种制度形成合力，但是，行政主体的单个自我规制措施往往因为缺乏其他规制措施的支持而效果不显著。

三、行政自我规制的合法性在一定程度上难以保证

由于各种原因，现实中存在的行政自我规制实践面临着合法性困境，行政自我规制的正当性有时也受到质疑。欠缺合法性的自我规制措施，不仅不可能稳定发挥规范行政权的作用，反而会损害行政主体或者公务员的合法权益，违背法治的精神和原则。部分行政自我规制措施合法性欠缺主要体现在以下几点。

（一）人治色彩浓厚

通过实证考察可知，某些行政自我规制措施从创制到实施整个过程，都是某个或者某些领导意志的结果，而且行政自我规制的实施和保障也过分依赖于领导的态度和支持，即上述行政自我规制措施具有较强的"人治"色彩。无论从理论还是现实来看，人治色彩浓厚的行政自我规制，可能在领导的支持下有一定的作用，但又免不了因领导关注重点的转移或者领导位置的转换而陷入"空转"。另外，人治色彩浓厚还体现在部分行政自我规制措施缺乏对被规制主体权益的尊重和保障。本书中提到的行政执法指标制度和违法的工作责任制，本质上都缺乏对公务员权益的尊重，不符合法治精神。

（二）随意性强

现实中，部分行政自我规制的措施具有随意性。通过考察实践可知，部分行政自我规制措施从制度的创制到规则的制定和执行等一系列环节都显得规范性不足。行政自我规制的随意性带来至少两个方面的问题：一方面使得规制的效果并不具有稳定性和持续性；另一方面也会使行政自我规制措施的权威性无法得到满足。法治强调规则和行为具有确定性和可预测性，权力的

行使更是这样，但是，行政自我规制的随意性有违这些原则和精神。法治是恣意的敌人，行政自我规制的随意性会使得行政自我规制的合法性受到质疑。

（三）存在侵益性

实践中，或者是由于对法律理解的误区，或者是出于不良的目的，行政主体进行自我规制的手段和措施可能会侵害公务员或者行政相对人的合法权益。比如，个别行政机关领导出于个人恩怨，运用本机关内部的规制制度对某位公务员进行追责，实质上是公权私用，严重侵犯了公务员的利益。对于行政相对人而言，违法的行政自我规制可能会直接或者间接地损害行政相对人的合法权益。比如，欠缺正当性的指标制度，可能诱发执法不公的现象，从而导致行政相对人的合法权益受到侵害。

第四节　行政自我规制问题的解决思路

问题的背面往往是问题的解决方式，找准问题和病因，对症下药才能做到药到病除。行政自我规制是规范行政权的重要路径，因而应当探寻一定的方法使其真正发挥应有的作用。行政自我规制所面临的现实困境就在于动力不足、有效性无法保证以及合法性困境三个方面。解决这三个问题的思路是：通过增强外部规制，为行政自我规制提供动力机制；通过行政自我规制措施的制度化和系统化，促使行政自我规制有效性的实现；为了保证行政自我规制合法性，应当实现行政自我规制的法治化，遵循法治的路径。此处只作宏观勾勒，下面的章节将对解决方案进行系统建构。

一、加强他制动力

从外部规制与行政自我规制的关系来看，外部规制可以为行政自我规制提供持续的动力。外部规制作为促进行政自我规制的动力机制，主要体现在两个方面：其一，有效的外部规制使得行政主体面临一定的生存压力和行动压力。外部规制要求行政主体对违法或者不当行使行政权力的行为承担不利的后果。而行政主体进行自我规制则可以减少因为触犯外部规制所依据的法律规则而负担的成本。因而，在有效的外部规制下，行政主体有选择自我规制的动力。从博弈论角度来看，有效的外部规制增加了行政主体不自我规制的成本，使其有动力进行自我规制。其二，有效的外部规制作为一种持续性的监控机制使行政主体长期处于一定的压力状态，能够为行政自我规制提供持续的动力机制。因而，加强行政权的外部规制：一方面，可以增加行政自我规制的动力；另一方面，可以增加行政自我规制动力的持续性。

二、推进制度化

制度是一种系统化的规则体系，其基本功能在于解决特定的问题。制度化意味着将一定的规则系统化和明确化，从而确保规则的有效性和持久性，因而制度化是使一项措施和理论永葆生机的关键。要确保行政自我规制的有效性，应当着重强调行政自我规制的制度化。

制度化对于行政自我规制有效性的价值在于：第一，通过制度化可以增强规则的明确性，从而使规则和措施更加具有可行性和可操作性。第二，通过制度化可以加强行政自我规制措施和手段的权威性，而权威性又是确保规则被尊重和遵守的重要保障。第三，通过制度化可以提高行政自我规制措施和手段的稳定性。行政自我规制措施的稳定性是该措施能够持续发挥作用的有效保障。

三、走向法治化

解决行政自我规制的合法性问题应当遵循法治化路径。行政自我规制本身并不是法律规定的产物，但是，并不意味着其不应接受法治的规训。相反，现实中由于行政自我规制制度和措施并没有直接的法律依据，其合法性可能受到质疑，因而同样需要遵循法治化路径。理论上，行政自我规制的法治化主要是借助法治的精神、原则和制度对其进行改造，使其与法治原则相契合，进而能够体现实质合法性。

本章小结

实证分析以问题为着眼点，有助于发现问题、总结经验，从而为行政自我规制理论研究提供丰富的素材。本章以实证分析为主要脉络：首先，选取了金华市公安局实施的行政处罚裁量基准制度、株洲县审计局实施的审裁分离制度和白庙乡"裸奔式"财务公开等作为行政自我规制的正面例证进行实证分析。正面意义上的行政自我规制具有以下特点：从内在心理动机上，行政自我规制是出于行政主体的自愿而非被迫。从行为表现上，行政主体具有行政自我规制的主动性。从形式上，成文化规则的作用更加明显和突出。总之，行政自我规制的方法均源于实践经验的积累，因而经验主义色彩更浓厚。其次，选取了行政执法指标制度和违法的工作责任制作为反面例证，说明部分行政自我规制实践存在不合理、不合法的情况，不但起不到自我规制的效果，反而会造成不利的影响。最后，通过对正反两方面经验的对比分析可知，行政自我规制实践存在动力不足、有效性缺乏保障和合法性受到质疑等问题。针对这些问题需要加强外部规制，并对行政自我规制进行制度化和法治化建构。

第四章

行政自我规制的外部保障

——构建对峙的权力结构

就外部规制与行政自我规制的关系而言，外部规制为行政自我规制提供了压力机制，因而行政自我规制动力的持续性有赖于强有力的外部规制。从关系的视角看，在互动的关系中，互动主体之间力量的平衡和地位的平等是促使各方相互制约的重要基础。行政权与立法权、司法权和社会力量之间亦存在互动关系，为了保证行政权能够自我规制，应当保障在这些互动关系中，各方的力量和地位处于平衡的状态。只有这样，对峙的权力结构才可能形成一种平衡的状态，进而真正产生促使对方克制的压力。比如，宪法史上的小插曲"五月花号公约"之所以能够产生作用，就在于主体之间力量的对抗性："五月花号公约"的签订者是一些力量和地位处于相似状态的人，他们之间力量的平衡保障了公约的有效性。[1]

第一节　外部规制的理想模型：从对峙走向平衡

按照人性善恶双向驱动理论，人内在具有恶的可能和倾向，因而外部规制不可或缺。由于外部规制是行政自我规制有效性的前提和保障，因此必须

---

〔1〕　1620 年 9 月 16 日，在牧师布莱斯特率领下，被英国国教迫害的清教徒乘五月花号船前往北美。全船乘客 102 名，其中，分离派教徒 35 名，余为工匠、渔民、贫苦农民及 14 名契约奴。11 月 21 日，到达科德角（今马萨诸塞州普罗文斯敦）于感恩节后第一天在普利茅斯地方上岸。在登陆前，即 11 月 11 日由分离派领袖在船舱内主持制定一个共同遵守的《五月花号公约》，有 41 名自由的成年男子在上面签字。其内容为：组织公民团体；拟定公正的法律、法令、规章和条例。此公约奠定了新英格兰诸州自治政府的基础。

建立有效的外部规制。外部规制的有效性又有赖于互动双方处在一种对峙的状态：观念上的自觉和力量的对抗性。

一、对峙：法治主义的思路

（一）对峙的含义

法治意义上的"对峙"一词，是陈端洪教授从黑格尔历史哲学的思想中借用过来的，是用以分析法治模式的一个有价值的工具。本书所使用的"对峙"一词首先是法治意义的概念，该概念包含两个层面：观念上的自觉和力量上的对抗。真正意义上的对峙必然包含这两点。

1. 观念上的自觉

所谓观念上的自觉是指，主体能够意识到自我的存在，从而将自身与外界分离开的一种认知状态。这是对峙的意识要素，也是基本要素。就公法领域上的观念自觉而言，基本上包含以下几点内容。

第一，主体意识的产生。对峙是两个以上主体之间的互动状态，因而，在观念上，对峙首先意味着社会上不同的人或者人的组合能够意识到自己是一个主体，而非仅仅是客体，这一点在公法领域尤为重要。历史上，个人一般被当成是被统治者，是统治的客体。这种观念下，对峙只是很偶然的现象而非常态。[1]尤其需要强调的是，主体意识的产生必须是自我的认知状态，而不是他人的评价或者观念，否则，就仍然是一种客体而非主体。[2]主体意识的产生也是现代文明的重要标志和产物。

第二，自我存在的共识。自我存在的共识与主体意识有交叉之处，自我存在的共识主要是指，主体能够意识到自我利益、自我权利和自我责任，并且能够对共同的权利、意识和责任达成一定的共识。自我存在的共识是主体进行自我保护或者对外抗争的前提，也是其精神力量之源。当然，自我存在的共识与主体意识也存在很大的不同：主体意识主要强调所有人能够将自己视为主体而非客体，自我存在的共识强调所有人都能认识到自己是具有独立价值的个体，而非仅是社会的附庸。

---

[1] 这里的偶然主要是指革命活动推翻了王朝统治。其实，这还不是真正的主体意识的产生，因为人民发现当旧的统治者被推翻以后，他们仍然需要一个皇帝来统治他们。

[2] 比如，现实中存在的希望官员为自己做主的思想，以及官员们心中为民请命的思想都不是真正的主体意识的表达。

第三，自我权利与责任的认同。主体对于自我存在的共识，使其能够认识到自身权利、义务和责任的存在，但是，这仍然是不够的。对峙观念中的主体需要认同自身的权利和责任，即认为这是我的权利，而非他人的权利，这是我的责任，而非他人的责任。对于自我权利和责任的认同促使主体能够积极地探寻自我权利的保护，并以积极的态度去履行自我责任。这里的权利和责任并不仅限于法律上的权利和责任，还包括自然权利和政治责任。

第四，竞争和对抗必要性的确认。主体的意识自觉以及主体的多元化，使得主体之间的竞争关系成为现实。不同主体之间客观利益的差别和观念上的不同，使得主体之间的竞争关系成为一种必然或者永恒的主题。主体能够认识到进行竞争和对抗的必要性，是形成对峙观念的必然要求。主体观念中纯粹"与世无争"的想法，无论是否切合实际，都不是真正的对峙观念。竞争和对抗必要性的确认源于主体之间的利益冲突以及维护自身利益必要性的认同。

2. 力量的对抗性

法治意义上"对峙"的客观方面指的是对抗性，具体而言是力量上的对抗性。在法治实践中，对峙就表现为主体之间力量的对抗性。这里的力量包含两个层面：观念力量的对抗和现实力量的对抗。[1]

首先，观念力量的对抗。观念虽然具有主观性，但它是一种不可忽视的力量。历史上所发生的巨大变革，大部分是在特定观念的推动下进行的。比如"人民主权"的观念推动了近代民主制度的发展。不同的群体基于不同的身份、背景和利益诉求，可能存在不同的观念，而不同的观念之间又存在竞争和相互影响的关系。在法治领域，统治者与被统治者之间的观念虽然存在相似性，亦有不同之处。不同主体之间的观念具有相互影响的作用，法治领域存在的对抗，首先是观念的对抗。不同主体之间的观念在互动之中，既相互渗透，又相互独立和竞争，而竞争和排斥关系是观念互动的主要趋势。

其次，现实力量的对抗。在法治视野中，不同主体之间在客观上具有各自的力量，这种力量的形式多样，力度差异较大。在法治框架下，社会各方主体的力量一般由法律赋予、认可或者保障。现实中，主体之间的互动首先是一种力量与力量之间的对抗。社会竞争和互动结果的终极因素在于主体之

---

[1] 此处的"力量"不限于物理层面，而是包括各种能够产生作用和影响的力。

间力量的差别。现实的力量呈现出不同的样态，组织化的力量和个体化的力量、身体的力量和抽象的力量、合法的力量和非法的力量等，力量不同影响最终的对抗结果。法律通过授权或者限权的方式实现对主体力量的调控，所以，法律之中各主体的关系亦是力量的对抗关系。

（二）行政法视野下的对峙

正如陈端洪教授所言：“法治主义作为一种知识形式，采取的是对峙式思维。这里的对峙主要分为两种：国家权力与社会或者个人之间的对峙；政府各种权力之间的对峙。”[1]欲使对峙纳入行政法的话语体系，就需要将对峙的视角转向以行政权为中心，即以行政权为中心建构对峙模型。根据实际存在的主体种类，以行政权为中心的对峙包括两个层面：“行政权与权利之间的对峙”和“行政权与其他权力之间的对峙”。

1. 行政权与权利之间的对峙。行政权与权利之间的对峙是指行政权与公民权或社会权之间的对峙。由于行政权具有主动性和扩张性的特点，行政权与公民权、社会权之间的对峙性更加明显，而且也是权力与权利对峙的主要内容。行政主体与行政相对人之间的关系是行政法领域的核心，这就决定了行政权与权利之间的对峙是行政法的核心。行政主体与行政相对人之间存在的利益上的冲突、观念上的分歧以及关注视角的差异，决定了二者之间的对抗性是常态。如果将行政法比作天平，那么行政主体与行政相对人则各执一端，在平衡的同时也蕴含着制约。

2. 行政权与其他权力之间的对峙。权力分属于不同的主体，必然会有一定的对抗性。即使在高度集权的君主专制社会中，皇族内部之间，君主与官员之间也存在一定的对峙性。当然，这种对峙性往往具有很强的妥协性，这与官员对君主的依附性以及二者之间利益的高度一致性有关。现代意义的政治权力构架凸显其对峙性，这一点在强调分权的国家更为明显。在西方，根据孟德斯鸠的分权理论建构起来的政权体系，目的就在于实现权力与权力之间的对抗，通过权力之间的制约，起到防止权力滥用的目的。行政权、立法权和司法权之间的界分，促使三者间形成一种对峙的状态。以行政权为核心，行政法视野内权力之间的对峙包含两类：行政权与立法权之间的对峙；行政权与司法权之间的对峙。按照人民代表大会制度，在我国，人大与行政机关、

---

〔1〕 参见陈端洪：《宪政与主权》，法律出版社 2007 年版，第 267 页。

司法机关之间的权力并不平衡，行政权、司法权来源于人大，对人大负责受人大监督。人大有权监督行政机关、司法机关，而行政机关、司法机关无权监督人大。[1]根据我国宪法的制度设计，立法权与行政权、司法权之间实际存在弱化的相互监督和制约关系。比如，行政权对人大权力的对抗性，体现为行政权对于立法过程和结果的关键性影响，[2]以及人大立法的实施对行政权的依赖。

二、平衡——有效外部规制的前提

平衡作为一种状态、方法或者理论被引入行政法视野是平衡论[3]者的贡献。罗豪才教授所提平衡论的基本主张是，"应当从关系的视角研究行政法。从静态意义上，行政法上的权力与公民权利配置应当是平衡的；从动态意义上，应当运用制约、激励与协调机制使得行政主体与相对方的能动性得以发挥，从而达到维护法律制度、社会价值的结构均衡，促进社会整体利益的最大化"。[4]从平衡论的基本内涵推演可知，整个公法体系都应当纳入平衡这一概念和视角。

（一）平衡的要素

平衡应当是一种良性的法治和社会结构的基本状态。公法领域内，不同主体之间的关系，亦存在平衡与不平衡的状态。不同主体之间的平衡需要满足以下条件和标准。

1. 利益的均衡

生存在同一空间之内的不同主体均具有各自的利益诉求，他们之间的利益既具有一致性又具有竞争性。资源的有限性和利益需求的扩张性决定了不

---

〔1〕 在河南省"种子案"中，河南省人大常委会明确指出，法院无权审查地方人大立法的合法性。

〔2〕 行政机关是法律或者法规草案的主要起草者，国务院的先行立法权更是具有非常重要的指引作用。

〔3〕 平衡论者主张，现代行政法存在的理论基础应是平衡论。它的基本含义是：在行政机关与相对一方权利义务的关系中，权利义务在总体上应当是平衡的。它既表现为行政机关与相对一方权利的平衡，也表现为行政机关与相对一方义务的平衡，既表现为行政机关自身权利义务的平衡，也表现为相对一方自身权利义务的平衡。罗豪才、袁曙宏、李文栋："现代行政法的理论基础——论行政机关与相对一方的权利义务平衡"，载《中国法学》1993年第1期。

〔4〕 参见罗豪才等：《行政法平衡理论讲演录》，北京大学出版社2011年版，第6页。

同主体之间的利益竞争是一种常态。以平衡为状态的社会，是以不同主体之间利益的均衡为前提和基础的，即各方主体的利益都能尽量得到维护和保障。利益的失衡会导致主体之间关系的紧张和矛盾的激化，不可能产生平衡的社会结构。通过现实观察可知，各种矛盾和纷争的产生往往是由于利益的失衡或者分配不均导致的。

2. 地位的平等

传统上，权力与权利之间的二元划分使得政府与公民之间的地位不平等。在不平等社会结构中，主体之间的关系处于失衡的状态。在这种社会结构中，主体观念上的对抗性被服从和权威所掩盖，力量上的对抗性被镇压和屈服所替代。平衡语境内的地位平等包含两个层面：观念上的平等，即主体之间彼此尊重，能够将对方视为同样地位的人。法律上的平等，即法律直接赋予主体平等地位，而且这种平等地位受法律保障。地位平等是建构平衡的政治、社会结构的重要前提，没有观念上的平等和法律上的平等，就不可能真正建立一种平衡的社会结构。当然，此处观念平等更为重要，它源自对每个人内在价值的尊重。需要指出的是，平等并不追求完全等同，尤其是行政法领域，行政主体与行政相对人之间的权利和义务是不对等的，行政主体享有行政优先权，而行政相对人承担更多的义务。虽然二者之间的权利关系不对等，但是，二者在法律面前是平等的，即任何一方都必须遵守法律，维护法律的尊严。

3. 力量的均势

公法领域的主体具有特殊性，往往具有组织性和拟制性，因而这里所言的力量也只是抽象的力量。公法领域的平衡要求主体之间力量的均势，但这似乎是一个浪漫的设想。[1]就客观现实而言，不同主体之间的力量确有不同，但是，完全可以通过一定的制度安排或者手段实现力量的总体均势。其中，最有效的手段莫过于法律及通过法律构建的制度体系。通过法律规定的方式，实现对强势主体力量的控制和对弱势主体力量的扶持，并且为主体之间的博弈提供规则，从而实现法律上力量的均势。也就是说，这里的力量均势并不是力量的等值，而是在力量总量和力量使用上的均势。比如，尽管行政主体

---

〔1〕　就现实而言，权力机关与作为个体的公民之间力量显然存在一定的差别，二者的力量肯定是难以均势的。

与行政相对人之间的力量是不平衡的，但是，行政诉讼制度的建立实际上使得行政相对人获得了司法机关力量的扶持，从而使其有力量与行政主体进行抗衡。虽然作为行政相对人的个体力量薄弱，但是他们可以通过个体的联合来补强，公民社会所形成的社会力量与国家权力之间亦应当处在一种均势的状态。

（二）平衡：外部规制有效性的保障

行政权外部规制的有效性有赖于多方面的条件，其中，外部规制主体与被规制主体之间实现平衡无疑是至关重要的。公法领域的平衡意味着主体之间利益的均衡、地位的平等和力量的均势，这对于外部规制的力度和持续性起到了重要的作用。

1. 平衡保证外部规制的有效性和权威性。规制主体与被规制主体之间利益的均衡意味着各主体之间利益得到相应的维护，使规制主体具备进行规制的积极性。地位的平等，尤其是行政主体与行政相对人之间地位的平等，使得外部规制主体能够真正地与被规制主体进行平等对话，从而通过各种方式实现对行政主体的规制。力量的均势使规制主体能够与被规制主体进行对抗，从而使被规制者不得不慎重考虑规制主体的意见和监督。力量均势的状态下，主体之间的博弈更依赖于良性的规则，更需要法律的支撑，即确保外部规制在法治的轨道上运行，最终使外部规制更具有权威性，使其力度和深度得到保障。

2. 平衡确保外部规制效力的持续性。平衡是一种相对稳定的状态，规制主体与被规制主体之间的平衡使外部规制能够持续发挥作用。规制者与被规制者之间的平衡意味着二者关系的稳定性，而二者关系的稳定性又为外部规制效力的持续性提供了保障。地位的平等和力量的均势决定了二者之间互动关系更依赖于明确而良性的规则，主要是法律规则。法律本身的稳定性、权威性确保外部规制持续发挥作用。从博弈论的角度，均衡是一种稳定的策略组合，均衡状态下的外部规制更具有可持续性。因为这意味着规制者与被规制者之间的博弈策略形成了相对稳定的均衡。

三、对峙走向平衡

平衡是一种状态，同时，也是一种目的，实现平衡才能确保外部规制具备有效性和持续性。但是，平衡状态未必能够自然生成，而需要进行主动建构。那么如何建构平衡状态呢？答案是建构对峙的权力结构以实现平衡。由对峙达致平衡蕴含了对峙与平衡之间的内在联系。

（一）对峙是平衡的前提

对峙是行为主体之间观念上自觉和力量上对抗的统一。如果主体之间浑然一体并无界分，或者你中有我我中有你，则自然谈不上平衡。如果行为主体之间缺乏互动，并无实际上的联系，也无所谓平衡。平衡必然是在一定关系中的平衡，而且必然是在主体相互独立的基础上的平衡。对峙为主体之间的平衡提供了可能和前提。对峙的状态使主体之间处于相互独立的状态，这种独立是平衡的前提：主体之间的相互独立使其自我利益和自我认知成为可能，进而基于自我利益的维护，主动寻求平衡。对峙中的主体还存在一种互动关系，互动是竞争与合作的有机统一。在互动的关系中，不同主体之间能够朝着平衡的方向发展。同时，作为一种主动建构意义上的平衡，对峙状态的建立为达致平衡提供了一种结构性框架，从而使平衡的努力有的放矢。对峙状态的价值之一即在于为平衡状态的达致，提供了一种功能框架。

（二）平衡寓于对峙之中

对峙和平衡并非绝然对立的概念，平衡是对峙的特殊状态，也是对峙的理想状态，可以说平衡是寓于对峙之中，而非超脱于对峙之外。我们说对峙是平衡的手段，是从实现平衡的角度而言的，并不意味着对峙和平衡是两个完全分离的东西。没有脱离对峙的平衡，因为没有对峙也就无所谓平衡。

对峙并不必然产生平衡，因为对峙的状态下，也有失衡的情况发生。但是，没有对峙必然不会有平衡的可能，因而对峙是走向平衡的重要路径。建构对峙是实现权力平衡的重要手段，在建构的过程中应当以平衡作为目标和指导原则。[1]

第二节　对峙权力结构的生成

有效的对峙状态需要主动建构，即需要通过适当的努力促成对峙权力结构的生成。在行政法领域内，行政法主体的多元化决定了对峙结构的复杂性。

---

〔1〕　相似的观点参见罗豪才等：《行政法平衡理论讲演录》，北京大学出版社 2011 年版，第 116 页。

以主体背后的权力类型为标准可以分为：行政权与公民权、行政权与媒体权、行政权与立法权和司法权以及行政权内部等四个方面的对峙。四个方面的对峙是行政法框架内的对峙组合，是整个对峙结构的重要环节，缺一不可。篇幅所限，本书只对"对峙"的生成路径进行宏观勾勒，不做深入扩展。

一、行政权与公民权的对峙

行政主体与行政相对人（社会公众）之间权利义务的不对等性以及权利主体实际力量的有限性，决定了二者之间缺乏有效的对峙。因而，二者之间对峙关系的建立应当以权利主体力量和能力的补强为主要手段，进而实现二者之间的平衡。对于行政相对人力量的补强，主要应当从两个方面着手：公众充权和公民社会的培育。

（一）公众充权

公众充权是后现代主义在批判实证主义和技术路线的公共决策失败时提出的核心概念，其主要强调公民的行动能力，即在政策制定过程中使公民"有权利作出决定"。[1]此处使用公众充权的概念主要指通过赋予和保障公众的各种权利，使公众具备有效的行动能力，通过法律的扶持，获得与行政权进行对峙的力量。

1. 公众充权的意义

法治国家内，法律便是一种博弈规则，行政权与公民权之间的博弈主要遵循法律规则。通过法律获得权力或者权利，即意味着增强了博弈的力量或者策略选择的主动性或优先性。现实的情况是，在行政主体与行政相对人之间的博弈中，行政主体处于优势地位，这样的博弈很难达到共赢的结果。为了使行政相对人的博弈能力得到增强，提升博弈的有效性，应当赋予其相应的权利并设置相应的保障制度，从而使行政相对人和潜在的行政相对人能够在博弈中改变不利的地位。

对峙的有效性依赖于主体之间力量的抗衡性，行政主体与行政相对人之间由于权利义务的不对等和实际力量的有限性，很难与行政主体形成真正的对峙，因而有必要通过公民充权，赋予公民更多的权利，以提升其内在的力

---

〔1〕 郭巍青："公众充权与民主的政策科学：后现代主义的视角"，载白钢、史卫民主编：《中国公共政策分析》，中国社会科学出版社 2006 年版，第 283 页。

量，使其能够真正与行政权相抗衡，构成真正的平衡状态。

2. 公众充权的内容和路径

关于行政相对人应当拥有哪些权利，学界亦有分歧。[1]姜明安教授认为行政相对人的权利应当包括：申请权、参与权、知情权、正当程序权、批评建议权、申诉、控告、检举权、陈述申辩权、提起行政诉讼权、请求国家赔偿权、抵制违法行政行为权等。[2]从对峙的有效性和助成平衡的角度，法律赋予行政相对人和社会公众的权利应当是全方位的，既包括实体性权利，也包括程序性权利，扩充权利的标准和目标是使行政相对人和社会公众能够真正地在行政过程中处于主体地位，而非仅是客体。

公众充权有赖于两个路径：立法支持和司法保障。首先，公众充权需要法律支持。公众充权的法律支持主要体现在：第一，各种法律和法规对公众的实体性权利进行明确的规定，这是目前比较常见的方式。第二，在行政程序法中明确规定公众的权利。行政程序法应立足于把公众作为主体的角度对公众权利进行正面列举。其次，公众充权有赖于司法保障。法律赋予公众权利只是公民享有权利的前提，要想使公众权利落到实处，成为真正有效的权利，则依赖于司法权对于公众权利的维护和保障。

（二）公民社会的培育

面对强大的行政权，个体的力量有时候是微不足道的，需要公民形成一定的合力，而合力的形成又有赖于公民社会的培育和养成。公民社会是善治实现的基础，没有一个健全的和发达的公民社会，就不可能有真正的善治。[3]同样，公民社会又是实现有效对峙的基础，没有公民社会的培育公民个人便是羸弱的，无法抵抗政府的力量。公民社会能够为社会治理提供"公共物品"从而减少对于政府的依赖，同时，通过结社权的实现，壮大个人的力量。[4]公民社会的培育依赖于以下措施。

---

〔1〕 如胡建淼主张：行政参政权、行政协助权、行政保护权、行政受益权、隐私保护权、行政监督权、行政赔偿权和行政补偿权。

〔2〕 姜明安主编：《行政法与行政诉讼法》，北京大学出版社、高等教育出版社2011年版，第142页~143页。

〔3〕 俞可平主编：《治理与善治》，社会科学文献出版社2000年版，第11页。

〔4〕 姜明安主编：《行政法与行政诉讼法》，北京大学出版社、高等教育出版社2011年版，第142页~143页。

1. 结社权的充分保障

公民结社权是宪法赋予的神圣权利，是公民进行自我保护的防卫性权利。公民结社权的有效行使可以使孤立的个人形成一种合力，从而更好地对抗外界的侵害。同时，公民结社权的有效行使，是其进行自治的关键因素。保障公民结社权应当确保以下几点：第一，政府应当避免对公民结社自由的过分干预，从而使公民的结社自由得到保障。第二，政府应当积极履行相应职责，为公民结社权的行使创设条件。第三，建立结社权的司法救济制度，通过司法力量保障公民的结社权。

2. 社会自治力量的壮大

公民社会意味着公民能够自己管理自己的事务，避免对政府的过分依赖。新公共服务理论认为，行政官员应该集中于承担为公民服务和向公民放权的职责，应把工作重点放在建立一些明显具有完善整合力和回应力的公共机构。[1]为了构建良性的公民社会，有必要促进社会自治力量的壮大。社会自治力量壮大有赖于遵循以下要求：第一，国家权力从某些领域退出来，还权于民，避免涉足公民能够自治的领域，从而为自治力量的壮大提供空间。第二，国家权力的运行方式应当有所转变，由微观操纵向宏观调控转变，从而使社会的自治空间得以扩展。第三，社会自治力量的壮大还依赖于社会群体自治意识和自治能力的提升，当然，这些可以从自治实践中不断学习。

二、行政权与媒体权的对峙

现代社会中，媒体俨然已经成为重要的社会力量，甚至被称为"第四种权力"，[2]足可见其影响力。媒体不同于公民个体，其关注的是社会新闻和事件，具有公益性。媒体权与行政权之间的对峙应当成为与权力主体进行对峙的重要方面。

（一）作为"权力"的媒体

现代社会，媒体的影响力逐渐加强，成为与传统公共权力抗衡的重要力量。媒体的重要性主要体现在以下几点。

---

〔1〕 ［美］肯尼思·F·沃伦：《政治体制中的行政法》，王丛虎等译，中国人民大学出版社2005年版，第28~29页。

〔2〕 王磊：《宪法的司法化》，中国政法大学出版社2000年版，第13页。

1. 助成公共舆论的产生

公共舆论的影响力是不言而喻的。特别是信息化时代，公共舆论的影响力更是堪称"核爆"。上海车展宝马mini展台工作人员发放冰激凌疑似区别对待中国和外国访客的事件引发舆论关注，宝马的欧洲股价直接下跌3.92%，市值蒸发了152个亿，显示出公共舆论的威力和影响力。[1]马克思指出，舆论是一种"普遍的、无形的和强制的力量"。哈贝马斯则认为，"公众舆论是社会秩序基础上共同公开反思的结果；公众舆论是对社会秩序的自然规律的概括，它没有统治力量，但开明的统治者必定会遵循其中的真知灼见"。[2]媒体在推动公共舆论方面具有不可替代的作用。首先，媒体通过对于新闻事件的报道，能够引起社会公众的关注，从而使某些本来属于个人的或者小范围的事件变成为公众或者全社会的问题，进而使得公众对这个问题进行评价甚至争论。其次，媒体通过各种渠道将散见于社会中的各种观点进行搜集、分类和总汇，进而形成具有倾向性的观点，这些观点往往就是社会舆论的代表。最后，媒体自身所阐述的观点，往往会对公众自身的观点产生至关重要的影响，公众舆论受制于媒体观点的现象较为常见。媒体以其得天独厚的传播资源、专业技术和感召力，对公众的认知产生了非常重要的影响。信息化时代，新媒体、自媒体的出现更是体现了极强的舆论引导功能。

2. 推动信息的传播

信息传播是媒体的核心使命，也是其价值所在。媒体借助其专业性、传播渠道广泛等优势，能够确保信息的快速搜集和传播，推动与公众相关的公共信息的传播。信息技术和自媒体的发展，使得新媒体传播信息的效率呈指数级增长。正如张千帆教授所言："信息分享和知情权是人类理性选择的起点。"[3]有了较为充分的信息，人们才能进行正确的判断，做出正确的选择和行为。在行政法领域，信息的重要性更加明显，政府与公民之间的信息不对称使公民在博弈中处于不利的状态。媒体所提供的有效信息，一定程度上有助于改善信息不对称状态，使公众具备更强的博弈能力或者更符合自身利益以及公共利益的博弈策略。

---

[1] "宝马市值一夜蒸发约183亿 一杯冰淇淋引发的'翻车'" http://finance.china.com.cn/industry/company/20230422/5973751.shtml，最后访问日期：2023年4月23日。

[2] [德]哈贝马斯：《公共领域的结构转型》，曹卫东等译，学林出版社1999年版，第114页。

[3] 张千帆：《宪政原理》，法律出版社2011年版，第203页。

3. 生成社会公意

社会公意是社会共同体成员对于管理特定社会的最优政策方案的主流认识，[1]是社会共同体成员需求的集中表达，是公众利益的集中反映。社会公意的形成有助于实现理性的多数主义民主，而只有回应社会公意的政策和措施才能得到公众的支持，更好地满足社会发展的需求。在社会公意的形成方面，新闻媒体的作用比较明显：新闻媒体为社会提供一种便利的沟通平台，方便公众在相互交流、学习和辩论的过程中产生共识性观点或者意见。

（二）对峙如何形成

尽管媒体权被称为"第四种权力"，但是，这种权力在行使过程中显然遭遇很大的阻力。部分行政部门干扰新闻媒体的事件也有发生，使得媒体权力受到了压制。确保媒体权与行政权的对峙有赖于以下几点。

1. 媒体的独立与自觉

如前所述，对峙的前提是观念上的自觉，即能够意识到自我的存在。如果媒体无法意识到自己的存在，没有意识到自我的诉求，那么对峙是不可能的。利益的一致性和观念上的契合性显然无法产生实质的对峙。媒体的独立是指媒体在财政和管理上能够摆脱行政权的控制。只有获得地位之独立的媒体才有可能与行政权进行对峙。如何实现媒体权的独立是今后面临的非常重要的课题。近年来，自媒体的发展某种程度上改善了媒体的所有制结构，但国家对于自媒体的管控仍然使得其独立性无法充分保障。诚然，媒体也需要规范，因为其也可能存在违法违规的情况，但国家对于媒体的管控不应限制自媒体的独立性。或者说，国家应当加强对媒体独立性的扶持，以使其能够充分行使媒体监督的权利。

2. 司法权对媒体权的保障

弱小的力量一旦形成合力就可以成为一股强大的力量。媒体权在面对行政权时的弱势地位需要进行补强。西方国家将补强的重任交给了司法机关，通过司法保障来实现对于媒体权利的扶持和保障。在美国，法院认为对于新闻自由的任何事前限制都是无效的，政府需要承担沉重的举证责任来证明自己行为的正当性，从而实质上保障了新闻自由，维护了媒体权利。[2]在我国，

---

〔1〕 张千帆：《宪政原理》，法律出版社 2011 年版，第 45 页。
〔2〕 张千帆：《宪法学导论 原理与应用》，法律出版社 2008 年版，第 554 页。

司法机关也可以在维护媒体权力方面有所作为，而且应当有所作为。毕竟，即使再小的力量，只要形成合力就可以变成不可忽视的力量。我国司法机关也可借鉴西方国家的经验，对媒体权利和新闻自由给予充分的保护，以使媒体能够担负起百姓喉舌、舆论监督的重任。

三、行政权与其他权力的对峙

传统意义上的公共权力主要包括行政权、司法权和立法权。如前所述，基于人民主权原则和人民代表大会制度，在我国立法权、行政权和司法权之间的对峙性有待提高。

（一）确立行政权与司法权的对峙

在行政法治语境中，行政权与司法权似乎有着天然的联系，司法权对于行政权的监督和制约被视为法治的常识。王名扬先生曾言："司法审查是法院监督行政机关遵守法律的有力工具，没有司法审查，行政法治等于一句空话，个人的自由和权利就缺乏保障。"[1]然而，司法权对行政权的监督和制约，是建立在其具有权威性，并能够进行力量对抗的基础上的。目前，我国司法实践的现状表明，对峙型的行政权和司法权关系仍未形成。究其原因，就在于行政权的强大和司法权的弱小，因而促成有效对峙应当加强司法权。在强化司法权方面，推进司法体制改革，除此之外，可以作如下努力。

1. 赋予司法权对行政权监督的宪法地位

在我国这样一个以成文法为主，且行政权颇为强大的国家，明确的规则更具有说服力和推动力。既然宪法是我国的根本大法，具有最高的权威，一项制度一旦获得了宪法的授权则具有了较高的权威性。因此，为了提升司法权对行政权的对抗性，应当将司法对行政权的审查和监督制度明确写入宪法，以赋予其宪法地位，从而增强司法审查的权威性。随着宪法地位的不断提升，宪法所确立的制度和权力（利）将更加具有权威性和实效性。

2. 加强人大对法院的支持

根据宪法规定，人大监督一府两院，理论上具有权威性和至上性。但是，基于司法的特点和中国的现实，人大应当给予司法更多的支持，使其更有力量与行政权相抗衡。正如蔡定剑教授所言："现在司法机关严格依法办事，往

---

〔1〕　王名扬：《美国行政法》，中国法制出版社1995年版，第56页。

往会受到来自多方面的干扰，人民代表大会作为法律监督机关为保障法律严格实施，就应该坚决给司法机关撑腰，帮助司法机关克服障碍，排除干扰，支持秉公执法的工作人员。"〔1〕本书之所以强调人大对法院的支持，原因有二。

第一，司法权是三种权力中力量最弱的。汉密尔顿曾直言：司法机关既无军权、又无财权，不能支配社会的力量和财富，不能采取主动的行为……司法机关为三种力量中最弱的一个。〔2〕

其二，权力之间的抗衡是一种力量的抗衡，在力量方面的欠缺使得司法权在与行政机关抗衡的时候地位非常尴尬。从西方国家司法权的发展史来看，其地位和权力并不是天然的和固定的，相反是通过实际行动一次又一次的努力而争取来的。人大对于法院的支持，可以使法院拥有一定的力量，两种力量对抗一种力量，可以使法院的尴尬地位得到改善。

（二）转变行政权与立法权的失衡

理论上讲，权力机关的权力由人民直接赋予，具有最高的权威性，但是，我国人大的现实地位与应然状态存在较大差距。虽然宪法赋予了立法机关对行政权进行监督和制约的权力，但是立法机关与行政机关之间的失衡使得人大无法真正有效地监督行政权。包万超指出，立法机关与行政机关之间关系的失衡主要体现在立法的失衡。中国立法模式是以行政权为主导的立法模式，即法律草案的起草和修改由行政权所决定。这种失衡的立法模式导致法律规定部门利益化和部门利益的个体化。〔3〕立法机关对行政机关的过分依赖使其无法形成真正的对峙。为了转变目前立法机关与行政机关存在的失衡状态，应当着重从以下两个方面着手。

1. 转变立法中的行政主导模式

人大立法对于行政机关的依赖体现在两个方面：第一，大量的法律草案由行政机关直接负责起草。第二，由行政机关先行制定行政法规或者规章，等时机成熟再上升为人大立法。前一种情况，基本是全世界的通例，我国的

---

〔1〕 蔡定剑：《一个人大研究者的探索》，武汉大学出版社 2007 年版，第 306 页~307 页。

〔2〕 ［美］汉密尔顿等：《联邦党人文集》，程逢如、在汉、舒逊译，商务印书馆 1980 年版，第 391~392 页。

〔3〕 包万超："平衡立法与公共选择"，载罗豪才等：《行政法平衡理论演讲录》，北京大学出版社 2011 年版，第 156~159 页。

特殊之处在于人大对于行政机关编制的草案进行修改调整的空间很有限。西方发达国家的立法与此不同。以美国为例，美国总统向国会提交的法律草案，在经过众议院和参议院的审议后，往往被改得面目全非。所以问题的关键不在于行政机关是否起草法律草案，而在于人大是否能够对法律草案进行实质的审查和修改。至于"先行立法模式"则存在较大的局限性，应当极为慎重。理由有二：第一，假如某个事项，制定行政法规的条件已经成熟，那么，制定法律的条件实际上也成熟了。第二，一旦制定了行政法规，今后再制定法律时又会出现问题：如果法律规定与行政法规一致，那么再制定法律有可能浪费立法资源，如果法律与行政法规有较大的出入，在执行时又可能面临障碍。[1]

2. 强化人大的监督责任

人大监督的缺位是我国监督制度的不足之处，这与我国人民代表大会制度的宪法初衷存在很大的张力。尽管全国人大在2006年制定了《中华人民共和国各级人民代表大会监督法》，但是，人大的监督功能似乎并没有太多的改进。一直以来，我国一直强调人大对行政的监督权力，这种强调更多是宣示意义的，并没有推动人大监督作用的发挥。相反，正是对人大监督权力属性的过分强调，反而忽视了人大监督的责任属性。这是人大没有积极履行监督责任的重要原因。毕竟，既然监督是一种权力，那么就有相当大的裁量性，是否进行监督具有很大的灵活性。为了督促人大更好地行使监督权，本书认为，有必要转变视角，由强调人大的监督权和权威性，转为强调人大的监督责任，即各级人大及其常委会应当积极履行监督的职责，否则应当承担一定的法律责任和政治责任。责任是主体行动的内在压力机制，明确责任能够促使人大更好地行使监督职能。当然，人大的监督责任主要是政治责任、道德责任，法律责任次之。需要指出的是，为了使各级人大及其常委会有能力行使监督权，有必要逐步推行人大代表专职化和建立专门的监督委员会。

四、行政权内部的对峙

行政权内部的对峙同样不容忽视。由于行政运行以效率为原则，因而上下级行政机关之间、行政机关内部领导与普通公务员之间主要是一种领导和

---

[1]　王磊：《宪法的司法化》，中国政法大学出版社2000年版，第15页。

服从的关系，但这并不意味着下级对于上级的完全依附。行政权内部存在一定程度上的对峙，对于行政权本身的良性运行无疑具有至关重要的作用。在此重点强调两个层面的对峙关系。

（一）上下级行政机关关系的法律化

根据我国组织法的安排，上下级行政机关主要是一种领导关系、监督关系和业务上的指导关系。法律对于上下级行政机关关系的规定往往比较抽象，使得上下级之间关系的法律化缺失。法律化缺失的直接后果是上下级之间的冲突无法有效调节，上下级之间的关系不能在法治的框架内得到理顺。上下级行政机关之间在正常情况下是业务指导关系，但如果出现违法或者极端情况时，上下级行政机关应当起到缓冲机制的作用，即防止违法或者不当行为的做出。上下级行政机关的对峙是保证二者在一方出现合法性危机时予以救济和纠正的前提。而实现上下级之间关系的法律化，则是确保上下级之间形成有效对峙的前提。因而，未来应当注重将上下级行政机关之间关系的法律化，具体措施如下：第一，以法律的形式确定上下级行政机关之间的平等关系，强化二者的业务指导与监督关系；第二，以法律的形式连结上下级之间的命令指示与请示汇报行为；第三，以法律的形式确定上下级各自的职权领域；第四，以法律的形式确认上下级行政机关之间的双向约束机制。[1]

上下级行政机关关系的法律化有助于将二者的关系和活动纳入法治的框架之下，从而为二者处理相互关系提供适当的和明确的标准。确立行政机关之间关系的法律化，具有以下积极意义：第一，上下级行政机关关系的法律化有助于确定各自权限范围，明确各自责任。由于法律规范具有更强的明确性和具体性，可以使上下级行政机关之间的职权更加明确，责任更加具体，避免权限争议。第二，法律化的上下级行政机关关系可以有效避免上级行政机关对下级行政机关的过分干预，保障下级行政机关的独立性，增强下级行政机关的积极性和主动性。第三，从纠纷解决的角度来看，上下级行政机关关系的法律化，为行政机关之间的纠纷纳入司法审查，通过司法途径解决纠纷奠定了基础。换言之，法律化的上下级行政机关关系可以为机关诉讼的确立提供法律依据和审查标准。

---

〔1〕 关保英："论上下级行政机关的法律关系"，载《吉林大学社会科学学报》2008年第1期。

（二）公务员与领导之间的关系——权威与自由并重

在行政主体内部，公务员与领导之间的关系是核心关系之一。一般认为，公务员对于领导有服从和执行其命令的义务。但这并不意味着公务员需要对领导唯命是从，其应当具有一定的独立性。正如休谟所言，"在所有政府内部，始终存在着权威与自由之间的斗争。两者之中，从无一方能在斗争中占据绝对上风。在每个政府中，自由都必须做出重大牺牲，然而那限制自由的权威决不能，而且或许也不应在任何政治中成为全面专制，不受控制"。行政机关内部虽然强调官员的权威，但是，不能因为官员的权威否认公务员存在一定的自由和独立。公务员的"有限自由"与官员的"权威"应当形成一定的对峙关系。

如果公务员认为领导的决定和命令违法，其有权提出异议并请求领导考虑命令的合法性，如果领导坚持要求其执行该命令，则公务员可以执行，执行违法的责任由领导承担。另外，对于严重违法的，公务员应当拒绝执行，公务员不得因此而承担不利后果。在英国，根据"文官规则"[1]的规定，虽然常任文官在地位上从属于部长，但文官效忠于当前的政府并非毫无条件，相反，这种效忠受到一定的约束，如所有文官都负有合理且合法地根据法律履行公共职责的义务、支持正义实施的义务以及服从特定伦理规则的义务。如果某位文官确信，他或她正被要求以不合法、不恰当或者不合伦理，或者违反宪法惯例或职业规则，或者其他可能引起管理不善等方式行事时，且部内的程序不能解决其所提出的问题，那么该文官可把问题报告给文官专员，以避免部长怠慢文官的合理化建议和合法权益要求。[2]德国亦有相似的规定。《德意志联邦共和国官员法》第56条第2款规定："如果官员对公务上的命令的合法性有怀疑，应当立即向他的直接上级提出。如果命令维持不变，而官员对上级的命令的合法性仍然抱有怀疑，那就应当请示更高一级的领导。如果更高一级的领导肯定这个命令，那么，只要官员受委托执行命令的行为不会受到法律上的刑事威胁，或者是不会与秩序背道而驰的，或者只要他受委托执行命令的行为不损害人的威严，他就必须执行命令。官员对此不承担责任。官员应当要求更高一级的领导以书面的形式作出肯定。"英国和德国的上

---

〔1〕 该规则是内阁采纳财政与文官委员会的建议制定的。

〔2〕 ［英］特伦斯·丹提斯、阿兰·佩兹：《宪制中的行政机关——结构、自治与内部控制》，刘刚等译，高等教育出版社2006年版，第89~95页。

述规定，赋予了普通公务员对于违法或者不当命令的适当拒绝权或者提请注意权，实质上赋予了普通公务员对领导或者整个行政主体的对抗权，从而使公务员对领导构成一定的制约。这种制约关系实质上就是一种对峙关系的体现。

除了赋予公务员适当地拒绝执行违法命令的权利之外，在行政主体内部，还应当适当尊重公务员的言论自由和表达自由，为公务员表达内心的诉求和利益提供一个平台。公务员表达自己观点和诉求的平台，可以为公务员和领导成员之间搭建一种沟通机制，从而对领导形成一种有效的制约。而且，应当着重强调行政内部的民主建设。尽管行政强调效率，但也不能置民主于不顾，因为行政内部民主，是行政内部制衡的重要机制。最后需要强调的是，通过法律规定公务员的义务边界和领导的权力边界，对于避免领导对于公务员的完全支配是非常必要的。在行政主体内部确立权威与自由并重的机关文化，使公务员对于领导的服从和制约融为一体，可以使得行政主体内部的对峙得以成立，对于行政主体机体健康有重要价值。

本章小结

有效的外部规制是行政主体自我规制的动力机制，也是行政自我规制持续性的保障，因此，应当加强对于行政权的外部规制。但是，外部规制的有效性和真实性，又有赖于对峙权力结构的形成。构建对峙的权力结构主要应从以下几个方面着手：第一，通过公众充权和公民社会的培育，实现行政权与公民权的对峙。第二，强调媒体的独立和司法的保障，促成行政权与媒体权的对峙。第三，通过确立司法监督的宪法地位和人大对司法的支持，确立司法权与行政权的对峙。第四，通过转变行政的立法主导地位和强化人大的监督，实现行政权与立法权的对峙。第五，通过上下级机关关系的法律化和强调权威与自由并重的机关文化，促成行政系统内部对峙的形成。通过以上几个方面搭建对峙结构，可以使权力结构中各种主要力量与行政权进行有效地抗衡，进而保证行政权外部规制的有效性。

第五章

行政自我规制的制度化

外部规制是行政自我规制有效性的外在条件，进一步保障行政自我规制的有效性还需行政自我规制措施的制度化和良性的机制设计。诚如波普所言：一切政治问题都是制度问题。他阐述道，不要认为只要是好的统治者或优秀的统治阶级就能解决一切重大政治问题，与其说需要好的统治者，不如说需要好的制度。任何统治者都可能受到权力的诱惑而滥用权力，但好的制度则可以使被统治者对统治者施加某种程度的控制。[1]行政自我规制本质上是一种制度化的控权模式，显著不同于道德自律和个体意义上的自我约束行为。本书认为，行政自我规制有效性和持续性的内部支撑就在于实现制度化。

第一节　制度化的基本法理

保障行政自我规制有效性的路径之一便是实现制度化。行政自我规制作为一种正式的控权现象，必然要关注制度生成的问题。制度本身具有的功能和价值有利于行政自我规制作用的发挥，因而行政自我规制应当逐渐推进制度化。

一、制度的概念与特点

（一）制度：系统化的规则体系

法学界虽然言必称制度，但是对于制度本身的研究缺乏足够的关注。本书认为，制度是一种系统化的规则体系。具体而言，制度是着眼于现实问题，

---

〔1〕　张桂琳：《西方政治哲学——从古希腊到当代》，中国政法大学出版社 1999 年版，第 303 页。

具有完整性和可操作性的规则体系。一般而言，制度包括主体、客体、程序和手段等诸多要素。制度是一定社会历史条件下形成的正式规范体系及与之相适应的通过某种权威机构来维系的社会活动模式，它包括两个方面：一方面是一个规范、规则、准则体系；另一方面是正规化的行为模式。[1]如前所述，制度是系统化的规则体系，因而一项规则不能称之为制度。实际生活中有人将某项规则称为制度的做法是不可取的，因为有混淆规则和制度的风险，最终会折损制度的价值。当然，既然是规则的体系，就决定了制度本身的可操作性和可适用性。

（二）制度的本质和特点

作为一种特殊的社会现象，制度具有鲜明的特点，把握制度的特点有助于更好地认识制度，从而为制度解读、制度建设和制度完善奠定基础。制度以人为中心而存在，其由人所创、为人设定、由人实施，因而具有鲜明的主体性和主观性。除了显著的属人性外，制度还具有以下特点。

1. 规则的组合

制度是系统的规则体系，因而其最鲜明的特点是构成规则的组合。制度是规则的组合有两个层面的含义：首先，制度以规则为要素，没有规则就无法产生制度。既然制度由规则组成，那么规则的特点也将决定制度的特点。规则的明确性和行为指向性决定了制度本身的明确性。其次，制度是一系列规则的组合。相互依存和配合的规则相结合才能构成制度。制度是规则的组合还意味着，这些规则本身组合时需要遵循一定的技术规则，规则组合的科学性直接决定了制度本身的科学性。既然制度是规则的组合，那么规则本身科学、合法与否，必然影响制度的合法性与科学性。

2. 对设计的依赖性

制度作为一种现象并不是从来就有的，而是人们主观创造的产物。虽然构成制度的规则本身可能有一些来自于社会习惯的总结，但是制度并不是自然生成的。制度需要人们进行主动的设计，[2]进而将规则升华为制度。尽管并不是所有的制度都需要进行严密而科学的设计，但是，任何制度的生成都

---

〔1〕 刘李胜：《制度文明论》，中央党校出版社 1993 年版，第 19 页。

〔2〕 制度学一般认为，制度设计是制度生成的方式之一，而不是全部。本书这里所提到的设计并不是学理意义上的制度设计，而是指人们主观加工和总结的过程。

必须经过人们的主观加工和总结，这是毋庸置疑的。制度对于设计的依赖性彰显了人的主观能动性在制度生成和发展中的重要性，人们可以充分发挥主观能动性实现制度的科学性。

3. 问题指向

规则虽然以行为为指向，但是，制度却以问题为指向。一般而言，人们之所以创设一种制度，主要目的是要解决面临的问题，这里的问题的范围非常广泛，既包括具体问题，也包括抽象问题，既包括人的问题，也包括物的问题。制度所具有的问题指向的特点，决定了制度优劣的重要标准在于问题的解决程度。制度以问题为指向也凸显了其在现实生活中的价值，制度并非空洞的口号，而是具有现实解释力和实质影响力的规则体系。制度以问题为指向并不代表其不关注行为，由于其主要以规则为主，因而其必然要调整人的行为。这里强调问题指向主要是指，制度虽然也调整人的行为，但是一般而言，制度主要是为了解决问题而调整人的行为。

4. 特定行为方式的模型化

制度归根结底是人的制度，因而人的行为同样为制度所关注。从经验主义立场来看，某些制度的产生是对过去存在的各种重复行为的模型化。换言之，制度是一系列行为方式或行为组合的模型化。模型化有两层含义：第一，意味着某种行为方式得以固定，其灵活性降低。第二，意味着行为方式的普适性，即通用性。既然制度是特定行为组合的模型化，也就意味着是对行为模式进行整合之后形成的，因而是比较成熟的行为组合。

二、制度化的价值

（一）增强规则的有效性

虽然制度由规则组成，但是制度一旦形成，便能显著增强规则本身的有效性。制度增强规则有效性的基本原理是：制度本身由一系列规则组成，这些规则按照一定的"组合原理"形成制度，并在制度中发挥不同的作用，通力配合增强了构成制度之规则的有效性。比如，一项制度中如果有责任规则或者激励规则的存在，那么在这些规则的作用下，其他规则也能得到较好的遵守。制度内的规则构成一个完整的整体，使得制度所产生的作用力和效力，远大于孤立规则作用力的简单相加。制度化的首要价值即在于能够增强规则本身的有效性。

（二）较强的权威性

制度化有助于提升某一措施的权威性，从而使该措施得到更好地遵守和实施。制度化增强措施权威性的基本原理是：首先，制度由一系列规则组合而成，规则的科学组合有助于提升人们对于这套规则的认可和尊重。人们对于一项制度或措施的内心确信，是其遵守和维护该制度或措施的重要前提。其次，制度经过人们的理性设计，包含理性因素，理性因素的注入可以有效提升其权威性。具备理性因素的制度往往能够获得人们的信任和信赖，而这种信赖有助于提升其权威性。最后，有效的制度一般都包含制约要素或者控制要素，在一定程度上通过改变主体的成本和收益促使主体更加重视该措施或者做法。

（三）稳定的作用力

制度一旦形成，除非被新的制度取代或者被废除，一般具有较为持久的生命力和稳定的作用力。制度的稳定性取决于以下几点因素：第一，有效的制度代表着科学的规则组合，这种科学的组合形式决定了制度各要素之间构成一种稳定的规则组合，进而转化为制度本身的稳定性。其次，现代社会制度通常具有比较稳定的载体，比如法律、政策性文件等，载体的稳定性使制度本身具有一定稳定性。最后，制度在实际生活中产生实质影响并进而转化成人们的行为。随着时间的推移，人们的行为便会产生一定惯性，这种惯性使得制度产生了较为稳定的作用力。

（四）明确的行为指向

作为系统化的规则体系，制度能够为主体提供明确的行为指向，即主体可以按照制度的规定知道什么可为或者什么不可为。有效的制度由明确的规则组成，明确的规则能够为主体指明行动方向。另外，制度是系统化的规则，规则之间的有效衔接和配合能够为主体提供更为合理和明确的行为指向。既然现实中存在的问题主要来源于人们的行为，那么，制度的明确行为指向性能够切实保障主体更便利地完成一定行为，从而达到调控社会或者调控行为的目的。对于主体而言，明确的行为指向可以减少其行为成本，并为他人提供可靠预期，从而更好地保护行为人的利益。

三、行政自我规制制度化的必要性

从学者们的研究成果来看，行政自我规制制度化已经初现端倪。本部分旨在实证考察行政自我规制制度化的现状，通过对现实中存在的制度化现象进行分析，总结目前行政自我规制制度化的成功经验，论证对行政自我规制进行制度化的必要性。

（一）行政自我规制制度化的现状和意义

根据行政自我规制的原理，已经付诸实践的行政自我规制制度包括但不限于：行政裁量基准制度、行政内部分权制度、[1]行政惯例制度、绩效评估制度、内部监督制度、[2]行政处罚先例制度、[3]行政公开制度、内部程序制度等。行政自我规制措施的制度化具有以下积极作用。

首先，增强行政自我规制措施的有效性。行政自我规制措施的制度化，客观上增强了行政自我规制措施的有效性，使行政自我规制措施起到了较好的规制作用。其次，能够确保行政自我规制措施的权威性。行政自我规制措施一般是行政主体自己创设的，将其制度化可以弥补该措施权威性不足的缺陷。最后，能够使得行政自我规制措施更加具有稳定性。一项措施一旦制度化就会产生较为稳定的作用力，从而使行政自我措施起到较为稳定的效果。

（二）制度化的必要性

尽管部分行政自我规制措施有制度化的倾向，但总体而言，行政自我规制领域各类措施的制度化程度还比较低，制约着自我规制措施作用的充分发挥。

第一，非制度化的行政自我规制措施有效性欠缺。行政实践中，大量的行政自我规制措施并没有制度化。比如，更为透明的公开措施、行政主体的内部程序优化、行政主体对公务员更严格的要求、弱化行政行为强制性的措施等都没有上升到制度层面，使得行政自我规制制度的效力难以保证。为了更好地发挥现有及将来的行政自我规制措施的作用，有必要将这些措施进行制度化。

第二，行政自我规制措施的权威性需要制度化弥补。一般而言，行政自

---

〔1〕　行政内部分权是指政府或其职能部门为防止行政权过于集中而导致专断，自发地将权力划分和分立开来，并通过行政权之间的博弈使最终实施的行政行为达到最优的一种举措。

〔2〕　刘福元：《行政自制：探索政府自我控制的理论与实践》，法律出版社 2011 年版，第145~249 页。

〔3〕　行政执法机关对违法行为作出的行政处罚决定应当作为该行政执法机关以后对同类违法行为进行行政处罚的先例。

我规制措施是行政主体自我设计和实施的，其权威性往往因为缺乏实体法依据而存在不足。通过制度化安排，可以借助制度的功能，提升行政自我规制措施的权威性，确保其得到更好地遵守。通过制度化相关规则能够得到系统的安排和科学的组合，原来的规则经制度化整合以后，各要素相互配合，构成一个科学的系统，因理性因素的注入而获得较大的权威性。

第三，制度化有助于增强行政自我规制措施的稳定性。制度的特点之一即其具有稳定性，将行政自我规制措施制度化可以借助制度本身的稳定性实现规制措施的稳定性。另外，措施的制度化能够使规则获得合理的安排和整合，这样就可以使措施更加科学，进而能够获得较为持续的生命力。行政自我规制措施的制度化一般需要通过客观化的形式予以规定，从而使行政自我规制措施可以借助载体的客观化、稳定性和明确性，获得自身的稳定性。

有效、权威和稳定是一项措施能够发挥其作用和价值的关键要素，行政自我规制措施的制度化，可以在一定程度上增强这些措施的有效性、权威性和稳定性。因而，应当在行政自我规制措施制度化方面下足功夫。

第二节　行政自我规制制度的生成路径

制度化是对规则进行有效梳理和系统整合的过程，即将零散的规则按照一定的原理组合成一个统一系统的过程，旨在通过规则的合理安排和理性构建实现规制措施本身的有效、稳定和权威。前文已经论证了行政自我规制制度化的必要性，接下来需要解决的是制度的生成路径问题，即如何实现制度化。从一般意义上讲，制度的生成都离不开主观的建构，但是根据生成路径中主观设计因素所占的比重，可以将行政自我规制的制度化分为两种主要路径：经验总结和制度设计。

一、经验总结

（一）源于经验的制度

根据实证分析可知，部分行政自我规制制度的生成源于对经验的总结，本书称之为"经验性制度生成路径"。前文提到的金华市公安局创设的行政处罚裁量基准制度应该说具有显著的经验生成路径的痕迹。[1]通过实证考察可知，作为行政处罚裁量基准制度的先行者，金华市公安局走的是一条经验性制度生成路径：实践问题突出需要解决——总结实践工作经验——生成特定制度——由下而上逐渐扩展——获得上级的支持——自上而下推广完善相关制度。经验性制度生成路径的基本逻辑是：现实的问题引发制度的需要，为了解决问题而总结实践的经验，将总结的经验升华为制度，通过制度应对现实问题，并进而通过实践检验及完善制度。经验性制度生成路径对于经验本身具有显著的依赖性，制度的起因、制度的构建和制度的完善都离不开经验知识的总结。

从现实来看，基层组织和直接执法的组织更倾向于选择经验性制度生成路径。主要原因在于他们基于执法实践获得了丰富的经验知识，使他们产生了对经验的路径依赖。

（二）路径分析

经验性制度生成路径的脉络显示，其对于经验知识具有依赖性，可以说制度生成和完善的整个过程都渗透着经验的因素。经验性制度生成路径对于经验的依赖，使其具有相应的优势和弊端。

1. 经验性制度生成路径的优势

经验性制度生成路径的优势在于其具有"经验性"。经验知识的注入，使得基于此种路径而形成的制度本身具有以下优点：首先，具有较强的针对性。基于经验性制度生成路径而形成的制度往往是针对现实中存在的具体问题，

---

〔1〕　从制度生成的路径看，行政处罚裁量基准的产生肇始于金华市公安局在2003年4月组织开展的裁量基准试点工作。面对公安执法中比较突出的"执法随意、裁量不公"的问题，金华市公安局要求各县市局和分局选择一至两个治安状况复杂、案件数量较多、执法比较规范的科所队作为试点单位，在深入调查的基础上再确定一至两种最易滥用处罚裁量权的热点、难点违法行为展开裁量基准试点。在将近一年的试点、总结和完善的基础上，金华市公安局制发了《关于推行行政处罚自由裁量基准制度的意见》，在全市公安机关推广对赌博、卖淫嫖娼、偷窃、无证驾驶、违反互联网营业场所规定等五种违法行为的行政处罚裁量基准制度。裁量基准制度在公安系统的实践，引起了金华市政府的关注和重视，从而得以从2006年开始在全市范围予以推广。可见，金华市裁量基准的产生走的是县级公安局的科所队——市公安局——市政府，这一自下而上之路，其制度设计是处在行政执法第一线的基层部门在微观行政执法领域的经验总结和实践创造。显然，我国"自下而上"的制度生成来自于基层社会治理中的典型经验，大量裁量基准的制定都是出于基层的市县级行政机关，而并非具有行政立法权的行政机关。这些由基层行政机关制定的裁量基准只是为裁量权的正当行使提供一种具体化的约束标准，并不能构成一种立法性规则或者法律规范。

因而具有较强的针对性，能更好地解决现实中存在的问题。其次，扩充制度的经验知识，确保制度与现实契合。经验知识是制度科学性和合理性的要素之一，同时也是使制度与现实契合的关键，直接源于经验总结的制度往往更契合实际，更贴近生活现实，更符合主体的知识体系，也就更能获得人们的认可和接受。与现实相契合的制度才能具有持久的生命力，经验性制度生成路径恰好有助于保证制度与现实的契合。

2. 经验性制度生成路径的劣势

基于经验性制度生成路径而产生的制度的缺点在于其对"经验"过分依赖。首先，对于经验的过分依赖，可能使制度理性不足。经验和理性并不是相伴而生的，有时候对于经验的过分依赖可能使制度欠缺理性。其次，基于经验的生成路径会不当压缩制度的功能或者框架。经验的具体性和多样性决定了经验本身的狭隘性。依赖于经验而生成的制度可能会因为经验的狭隘性和知识的有限性而受到不当的限制。最后，基于经验的生成路径可能因为缺乏"顶层设计"导致制度不具有普适性和权威性。经验往往是地方性知识，基于经验而产生的制度受限于地方知识而缺乏普适性，也就使得这一制度无法在更大的范围内适用。另外，经验性制度生成路径往往遵循"自下而上"的脉络，下级行政主体的权威性和知识性不足，使得其所构建制度的权威性也明显不足。

二、制度设计

制度设计[1]是行政自我规制制度化的另一重要路径，也是一种重要的理论工具。诚如政治学者索尔坦指出的："对制度本身以及制度作用方式的解释需要系统地理解制度是如何生成、变迁、消亡的，而制度设计是解释制度生成方式的重要理论工具。"[2]本书所使用的"制度设计"主要是从制度生成路径角度来讲的。

（一）制度设计的实例

与经验性制度生成路径相比，制度设计路径具有显著的创造性和超越性。

---

[1]　其实，任何制度的生成都不可能脱离主观因素的加工和处理，这里之所以将制度设计作为一种生成路径，主要是为了强调这种生成方式更体现人为主观上的设计，对于经验的依赖性较弱。

[2]　马雪松："制度设计的逻辑前提、路径选择与意义评析——政治制度生成的学理阐释"，载《四川师范大学学报（社会科学版）》2012年第6期。

前文中提到的"株洲县审计局查处分离制度"的确立虽然也有一定的经验基础，但是其主要还是遵循了制度设计路径。首先，查处分离并非法律所规定，因而这一制度具有鲜明的创造性。其次，在方法上先制定行政规范性文件，用以确立查处分离制度，然后再具体实施。最后，株洲县的查处分离制度，重点在"组织机构"和"工作职责"两个方面进行了改革。第一，在组织机构方面，打破原来的处（科、股）室界限，对其进行重新组合，按人员结构、特长和工作需要内设若干个审计现场查证组和一至二个审计处理处罚组。第二，在工作职责方面，分工如下：首先，取得的审计证据、编制审计日记和审计工作底稿由查证组的审计人员负责。其次，审计报告的真实性、合法性由审计组组长（主审）负责。查证组与处罚组之间既有分工又有协作，同时相互制约和监督。这些制度内容明显是制度设计的结果，而非仅是对经验的总结。另外，创设两个职能组，通过一定制度安排，使二者之间形成一种配合和制约的关系，更表明其主要遵循的是制度设计路径。

另一个实例是"辽宁省行政处罚先例制度"。2007年辽宁省创设了"行政处罚先例制度"。该制度包含以下内容：第一，确立先例的类型。行政机关对违法行为作出的行政处罚决定应当作为该行政机关以后对同类违法行为进行行政处罚的先例。第二，确立先例的适用范围。主要适用于与先例在事实、性质、情节、社会危害程度和行政相对人主观过错相当的违法行为。第三，规定先例的适用原则。适用先例制度的结果应当确保相似的违法行为受到的行政处罚的种类、幅度以及程序一致或基本一致。第四，建立案卷制度。为了保证先例可查、可引，辽宁省内各行政执法部门需要对每个案件建立案卷，有条件的还实行电子数据管理。第五，确立了先例的效力。建立行政处罚先例制度后，如果行政相对人对行政执法部门的处罚有异议而提起行政复议，先例将是有关部门对行政处罚进行复议的重要参考依据。[1]辽宁省的先例制度是行政系统自发确立的，旨在规范行政处罚，实现行政处罚一致性的行政自我规制措施。从制度内容来看，包括先例类型、先例适用范围、适用原则、适用效力和案卷制度，是一个完整的制度体系，这些内容安排体现了较为明显的制度设计路径。

---

〔1〕 崔卓兰、刘福元："论行政自由裁量权的内部控制"，载《中国法学》2009年第4期。

（二）路径分析

制度设计作为制度生成路径之一，重点强调"理性"因素的注入，而这一偏好也使其具有一定的优势和缺点。对于该制度生成路径的优缺点分析，有助于加深对该种路径的认识，为更好地遵循和改造这一路径提供知识储备。

1. 制度设计路径的优势

制度设计路径强调主观上对制度规则进行深加工，以使制度本身更加科学和理性。因此，与依赖于经验路径的制度生成模式相比，制度设计路径具有以下优点：第一，提升制度理性。制度设计路径以科学和先进的理念作为指导，以理性知识为基础，可以在一定程度上提升制度本身的理性。制度理性是制度生命力和有效性的重要保障。第二，保证制度的完整性和逻辑的自恰性。在一定标准和原则指导下，设计者遵循科学的设计进路对制度的各要素进行合理安排，确保制度要素的完整性，对各要素进行有效整合、科学安排，实现其逻辑的自恰性和结构的科学性，而这对于制度发挥作用无疑是至关重要的。第三，增强制度本身的创新性和可预见性。制度设计可以摆脱经验的束缚，更加主动和创造性地设计出一些新的制度或方案，从而使制度能够得到及时更新，并增强制度本身的可预见性。第四，确保制度本身的普适性。制度设计往往不拘泥于地方性的经验知识，而是照顾到制度的一般性，从而确保制度的普适性。制度的普适性是制度得以推广，从而在更大范围内发挥作用的重要前提。

2. 制度设计路径的局限性

建构理性、完备知识、计划秩序是制度设计的逻辑前提，[1] 而这也决定了制度设计路径存在一定的局限性。相较于经验性制度生成模式，制度设计模式有以下局限性：第一，对于设计者的专业知识和能力要求较高。行政自我规制领域存在形形色色的行政主体，各类行政主体及其工作人员的素质差别很大，限制了制度设计模式在行政自我规制领域的适用。第二，容易与现实相脱节。制度设计对于经验知识的依赖程度较低，有时候制度设计者可能过于重视理性和科学，而忽略了对于经验知识的总结和分析，结果导致其设计的制度容易与现实相脱节。如前所述，有效的制度应当是坚持问题指向的，

---

〔1〕 马雪松："制度设计的逻辑前提、路径选择与意义评析——政治制度生成的学理阐释"，载《四川师范大学学报（社会科学版）》2012年第6期。

因而它应当着眼于现实问题的解决，如果一项制度与现实相脱节则其根本不可能产生预期的作用，甚至会产生负面的影响。比如，制度设计者可能为了满足制度普适性的要求，将某一制度做抽象化处理，最终导致这一制度与现实严重脱节，该制度的有效性便大打折扣。

三、展望：经验与设计并存的生成进路

通过上述的分析可知，在行政自我规制制度化实践中，行政主体不同程度上借助了其中一种制度生成路径。在制度化过程中，要么依赖于经验性制度生成路径，要么依赖于制度设计路径。而这两种制度生成路径均存在一定的局限性：一方面，经验性制度生成路径的理性支持不足；另一方面，制度设计路径缺乏对经验知识的回应。对于任何一种路径的过分依赖，都会产生一定的弊端。

鉴于两种生成路径各有优点和不足，在制度设计上不宜固守一种路径而完全排斥另一路径，加之两种路径存在互补性，即一方的缺点正好是另一方的优点，因而在具体的制度生成路径选择上，行政自我规制应当遵循经验性制度生成路径和制度设计路径并行的方式，实现两种模式的优势互补，避免固守一种路径产生的弊端。尽管两种路径遵循不同的原则和方法，但是并不意味着二者之间水火不容，其实，二者是可以并存的。具体而言，并存的生成路径应当遵循以下要求。

（一）经验性制度生成路径中融入制度设计因素

经验性制度生成路径围绕"经验"展开，从制度建构的起因、制度建构的考量因素和制度的要素组合等都对经验有着比较强的依赖性。经验知识的地域性、狭隘性决定了由此形成的制度可能会欠缺理性——制度的理念不清、制度的要素不全、制度的结构不完善、制度的有效性缺乏保障等。在行政自我规制领域，经验性制度生成路径更适合基层或者执法前沿的主体，原因有二：从正面来看，他们具有丰富的经验知识，这是其得天独厚的条件。丰富的经验知识使得基层行政主体对于经验性制度生成路径更加依赖，因为理性人一般都会根据自身的优势去选择一定的路径。从负面来看，基层行政主体往往缺乏相应的专业知识，因而他们在选择制度设计的路径时会觉得难以胜任。因而，经验性制度生成路径选择在基层拥有更大的市场。

为弥补经验性制度生成路径存在的理性不足问题，一方面应当肯定基层

组织或者直接执法组织选择经验性制度生成路径的做法，另一方面应当强调，在选择经验性制度生成路径的同时适当引入制度设计因素，即在进行经验总结和经验分析的基础上，吸收制度设计中的理念、方法、规则和程序，使经验性制度生成路径中的理性因素得以增加。具体而言，行政组织在遵循经验性制度生成路径进行制度建构时，虽然仍然可以围绕"经验"展开，但是应当从以下几个方面引入制度设计因素：首先，总结经验，进而用先进的理念和完备的理性知识对所得的经验进行检验，以使经验得到升华。其次，在经验知识的基础上，运用科学的方法，遵循正当的程序对制度各要素进行有效整合，使之成为一种完整的制度。再次，要防止制度过于迁就经验和现实，可以在遵循特定规律的前提下，使制度具有一定的超前性。最后，运用制度设计的理论对初步成型的制度进行检讨，进而提出完善的修正意见。

（二）制度设计路径回应经验要求

上级行政主体或者层级较高的行政主体更倾向于遵循制度设计路径，主要基于以下三个方面的原因：首先，这些主体一般并不直接参与执法实践，因而他们在经验积累方面明显不足，即使有经验的获取也只是"二手经验"，可信度和系统性明显不足。从理性人的角度来看，没有人会选择自己不擅长的策略。其次，这些主体内部一般都具有素质较高的工作人员和专家，他们在制度设计方面的知识更为丰富。既然他们具有制度设计所需要的素质，那么彰显自身的优势也是每个理性人的自然选择。最后，他们所构建的制度往往不仅约束自身，而且约束下层行政主体及其工作人员，通过制度设计可以增强制度的说服力和权威性。

对于具备制度设计知识、缺乏经验知识的行政主体而言，制度设计路径是其理性的选择。科学理念的指引、完备理性知识的注入和科学制定标准的确立，可以帮助行政主体制定出较为科学的行政自我规制制度。但是，如上所述，纯粹的制度设计路径本身也有一定的弊端：容易与现实相脱节。一项制度一旦与现实相脱节，那么其生命力就将消失殆尽。为了弥补这种制度生成路径存在的不足，应当在制度设计时回应现实要求，即在经验性制度生成路径中汲取营养。

行政自我规制主体在遵循制度设计路径进行制度建构时，应当对经验性知识进行适当回应：首先，在制度设计的起因上，制度设计者应当认真调查和研究。只有在发现真实问题和需要解决的问题时，才会有针对性地进行制度设计，避免脱离现实进行凭空设计，即我们常说的拍脑袋决策。其次，制度设计之前，应当对制度调整事项所涉及的经验进行总结和梳理，使制度设计建立在一定的经验基础之上。最后，经过理性设计的制度草案，应当参照实践经验对其进行检验，以检测其有效性与现实的契合性。总之，即使遵循制度设计路径，也不可忽视对于经验知识的总结和梳理，防止制度与现实相脱节。

（三）行政主体"制度设计"能力的补强

"制度设计"的逻辑前提是理性、完备的知识和科学的方法，这些都对制度设计者提出了很高的要求。在行政自我规制领域，行政主体形形色色，层级繁多，素质和能力千差万别，因而制度设计的路径未必具有普适性。作为一种科学的制度生成路径，制度设计应当有更大的适用空间。而制度设计得以扩展的前提又有赖于制度设计主体能力的补强。对于欠缺制度设计能力和素质的主体，可以通过以下方式进行补强。

1. 专家型人才的引入和培养。行政主体中的部分成员是制度设计的直接参与者，制度设计的有效性又有赖于设计者具备相应的素质和能力。为了满足制度设计对于设计人能力的要求，行政主体可以采取两方面措施：首先，引入专家型人才，安排具有相应知识的人员专门从事制度设计工作，从而确保制度设计的专业性。其次，注重对制度设计者专业知识的培训，不断提升其进行理性制度设计的能力和知识。

2. 专家模式的引入。专家型人才的引入和专业知识的培训都需要付出相当大的成本，而且收益具有不确定性。对于基层行政组织和直接执法主体而言，要求他们都引入专家型人才，进行专业化培训是不太现实的，而且也是没有必要的。然而，基层组织或者执法主体往往专业性稍有欠缺，所以，比较折中的方法是引入专家模式，即不强求行政主体都包含专家型的人才，但是其在制度设计时应当积极采取各种措施，听取专家的意见，发挥专家的作用实现制度设计的理性化。

总之，行政自我规制实践中存在的两种制度生成路径各有利弊，因而在制度建构过程中应当坚持两种生成路径并重。当然，由于不同的主体具有不同的路径依赖，因而应当在坚持原来生成路径的前提下，适当吸收另一种生成路径的合理因素，以实现二者的优势互补。

第三节　行政自我规制制度有效性的保障

行政自我规制的制度化是为了提高行政自我规制措施和手段的权威性、有效性和稳定性，而制度本身的有效性和科学性又是达到上述目的的前提。因而，有必要探讨一下行政自我规制制度本身的有效性问题。本书认为，行政自我规制制度的有效性取决于四个方面的因素：制度合法且理性；制度成文化和公开化；制度系统化和科学的机制设计。

一、制度合法且符合理性

（一）制度合法、理性的价值

决定行政自我规制制度有效性的首要因素是制度具备合法性与理性，其中合法是制度有效性的前提，而理性则是制度有效性的保障。

首先，制度合法是制度有效性的前提。在法治视野下，任何制度有效的基本前提是其具有合法性，这里的合法并不要求制度必须有实定法依据，而是要求制度不能违反法律的明确规定以及法治的精神和原则。欠缺合法性的制度尽管可能具有实质的约束力，但它时刻有被撤销的危险，特别是重大明显违法的制度应为无效的制度，不应具有实质的效力。

其次，制度理性是制度有效性的保障。制度理性在保障制度有效性方面的机制在于：第一，制度理性确保制度具备科学性和合理性，而这是制度有效性的内在基础。第二，制度理性有助于增强制度的权威性和可接受性，从而使受制度调控的主体更愿意遵守该制度。第三，制度理性体现了先进的理念和知识，能够增强制度的预见性和可行性，保证其更为有效的实施。

（二）制度合法与理性的基本要求

首先，制度合法的要求。确保行政自我规制制度合法应当遵循以下要求：第一，行政主体不得创设与法律明确规定相违背的制度。第二，行政主体创设的制度不得与法治精神和原则相违背。第三，行政主体创设的制度应当遵循合法的程序。第四，行政主体创设的制度应当进行合法性评估。

其次，制度理性的实现。确保制度理性是一项系统工程，需要做多方面的工作。第一，从制度安排的起点[1]来看，应当"把人作为行政制度安排的起点"，着眼于对行政权的规范和制约，从而更好地保护行政相对人的权益，增强行政权的回应性。第二，确保制度设计者具有相应的知识和理性。缺乏理性知识和能力的制度设计者无法完成制度理性化的任务。第三，制度理性化需要理性知识的注入。理性的知识是制度设计的前提，同时，也是制度设计的手段。为了确保制度具备理性基础，应当将理性知识纳入制度构建之中。第四，制度理性化有赖于理性方法的运用。行政主体在进行制度建构时，应当注重运用科学和理性的方法，借助方法意义上的理性助成理性制度的生成。第五，对制度进行评估。制度是否符合理性是有一定标准可循的，因而，为了确保制度理性，行政主体可以对制度进行评估，以确认制度符合理性的要求。对于不符合理性的制度，应当予以修正或者废除。

二、制度成文化和公开化

制度的形式亦会对制度的有效性产生影响。从各地的经验来看，将制度成文化和公开化是普遍做法。[2]各地行政自我规制制度均选择成文化和公开化并非偶然，而是基于对制度成文化和公开化价值的共识。

（一）成文化和公开化的必要性

1. 成文化有助于保障制度的稳定性和权威性。制度作为一种规则体系，可以是成文形式的，也可以是非成文形式的，但就我国而言，成文化的制度更具有稳定性和权威性。就制度的稳定性而言，制度一旦形成文字，除非经过特定的撤销或废止程序，一般具有持续的有效性。就制度的权威性而言，与我国成文法传统相契合，成文化的规则往往更具有天然的控制力和权威性。另外，制度成文化使得制度内容更加明确和具体，明确和可操作的规则体系更容易获得人们的尊重和遵守。制度成文化还能够减少分歧，统一认识，避免制度的权威性因分歧而折损。

2. 公开化有助于提升制度约束机制的有效性。一项制度的实施依赖于内在和外在约束机制充分发挥作用，而制度公开有助于提升制度的内在和外在

---

〔1〕　所谓制度安排中的起点主要是指在制定制度过程中的价值取向和利益考量点。葛自丹："论行政惠民理念下的行政法制度重构"，载《辽宁大学学报（哲学社会科学版）》2008年第6期。

〔2〕　如《株洲县审计局查处分离暂行办法》。

约束机制的有效性。就内在约束机制而言，行政自我规制制度一旦公开，行政主体和公务员就产生了遵守和实施这一制度的内在压力，制度公开就相当于向社会或者相对人作出的承诺。就外在约束机制而言，制度公开可以使公众和行政相对人知悉该制度的内容，进而自发地通过各种方式监督这一制度的实施，最终形成一种外在约束机制。应该说，对于行政自我规制制度而言，制度公开是外在约束机制形成的前提，制度不公开，人们对该制度内容无从知晓，监督约束也无从谈起。

（二）成文化和公开化的实现

1. 行政自我规制制度的成文化。行政自我规制制度因为大部分游离于成文法外，所以各种行政自我规制制度的成文化路径存在较大差异。但是，作为一般的原则，自我规制制度成文化应当遵循以下几点：首先，行政自我规制制度应以成文化为原则，以不成文为例外。对于一些不宜成文化的制度可以保留其惯例形式，但这种制度的种类和范围应当从严把握。其次，行政自我规制制度的成文化要求制度内容以适当的文件为载体，考虑某一制度的重要性程度，适用不同层级或者形式的文件对该制度进行规定。最后，行政自我规制制度的成文化对文本提出了以下要求：第一，制度文本应当以规则为主，避免抽象的原则和政策，确保制度内容明确。第二，制度语言应当明确具体，减少对于制度内涵的分歧。第三，制度内容应当完整，避免制度潜规则的出现。

2. 行政自我规制制度的公开化。行政自我规制的规则或者制度，大部分属于内部规定，因而法律一般不做严格的公开要求。然而，考虑到内部规则是对行政主体自身的规制，需要有效的外部约束机制。而为了使外部约束机制作用能够充分发挥，则应当公开行政自我规制的制度。制度公开的基本要求是：首先，对于成文化的制度，应当将文件予以公开，方便公众以各种渠道获取这些信息；其次，对于不成文的制度，应当在执法中以说明理由的形式向社会公开。

三、制度系统化

从制度学的角度看，科学的制度应该是一个有机的系统，这个系统内部必须包含四大要素：公平的规则；公正的执行程序；制度公正执行的受控机制和公正执行的自控机制。[1]

（一）系统化是制度的本质要求

制度是系统化的规则，因而系统化是建构有效制度的必然要求。系统化在此包含两个层面的内涵：制度内在规则系统化和制度之间的系统化。制度"内在规则"的系统化要求制度要素内容完整、有机统一、相互配合和各司其职，从而确保制度的有效性。制度内在的系统化只是制度有效性的一个方面，制度的有效性还有赖于其他制度或者要素的支撑，这就需要制度之间的系统化，即对不同的制度进行整合，实现制度与制度之间的相互契合和相互支持。

（二）行政自我规制制度的系统化路径

行政自我规制制度的系统化同样包含两个方面：行政自我规制制度内在的系统化和行政自我规制制度与其他制度之间的系统化。就制度内在要素的系统化而言，应当把握以下几点：首先，确保制度要素的完整性。一项行政自我规制制度原则上由若干要素组成，包括制度执行要素、程序要素、制约要素等。不同的要素各司其职才能使制度真正发挥效力。其次，按照科学的方法对制度的各要素进行有效整合，使制度要素之间能够有机统一，从而确保制度合力的形成。以行政处罚裁量基准制度为例，完整的制度要素包括：裁量基准的具体要求、裁量基准的适用方法、裁量基准的效力和裁量基准的制约机制等，并且应当对这些要素进行有效整合，使之成为完整的系统。就制度之间的系统化而言，应当从制度本身的有效性出发，探索制度外的配合因素。同样以行政处罚裁量基准制度为例，制度内在要素的系统化还不够，还需要其他制度的支持。比如，内部监督制度、内部评价制度和内部考核制度等。

四、科学的机制设计

（一）机制之于制度

在社会科学领域，机制[2]就是动态的制度。机制的动态性体现在，它是一个有机的制度系统，内在包含自我实现的动力和手段，可以促使主体主动

---

〔1〕　陈朝宗："论制度设计的科学性与完美性——兼谈我国制度设计的缺陷"，载《中国行政管理》2007 年第 4 期。

〔2〕　"机制"一词最早源于希腊文，原指机器的构造和动作原理。

做出相应的行为。制度层面的机制与制度有着密切的关系：机制由静态的制度组成，而机制使得制度能够运行起来从而使制度更充分地发挥作用。机制之所以能够起到这种作用，主要在于机制是完整的制度体系，包含主体要素、程序要素、执行要素、效果要素和责任要素等。这些要素使得制度本身具备了相应的约束力，进而使制度的有效性得以保障。行政自我规制制度的有效性还有赖于机制化建设，即对制度进行有效整合，使各种制度之间能够相互配合，从而产生更强的约束力。

（二）建构科学的机制

既然科学的机制建设是制度有效性的保障，那么，如何在行政自我规制领域建构科学的机制就显得非常必要了。有学者指出，机制设计需要解决两个问题：一是信息问题；[1]二是机制的激励问题或者积极性问题。[2]笔者认为，基于制度和机制的关系，科学的机制建构应当以搭建合理的制度基础为前提，坚持制约和激励机制并举。

1. 制度基础的搭建

既然机制是动态的制度，那么制度便是机制的基础，因而，机制建构首先应当强调制度的科学建立。在行政自我规制领域，制度基础的搭建主要应当从两个方面着手：其一，提升制度的内在质量。制度自身的"健康"是机制良好运行的前提，因而应当着眼于提升制度理性，强化制度设计的科学性和可行性。其二，完善制度体系，丰富制度种类，确保制度之间的有效衔接。单一的制度往往无法起到良好的效果，因而需要制度之间相互配合。行政自我规制作为一项系统工程，应当强调制度体系的丰富和完善。完善制度体系有赖于制度创新，行政主体应当积极通过经验性制度生成路径或者制度设计生成路径，丰富行政自我规制领域的制度种类。如前文提到的行政处罚先例制度、行政处罚查处分离制度等都是制度创新的结果。

2. 制约与激励机制并举

在激励机制的构建上，性善论和性恶论持不同的观点：性恶论强调制约

---

〔1〕 任何一个机制的设计和执行都需要信息传递，而信息传递是有成本的，对于制度设计者来说，自然是信息传递的空间维度越小越好，也就是说，实现这个社会目标所需要的信息量越少越好。

〔2〕 在所设定的制度框架里，每个参与人在追求个人利益的同时能够达到设计者所确定的社会目标。这就要求一项有效的制度安排，必须是一种纳什均衡。机制设计理论不仅揭示了协调个人理性与集体理性的种种不可能性困境，更重要的是提供了在具体情境下走出困境的途径。包万超："面向社会科学的行政法学"，载《中国法学》2010年第6期。

性机制是规则体系的重心；性善论强调激发人的善性，因而激励性机制是规则体系的主导性内容。[1]本书认为，无论从人性善恶双向驱动理论来看，还是从行政自我规制止恶扬善并重的要求来看，行政自我规制的机制设计都应当坚持激励机制与制约机制并举。

首先，制度设计应当确保获得充足的信息。信息是机制设计的前提，也是机制科学有效的保障。因而，行政主体在进行机制设计之前应当注重信息的搜集和沟通，使机制设计建立在充足的信息基础之上。机制设计本质上属于不完全信息博弈。[2]信息的不对称性可能使机制产生一定的负效应。从机制设计角度看，信息的获取可以通过三个渠道：第一，通过经验路径获取，即行政主体对执法经验进行整理从而获得一定信息。第二，通过专门的信息搜集平台获取信息，即行政主体可以自己或者委托他人通过一定的平台搜集相应的信息。第三，通过信息交流获取信息，即行政主体可以通过与公务员、民众和社会组织进行沟通获取信息。

其次，以成本和收益为手段。机制设计的基本假定是行为主体及其工作人员具有适度理性，即行为主体及其工作人员能够判断是非，并且倾向于选择对自身有利的策略。[3]从经济学角度看，成本——收益是行政主体及其工作人员作出一定行为和策略的重要考量因素。因而，进行机制设计可以将改变行为主体做出相应行为的成本和收益作为手段。制约机制的基本原理在于通过提高行为人的预期成本或者降低其预期收益，抑制其作出该行为的冲动；激励机制的基本原理在于通过降低行为人的预期成本或者提高其预期收益使行为主体更倾向于作出一定的行为。在行政自我规制领域，行政主体亦可以通过成本——收益的适当调整，以建立制约或者激励机制。

再次，激励机制的向善倾向。传统意义上，激励机制是以行为人的行为可塑为前提，以理性人假定为基础，以成本和收益的安排为方法的机制设计。[4]这种激励是对行为人的引导，与制约机制没有本质差别。行政自我规制理论强调善恶双向维度，即不仅止恶还要扬善。传统的激励机制只是对行

---

〔1〕　宋功德：《行政法哲学》，法律出版社 2000 年版，第 371—372 页。

〔2〕　张维迎：《博弈论与经济信息学》，格致出版社、上海人民出版社 2012 年版，第 162 页。

〔3〕　这一点与善恶双向驱动理论其实并不矛盾，因为善恶双向驱动理论强调人性本身善恶因素的共存与对立，但是并不否认人具有自利和维护自己利益的可能，因为理性是一种正常的回应性。

〔4〕　相似的观点参见宋功德：《行政法的均衡之约》，北京大学出版社 2004 年版，第 192 页。

为的因势利导，并不一定产生扬善的效果。这里的"扬善"并不是简单的指做好事，而是公务员的内在德性的提升。根据人性善恶双向驱动理论，人性中善的因素只是一种向善的可能，因而需要一定条件使其得以发挥，这就需要通过外在因素的塑造，增强善的因素的回应性，从而提升公务员的善性。为此，行政自我规制领域的激励机制需要进行一定的改造：坚持成本和收益调整作为手段的前提下，综合运用对善的因素有激发或者诱导作用的手段。比如，通过文化因素或者尊严因素的注入，利用激励机制更容易引导公务员向善。

最后，内部沟通机制的确立。行政自我规制的实现，有赖于行政主体与公务员之间进行有效沟通。行政主体与公务员之间的沟通是必要的，因为这种沟通关系到公职人员服务的积极性和团体精神的养成。[1]行政主体与公务员之间的沟通具有以下积极意义：第一，二者之间的有效沟通有助于实现信息的对称性，避免主体之间因为信息不对称而产生矛盾和分歧。第二，行政主体与公务员之间的良性沟通，可以使公务员内心产生被尊重的感觉，进而使其能够更自觉地接受行政主体发出的命令甚至处罚。第三，行政主体与公务员之间的沟通是一种反思性信息交流机制。通过沟通，双方可以更好地反思自己，了解对方，赋予双方改过自新的机会。在沟通机制方面，西方国家做了有益的尝试，如英国设立了由行政主体与公职人员双方代表组成的专门沟通机制——"惠特利委员会"，[2]该沟通协商机制的主要职能是交流经验、考核公职人员、解决纠纷等。通过沟通协商机制的建立，有效协调了行政主体与公务员的关系，加强了二者之间的信任和合作，发挥了良好的作用。[3]

本章小结

诚如波普所言：与其说需要好的统治者，不如说需要好的制度。具体到行政自我规制，与其说需要开明的领导，不如说需要建立科学合理的制度。本章分析了三个问题。

---

〔1〕 张金鉴：《行政法学新论》，台湾省三民书局1984年版，第457~458页。
〔2〕 全国官员协商委员会的成员有31人，官方代表由文官事务部任命，员方代表由各公职人员联合任命。
〔3〕 叶必丰：《行政法的人文精神》，北京大学出版社2005年版，第182页。

首先，从制度的本质和价值出发，对行政自我规制措施制度化的必要性进行了分析。就本质而言，制度是规则的组合、对设计具有依赖性、具有问题指向，是特定行为方式的模型化。就价值而言，制度化有助于增强规则的有效性、使规则具有较强的权威性、稳定的作用力、明确的行为指向。其次，讨论了制度的生成路径：经验性制度生成路径和制度设计路径，分析了二者的优缺点。经验性制度生成路径的优点在于其以经验性知识为基础，更具有针对性，但缺点是理性不足；制度设计路径的优点是具有制度理性，但是可能脱离实际，因而，行政自我规制的制度生成应遵循经验与设计并存的路径：经验性制度生成路径中应融入制度设计因素和制度设计路径要注重回应实践需求。最后，在分析制度化的必要性和制度生成路径的基础上，讨论了如何确保行政自我规制制度有效性的问题。本书认为，制度有效性取决于四个方面的要素：制度本身合法、理性；制度成文化和公开化；制度系统化和科学的机制设计。

第六章

行政自我规制的法治化进路

"合法性"是法学、政治学等学科共同关注的焦点问题。在法学领域，某一现象或行为获得合法性的方式及其状态便可称之为"法治化"。如前所述，行政自我规制本质上属于公权力的运行，亦存在异化的可能，因而其也应当以"法治化"的样态存在。行政自我规制的特殊性决定了其法治化包含两个层面：形式意义上的法治化，即获得法律的认可或者确认；实质意义上的法治化，即接受法治精神和原则的约束，遵循法治的惯常路径以实现自身的合法性。这两种法治化路径有机结合，可以确保行政自我规制符合法治的精神，进而使行政自我规制获得持久的生命力。

第一节　行政自我规制法治化概论

具有"工具价值"的概念为我们沟通提供了帮助，但是概念本身的不确定性又可能成为我们思维的桎梏。当我们冷静反思一些概念的时候，会发现那些原本在学界已经"泛化"的概念，却没有几个人准确地进行定义。"法治化"这个在学界出现频率非常高的概念，似乎早已成为一种常识，但如果反思一下就会发现，我们所谓的常识其实充满了不确定性。当被问到法治化的内涵和外延、法治化的具体要求是什么时，或许很多人的头脑中会出现空白。

一、"法治化"的原理阐释

（一）法治化的界定

在大多数学者眼中，法治化等同于"法律化"，即由法律制定或者认可，获得法律上的地位即可认为实现了法治化。这种认知虽然有利于"法律的统治"理念的落实，但显然无法与实质法治理念相契合。罗豪才教授曾鲜明指出："法治化区别于法律化，更区别于硬法化。"[1]本书认为，法治化不仅指法律化，还应包括对法治精神、原则进行吸收和引入的过程。因此，不宜将法律化作为判断一项制度法治化的标准。无论西方法治国家还是我国，很多制度或者措施存在于惯例和习惯之中，只要它们能够按照法治的精神和原则对自身进行改造，也可以视为实现了法治化。综上，本书认为，法治化是指某一制度或现象获得法律的确认和认可，或者吸收法治的精神、原则和要素进行自我合法化的过程。

（二）法治化的分类

法治是一项系统工程，包含不同的要素，如法治精神、原则、实定法规则等。因而，法治化可以在不同层面上进行。根据法治包含的不同要素，可以将法治化分为：形式意义上的法治化和实质意义上的法治化。

1. 形式意义上的法治化——法律化

法律化是法治化最常见、最基本的形式，即通过法律形式制定或者认可某一制度或者现象，使其具备相应的法律地位。法律化的生成逻辑比较简单，主要靠立法或者修法。法治首先是指法的统治，法律是法治的基础，因而法治化的基础路径是法律化。法律化作为一种法治化路径，具有以下优点：第一，能够提高制度和现象的权威性和有效性。第二，生成的方式和程序比较简单，且效果比较明显，成本与收益成正比。第三，法律化能够提升制度或者现象的明确性和稳定性。

当然，法律化也存在一定的局限性：第一，并不是所有的制度和现象都适合法律化。比如，纯粹调整道德和精神世界的规则和制度便不适宜法律化。[2]法律是万能的，不能包揽一切，需要有所为有所不为，否则法律就将沦为泛滥的洪水，不仅无法浇灌人们心中的良田，反而会成为人们言之色变的灾难。其次，法律资源是有限的，在特定的时空范围内，其不可能容纳所有的制度和现象。鉴于资源的有限性，应当将有限的资源用在更需要的地方。法律资源的有限性体现在两个层面：时间的有限性和法律空间的有限性。立

---

〔1〕　罗豪才、宋功德："认真对待软法——公域软法的一般理论及其中国实践"，载《中国法学》2006年第2期。

〔2〕　虽然西方国家有伦理立法的实践，但是，其本质上主要针对的还是行为主体行为的调控。

法者的时间是有限的，法律文本空间也是有限的，因而立法者不可能制定过多的法律，而法律也不可能承载太多的内容。

　　既然法律化既有优点又有缺点，那么法律化就不可能是法治化的唯一路径。与主动建构意义上的法律化相区别，还有一种形式意义上的法治化，主要是指根据法律对自身进行调整，使自身行为或制度符合法律的要求，从而纳入法治框架之下的一种法治化形式。这种法治化的路径与守法的路径相似，但并不完全一致。守法是一种消极意义上的合法状态，而法治化则是基于法律规定而进行的主动契合过程，主要是对相应制度进行调整，其必然包含法律因素的吸收和借鉴。总而言之，这种意义上的法治化是指主体吸收借鉴实定法的规定，使自身的行为合法，进而将自身纳入法治框架下的过程。

　　2. 实质意义上的法治化——法治精神、原则和要素的吸收

　　除了形式意义上的法治化，还有一种实质意义上的法治化。实质意义上的法治化不要求运用立法的手段将特定制度和现象进行法律化，其强调吸收法治的精神、原则和要素对某一制度或者现象进行调整和改造，从而使制度和现象因为融入了法治的要素，在法治的框架下运行。实质意义上的法治化具有特殊的优点：首先，实质意义法治化的包容性更强。与法律的适用范围存在局限性不同，法治精神则可以渗透到更为广阔的领域，因而其具有更强的包容性。某些不适合法律化的领域和事项，完全可以通过引入法治的精神进行改造。比如，行业自治组织内部的管理制度和规定，基于其自治性并不适宜法律化，但也可以引入法治的精神。其次，实质意义上的法治化可以避免"恶法之治"。实质意义上的法治化并不要求盲目追求法律化，当一项制度包含法治的精神和原则，便可使该制度和现象确立实质的合法性。相反，盲目追求法律化，反而可能导致法律成为"恶法"。

　　3. 形式法治化和实质法治化的契合

　　一般而言，形式法治化过程中应当吸引实质法治化的因素，但实质法治化并不必然要求形式法治化。对于某些并不适于形式法治化或者不适宜全面形式法治化的事项，完全可以仅遵循实质法治化的路径。形式意义上的法治化如果没有法治原则和精神的嵌入，则可能陷入"法律工具主义"的误区，因为没有法治精神的嵌入的法律就只是一种死的规则，法律本身的正当性和正义性就无法得到保障。因而一般而言，仅有法律是不够的，法律化只是基础层面的法治化，还需要实质法治精神的检验和修正。然而，实质法治化却

具有一定的独立性。虽然在大多数情况下，实质法治化与形式法治化相伴而生，形式法治化为实质法治化奠定制度基础和框架结构，但是，有些领域基于其自身的性质，并不适合法律化。比如，道德范畴或精神层面的行为或者现象。实质层面的法治化则具有较大的灵活性和包容性，对于某些不适合法律化的规定、规则、制度等，可以通过引入法治精神和原则等要素，使该事物获得实质的合法性。

（三）实质法治化的要素

形式法治化的要素主要是法律规范，这一点应该没有太大分歧。实质法治化的要素具有抽象性、包容性和灵活性的特点，需要专门讨论。本书认为，实质法治化不仅包括法治精神和原则的吸收和整合，还应包括法治要素的适用和实践。法治精神和原则[1]是实质法治化的核心要素。两种法治化中共通的要素为：原则、规则、程序和责任。这四个要素构成了法治的基本框架和逻辑层次，相互配合推动法治秩序的建立。至于文化、主体等是法治的支撑，而不是法治的基本要素。

1. 原则。从法治层面看，原则包含法定原则和非法定原则，是一种比较灵活的行为指南或精神导向。无论是法定原则还是非法定原则，都内嵌着法治精神，因而属于法治的重要一环。通过原则的治理，是法治的重要方式之一。原则有助于规则的解释和实施，同时，原则本身也能适用于具体的案例，从而维护法治秩序。因而，原则之治是实质法治的基本要素之一。

2. 规则。规则是明确的行为指南，其也包含法定规则和非法定规则。规则是法治秩序建立的主要支撑。无论规则本身是否法律化，只要其包含法治的精神和原则，那么它的适用就能促进法治秩序的形成。规则是法治的关键因素，规则之治也就构成了法治的核心。无论是形式法治还是实质法治，通过规则进行治理都是必然要求。

3. 程序。法治意义上的程序具有内在和外在双重价值，可以有效防止恣意和懈怠，这一点在行政法治中更加明显。对于程序之治的重视，使得法治显著不同于其他治理理念。程序之治在两种层面法治化中的表现为：在形式法治层面，通过法律建构科学严谨的程序，以更好地规范公权力主体行为；在实质法治层面，遵守正当程序原则被认为是自然正义的要求。程序构成法

---

〔1〕　这里的原则是最根本的原则，与法治精神处于同一层面。

治系统中不可或缺的元素，推动了法治特别是行政法治的发展。

4.责任。责任在法治语境中是一种束缚，同时也是一种动力机制。法治目标的实现、法治秩序的维持都依赖于责任的建立，因而责任是法治体系中不可或缺的因素。因为责任往往意味着不利后果的承担，因而责任原则上应当是法定的。当然，责任法定主要是对公民而言的，对于公权力机关，实质法治允许其承担一定的法外责任，比如政治责任和伦理责任。当然法外责任也必须符合法治精神，不应设定超出人权、平等、理性等核心价值的责任。

法治的四要素是法治得以建立和维系的内在构造。四个要素之间的合理组合和有效配合有助于法治目标的实现。因而，实质意义上的法治化除了需要践行法治精神和原则之外，还应当将四个要素融入制度或者实践当中。通过四个要素的有机组合实现自身的合法化。法治精神和原则的抽象性使得实质法治化路径可操作性较弱，而践行法治的要素则比较具体客观。对于一些不适宜法律化的现象和制度，可以通过对法治外观的模仿提升其合法性，从而纳入法治体系之中。

二、行政自我规制法治化的必要性和可行性

行政自我规制是行政主体对自身行政权的规范和控制，这种"自律性"控权机制与法治的"他律机制"属性之间存在一定的张力，因而"行政自我规制法治化"这一命题可能是一个伪命题。为了证成这一命题，需要讨论一下行政自我规制法治化的必要性和可行性问题。

（一）公权力本质

行政自我规制本质上是公权力的运行，其活动属于内部行政行为，因而应当在法治框架下运行。法治意味着任何权力都应当合法行使，不得违反法律的明确规定和法治的精神、原则。尽管行政自我规制是行政主体自我控权的过程，但是其本质上仍然需要行使一定"权力"来实现规范和控制的目的。既然行政自我规制是公权力的运行，那么必然要求将其纳入法治的框架之下，否则就可能出现恣意和侵权，毕竟任何权力都可能会被滥用。现代社会中，任何权力的存在和行使都面临着合法性考验，而合法性的重要保障即在于实现法治化。另外，行政自我规制过程中包含多重关系，诸如上级行政主体与下级行政主体、行政主体与公务员、部门领导与公务员之间的关系等，这些关系中除了法定关系之外，还包括服务与合作关系，都应当遵循民主与法治

的原则。[1]行政自我规制的公权力性质决定了应当将其纳入法治的轨道上运行。

（二）侵益的可能性

从现实来看，行政自我规制的措施和制度会对公务员甚至行政相对人的权益产生直接影响。对行政自我规制措施的放任，可能为其侵害公务员甚至行政相对人合法权益留下空间。本书第三章提到的"嘉禾拆迁案"中出现的"四包两停"工作责任制、行政主体制定的违法执法指标制度等都对相关主体产生了实质上的损害。为了防范行政自我规制过程中出现侵益的情况，应当将其纳入法治框架内。因为法治的核心要义之一即在于规范和控制权力，保护公民权利，因而将行政自我规制纳入法治化轨道，可以借助法治的手段对行政自我规制措施和制度等产生一定的约束，防止侵益行为的发生。换言之，法治本质上是一种约束机制，既然行政自我规制有侵益的可能性，那么其就应当接受法治的约束。

（三）通过法治化增强有效性

行政自我规制的法治化有助于增强规制措施和制度的有效性。虽然法治化主要解决的是制度合法性问题，但人的内在心理机制促使那些实现法治化的制度和现象拥有更大的效力。[2]在某种意义上，"合法性"具有很强的道德属性，某一现象或者行为具备合法性，便更容易得到人们的认可和接受。因而通过法治化，行政自我规制的措施和制度可以获得当事人的认可和信任，从而更愿意接受这一制度和措施的约束。故而，行政自我规制法治化不仅可以解决"合法性"问题，从实际的作用来看，还有助于增强行政自我规制的实质约束力。另外，在法治语境下，任何公权力要想获得持久的权威性都必须以合法为前提。理论上，制度的权威性并不等同于有效性，然而，有效性却对权威性具有非常强烈的依赖。原因就在于权威性是一种内心体验，规则的实施和遵守归根到底是需要人内心的认可和接受的，权威性意味着强烈的、积极的和正面的内心确信，促使行为主体更愿意接受权威制度的约束。

（四）行政自我规制与行政法的契合性

行政自我规制法治化之所以可行，在于行政自我规制与行政法特别是行

---

〔1〕　叶必丰：《行政法的人文精神》，北京大学出版社 2005 年版，第 182 页

〔2〕　正如心理学研究已经证明的那样，在确保遵守规则方面，其他因素如信任、公正、信实性和归属感等较强制力更为重要。

政法治具有高度契合性。行政权的规范和制约是传统行政法与行政自我规制理论共同关注的焦点。尽管二者的控权路径有所不同，但二者在核心目标上的契合性使得行政自我规制可以纳入行政法的范畴内。如果要将行政自我规制理论和实践嵌入行政法框架内，那么必须按照行政法的理念、精神、原则和要求对行政自我规制理论进行改造，使其能够与行政法治要求相契合。应该说，行政自我规制是一种自我控权机制，强调自律和自我约束，而法治本质上是一种他律，但这种张力的存在并不是行政自我规制法治化的障碍。因为作为一种制度化的自控机制，行政自我规制完全可以遵循法治的路径，只是其内容和目的具有自制性而已。

行政自我规制是一项系统工程，因而需要各种手段和方式来实现规范和控制行政权的目的。因此，在行政自我规制过程中，不排除行政主体运用法律规定的手段和制度进行自我规制。

三、行政自我规制法治化的路径选择

"法治化的过程，无论是自发生成的还是理性建构的，都是一个多样化的法治化模式中选择适合自身模式的过程"。[1]行政自我规制的公权力属性要求其应当进行法治化，但其所具有的自制特性又决定了其法治化路径应当有自身的特点。从这个意义上讲，行政自我规制不可能完全法律化，否则，就不再是自我规制，而变成了他制，最终失去自身的独立性。当然，行政自我规制也同样需要具备形式合法性，因而行政自我规制法治化的基本路径选择是：以形式法治化为前提；以实质法治化为核心。

（一）形式法治化为前提

行政自我规制的自律性决定了其不宜进行彻底的法律化，但并不意味着其完全拒绝法律化。理论上，形式法治化是法治化的基础形态，因而法治化路径选择上应当优先选择形式法治化，只有确认某一制度或者机制不适宜形式法治化时才有必要选择其他形式。根据上述原理，行政自我规制的法治化也应当优先考虑形式法治化。基于行政自我规制的特点，其形式法治化包含两个方面：其一，通过法律化，赋予某些行政自我规制的制度和措施以法律地位；其二，行政自我规制制度和实践能够在实定法的框架下运行，行政自

---

〔1〕 罗豪才、宋功德：《公共治理呼唤软法之治》，法律出版社 2009 年版，第 233 页。

我规制的制度、措施和过程不得违反法律的禁止性规定。需要强调的是，形式法治化不是行政自我规制的全面法律化，而是对其法律地位的适当认可、对某些行政自我规制措施的法律确认以及对行政自我规制实践的法律规制。行政自我规制形式法治化的总体目标是实现行政自我规制的形式合法性，借助法律手段提升行政自我规制措施的权威性和有效性。

（二）实质法治化为核心

作为一种自律性控权机制，行政自我规制的路径、方法和手段不可能完全法律化，否则行政自我规制将被虚置，过分的法律化反而可能折损自我规制制度的灵活性和有效性。而且，法律本身的局限性决定了其不宜覆盖所有的行政自我规制现象和制度。对于部分行政自我规制的制度和措施，只要其没有违反法律的禁止性规定，则没有必要进行法律化。对于无法实现法律化的内容，则应当推进其实现实质法治化。行政自我规制法治化的核心是实质法治化，即运用法治精神、原则和相关要素对行政自我规制方式、过程和手段等进行适度改造，使其符合法治的要求并进而获得合法性、权威性和有效性。

第二节　形式意义的法治化

在行政自我规制领域，形式意义上的法治化主要是指行政自我规制的边界问题，即行政自我规制获得形式合法性的过程及状态。周佑勇教授认为，行政自我规制不宜过分强大，否则可能会导致一种新的行政专断，最终会使立法与司法的功能大打折扣。[1]行政自我规制的形式法治化主要是指：行政自我规制在宪法框架下运行；法律地位获得确证；法律手段的借助，总的指向是行政行为符合形式合法性要求。

一、宪法框架下运行

行政自我规制的形式法治化首先要符合一定的外部边界，即在宪法框架下运行。宪法框架下运行的前提是宪法为行政自我规制留有一定的空间，并且为其设定了边界。

---

〔1〕 周佑勇："裁量基准的制度定位——以行政自制为视角"，载《法学家》2011年第4期。

（一）行政自我规制的宪法空间

行政自我规制与宪法具有相似的关注点，即对行政权的规范和制约。这种作用方向的相似性决定了宪法和法律必然为行政自我规制留下更大的空间。宪法和法律对于行政自我规制措施和行为的要求显然低于外部行政措施。换言之，行政自我规制与宪法、法律相同的价值取向，使其不需要严格遵守"无法律则无行为"的原则，可以有比较大的"自治"[1]空间。宪法、法律不仅为行政主体的外部行政行为设定了外在边界，而且设定了更为严格的运行规则：外部行政行为不仅不得违反法律的禁止性规定，而且还应当有明确的法律依据，否则就是"越权行为"。行政自我规制是自我限权，是行政主体向内用力，因而法律没必要为其设定严格的运行规则，只需要在宏观上为其设定一定的边界即可。在边界内，行政主体拥有比较大的自主决定权。

（二）行政自我规制的宪法边界

行政自我规制宪法空间的存在使其形式合法性的要求不同于行政主体的外部行政行为。原则上，行政自我规制不要求严格的法律依据和授权，不需要严格遵循法律的规定，只要不突破宪法的边界即可。宪法的边界包含三个层面：禁止性规范边界、法定权利边界和宪法精神边界。

1. 禁止性规范[2]边界。行政自我规制最基本和最明确的边界是宪法、法律的禁止性规定。与授权性规范和义务性规范相比，禁止性规范的突出价值在于设定权利或者行为的明确边界。尽管宪法、法律一般不为行政自我规制设定具体的义务、授予相应的权力，但是宪法、法律中的禁止性规定是行政自我规制必须遵守的。比如，宪法第 40 条规定，禁止任何人侵犯公民的通信自由和通信秘密，[3]这就属于禁止性规范，行政主体在进行自我规制时不得以侵犯被规制主体的通信自由和通信秘密的方式进行。禁止性规范是行政自我规制的最基本边界，也是必须要严格遵守的边界，否则就属于违法的规制行为，行政自我规制制度和措施原则上无效，造成严重后果的，还需要承

---

〔1〕 尊重自治是法治的基本原则，对于纯粹自治的事情，法律原则上尊重主体的意志，不做过多干预。

〔2〕 禁止性规范主要是宪法、法律规定不得为一定行为的规范。

〔3〕 《中华人民共和国宪法》第 40 条规定："中华人民共和国公民的通信自由和通信秘密受法律的保护。除因国家安全或者追查刑事犯罪的需要，由公安机关或者检察机关依照法律规定的程序对通信进行检查外，任何组织或者个人不得以任何理由侵犯公民的通信自由和通信秘密。"

担相应的法律责任。

2. 法定权利边界。理论上讲，宪法乃法律设定的权利就是行政机关或者他人的义务，也就为义务人的行动设定了边界。权利分为基本权利和一般权利，这些权利的重要性不同，法律保护的力度亦存在差异。被规制主体[1]的法定权利客观上为行政主体的规制行为设定了边界。行政主体进行自我规制时，原则上不得侵害被规制者的法定权利，否则将被认定为违法行为。比如，《中华人民共和国公务员法》第 15 条规定公务员享有以下权利：获得履行职责应当具有的工作条件；非因法定事由、非经法定程序，不被免职、降职、辞退或者处分；获得工资报酬，享受福利、保险待遇；参加培训；对机关工作和领导人员提出批评和建议；提出申诉和控告；申请辞职；法律规定的其他权利。公务员的上述权利不得被随意剥夺。

当然，法定权利边界并不是非常严格的，而是具有一定灵活性。行政主体进行自我规制必然会涉及被规制者权利的限制和剥夺，因而过于严格的权利边界是不现实的。面对法定权利，行政自我规制应遵循以下原则：首先，区分权利的重要程度，对于基本权利（比如人身自由、人格尊严）是绝对不能限制和剥夺的；对于一般权利的限制和剥夺以必要为限度。比如，公务员的隐私权和名誉权，原则上受到较大的限制。此外，应当遵循比例原则，即对权利的限制应当以必要、适当为限，不能超过合理的限度。

3. 宪法原则和精神边界。宪法的原则和精神是蕴含于宪法之中，统领整部宪法的核心要素，是宪法实质约束力和控制力的保障，是宪法明文规定的有效补充。宪法原则和精神是更高位阶的法，是法治的最后保障。有些行政自我规制措施尽管法律并未明确禁止，但是如果其违背了宪法的精神和原则也应当是无效的。比如，平等、民主和理性等都是宪法的重要精神追求，行政自我规制措施如果违背了上述这些精神，也是违法的，应当避免。

二、法律地位的确证

法律与行政自我规制属于不同的知识体系，但并不意味着二者泾渭分明，没有任何联系。事实上，行政自我规制制度与行政法在价值目标上的相似性，决定了二者存在天然联系。尽管行政自我规制不是法律，原则上也不属于法

---

[1]　包括公务员、行政组织和下级行政主体。

律机制，但是不妨碍法律对于行政自我规制现象进行调控，法律可以为行政自我规制进行正名：自治性的控权机制可以通过法律的认可和确认产生权威性。

（一）"自治行为"法律化的实例

行政自我规制作为行政主体进行自我规范和控制的系统工程，其内容显然属于"自治"范畴。但这并不妨碍其作为独立的控权机制而获得法律的确认。毕竟，行政法是解释行政活动合法性的知识系统。[1]在这方面，我国已经有一些立法例。例如，虽然自治是基层自治组织的基本原则，但为了更好地保障其自治地位和自治权利，国家制定了《村民委员会组织法》和《居民委员会组织法》作为宪法性法律来规范和保障村民或居民自治。两法均开宗明义以保障村民和居民自治为目的。[2]通过组织法保障村民、居民自治的立法例表明自治的事项也可以得到法律的确认和保障。理论上，行政自我规制的自治性显然低于村民自治和居民自治，既然后者都可以得到法律的认可和保障，以制度化控权为主要特征的行政自我规制原则上也可以得到法律的认可和保障。换言之，法律对行政自我规制进行规定和确认，在理论上和实践上并不存在太大障碍。

（二）"行政自我规制示范法"——立法进路的尝试和踯躅

无论在大陆法国家还是在英美法国家，居于行政法中心的都是对政府权力的法律控制。[3]作为具有公权力色彩的制度化控权机制，行政自我规制需要法律的支撑和保障。行政自我规制的各项措施和制度不可能全部法律化，但是行政自我规制作为一种现象可以获得法律的认可。为了确认行政自我规制的法律地位，保障和制约行政自我规制行为，可以尝试制定一部《行政自我规制示范法》（以下简称《示范法》），该法的基本内容包含：行政自我规制的原则、行政自我规制的示范措施、行政自我规制的禁止性事项和行政自我规制的激励和保障措施等。《示范法》的目的不是使行政自我规制全部法律

〔1〕 王锡锌："英美传统行政法'合法性解释模式'的困境与出路——兼论对中国行政法的启示"，载《法商研究》2008年第3期。

〔2〕《中华人民共和国村民委员会组织法》第1条规定："为了保障农村村民实行自治，由村民依法办理自己的事情，发展农村基层民主，维护村民的合法权益，促进社会主义新农村建设，根据宪法，制定本法"。

〔3〕［印］M·P·赛夫：《德国行政法——普通法的分析》，周伟译，山东人民出版社2006年版，第4页。

化，而是更好地保障行政自我规制的进行，同时，也可以对行政自我规制的合法性进行制约。换言之，《示范法》主要作为一种宏观的架构对行政自我规制现象提供总体性的指导。

三、法律手段的借助

行政自我规制和法律规制的相同指向决定了其具有一定的同构性，因而某些手段具有通用性。比如，行政法规定公务员特定行为的责任，行政主体进行自我规制亦可以准用这一规定。行政主体进行自我规制不限于自己创设的制度和措施，也可以借法律规定的控权手段来实现自我规制的目的。在法治语境下，法律规定的制度和措施具有较高的权威和理性，借助法律手段实现行政自我规制具有一定的价值：首先，可以凭借法律手段的权威性，提升行政自我规制的有效性。其次，法律一般具有民意基础而且富含理性，因而更容易得到被规制者的接受，从而减少其对于行政自我规制措施的抵触。最后，借助法律手段可以显著提升自身的合法性。行政自我规制需要合法性证成，而法律手段的引入就为其合法性奠定了基础。

当然，法律措施和制度毕竟不是为行政自我规制创设的，一般都有明确的适用范围和条件，因而行政主体在适用法律制度、手段和措施进行自我规制时必然要进行适当的转化和调整，以使其符合行政自我规制的要求。需要警惕的是，这个过程中很容易出现将法律工具化的危险，因而借助法律手段应当以必要和适当为原则，不得违背法治的精神和原则，不得对法律制度和措施进行扭曲，否则不但起不到很好的规制效果，反而会折损法律的尊严。

总体而言，形式法治化是行政自我规制合法性的基础形式，但是行政自我规制本身的特殊性决定了形式法治化具有很大的局限性，其只能提供一种框架性的合法化，具体路径意义上的合法性有赖于实质意义上的法治化。

第三节 实质意义的法治化

如果说形式意义上的法治化只是为行政自我规制合法性提供一个基本框架的话，行政自我规制内在的合法性实现则需要经历一个实质法治化过程。具体而言包含三个层面：法治精神的规训、法治要素的嵌入和正规化。其中，未经法律化的原则之制、规则之制、程序之制、责任之制是实质法治化的关键要素。

一、法治精神的规训

法治精神和原则是法治的灵魂，其可以并应当渗透到现实世界的任何角落。精神和原则的至高性和普适性决定了，即使不是法律现象的行政自我规制也可以吸收法治精神，并应当主动接受法治精神的规训。行政自我规制应当在以下三个方面接受法治的规训：首先，提升行政自我规制的理性。法治是理性精神的体现，行政自我规制亦应当体现理性的一面，行政自我规制措施的制定、实施和保障方面都应当融入理性因素。其次，无论是行政惯例、行政政策、自律规范还是专业标准，任何类型的行政自我规制措施的创制与运行，都只能发生于现行的宪法框架之中，不能越乎其外，更不能置于其上。最后，应当崇尚宪法法律至上，弘扬法治精神，体现并捍卫平等、正义、自由等法治价值，同时应当接受普适性法律原则的约束，诸如法律保留原则，法律优先原则，法制统一原则，公开、公平、公正原则，程序正当原则，合理性原则，诚实信用原则，权力监督与权利救济原则等。唯此，行政自我规制才有可能做到富有弹性却又不违反宪法规定、机动灵活而又不悖法治原则、求真务实而又不失法治目标。〔1〕

二、原则之制

任何规则的僵化都会产生新的专制，行政自我规制亦不例外。原则是法治的基本要素之一，行政自我规制的法治化要求行政自我规制的过程应当遵循一定的原则。这里的原则包括：法律原则和非法律原则。〔2〕关保英教授指出，若以行政权的自我控制理论构设行政法治原则的话则需要引入另一套原则体系，它至少应包括：行政自律原则〔3〕和自然公正原则。本书认为，行政自我规制首先应当是原则之制，一方面应当遵守法定原则；另一方面应当遵

---

〔1〕 罗豪才、宋功德："认真对待软法——公域软法的一般理论及其中国实践"，载《中国法学》2006 年第 2 期。

〔2〕 功能主义在本质上是一种原则之治。行政自制也并非不受法的约束，只不过这种法的约束主要来自于法律原则，因此行政自制应当是以法律原则为取向的自我控制。

〔3〕 所谓行政自律原则就是指行政主体在行使行政权时必须有高度的自律意识，最大限度地进行自我控制，而不能被动地接受外在力量的控制，这一原则还要求行政主体在行政执法时必须强调德性，将依法行政与以德行政结合起来。

守行政自我规制领域的特有原则。原则之制有助于实现行政自我规制的合法性。由于原则之制是法治的要素之一，行政自我规制引入原则之制可以使其与法治语境相契合。除了法定原则之外，行政自我规制的特有原则还包括以下几项。

（一）参与原则

行政自我规制是行政系统内部的自控机制，是行政主体内部各要素之间（各职能处室之间、领导成员与普通公务员之间以及普通公务员相互之间）的博弈过程。行政自我规制规则和原则的制定相当于在设定博弈规则。为了防止博弈规则的失衡，有必要使博弈主体都能参与行政自我规制规则的制定过程。参与原则在此主要是指行政自我规制的规则制定和实施过程中应当积极引入参与机制，让所有利害相关人均有机会表达自己的意见，并且积极听取行政主体内部各成员的意见。同时，为了提高行政自我规制的科学性，应积极听取专家和行政相对人的意见。

在行政自我规制领域，参与原则主要体现在两个方面：1. 行政人员应当参与规则的制定。前文已经提到行政自我规制权源之一在于"公务员的同意"，但是这种同意只是默认的同意，并不意味着内心的接受和服从。行政人员参与行政自我规制规则的制定，一方面可以广开言路，提升制度和措施的理性；另一方面则有助于增强公务员对于规则的可接受性。当然，从"任何人不能做自己案件的法官"这一自然公正原则的要求来说，行政人员作为被规制的对象，其不能成为规则制定的决定者，只能扮演意见的表达者和理性知识的传递者。2. 行政人员应当对决策具有话语权。行政主体内部的对峙和平衡是行政自我规制产生实质效力的重要保障。对峙和平衡局面的出现，有赖于行政人员获得更多的话语权。行政人员对决策具有话语权一方面是行政民主的体现，另一方面也是行政权内部制衡的保障。为了增强行政人员的话语权，应当保障行政人员在行政决策过程中的参与。行政人员享有行政决策的话语权，可以使行政决策更加理性，而且可以对负责人产生一种制约，因而是非常必要的。当然，确保话语权行使的真实性和有效性，还需要有效的机制建构。

（二）非强制性行为优位原则

弱化行政行为的强制性是行政权发展的趋势，是行政自我规制的一种体现，因为它意味着行政主体试图控制自身的力量，减少对于行政相对人的直接侵害。詹姆斯·安德森指出，"行政机关应当尽可能少地选择强制和粗暴的行为，对限制和强制手段的适用应当遵循一种过度节省的原则"。[1]宋功德教授则认为：为了确保公民自由的实现，行政法必然要通过控制强制性行政的非理性扩张来减少强制与自由的对立。[2]实践上看，部分地区开始将非强制行政行为作为一种重要的机制进行建构。比如，吉林省吉林市推行的工商系统非强制行政管理改革，其直接依据是原吉林市工商局制定的《推进非强制行政管理体系建设三年规划（2006-2008）》。在该规划中，规定了非强制行政行为的具体形式，包括行政指导、行政调解、行政信息服务、行政合同以及行政奖励，设计了十项非强制行政执法机制，明确了非强制行政执法的六个重点，确定了非强制行政行为正当性的五项标准，上述改革在全国范围内具有示范作用。

就本质而言，非强制行政行为具有自我约束性，是行政主体在积极消解行政权所带来的消极后果过程中所形成的"反思性监控"机制。[3]行政主体应当建立非强制性行为优位原则，通过践行该原则控制自身力量，降低侵益性行为发生的概率。该原则的基本要求是：1. 对于特定的行政目的，强制性行政行为和非强制性行为都能实现的，应当采用非强制性行为。2. 对于仅能适用强制性行政行为实现目标的情况，在强制性行为之前亦应当引入一些非强制的手段，尽量弱化行政行为的强制性。比如，对于某些违法行为，在进行行政处罚前可以先进行说服教育和指导。为了实现某种行政目的，行政主体可以视具体情形自我控制，比较方便地在强制性与非强制性行为之间来回切换，刚柔并济。[4]3. 非强制性行政行为应当以一定的形式予以明确化和成文化，[5]从而使非强制性行政行为更加具体，提升其可操作性。另外，应当明确非强制性行政行为的强制约束力，这里的强制约束力不是针对行政相对人，而是针对行政主体及其公务员。

---

〔1〕 ［美］詹姆斯·E·安德森：《公共决策》，唐亮译，华夏出版社1990年，第172页。

〔2〕 宋功德：《行政法哲学》，法律出版社2000年版，第66页。

〔3〕 ［英］安东尼·吉登斯：《社会的构成》，李康、李猛译，生活·读书·新知三联书1998年版，第42页。

〔4〕 宋功德：《行政法的均衡之约》，北京大学出版社2004年版，第356页。

〔5〕 实际上，各国对非强制行政行为的规范主要依赖的是行政机关所制定的各种自制性的内部行政法，如纲领、指南、政策、指导基准等。参见卢护锋："行政自制理论视角下的政府行为方式研究"，载《湖南社会科学》2011年第3期。

（三）行政自我拘束原则

行政自我规制是行政主体对自身行为的约束，其中一个重要表现是对反复无常的禁止。行政主体对于先前作出过的行政行为和行政决定，如果没有特别的理由，应当受先前决定的约束，在今后的案件中适用相同的决定。[1]这一原则被称为"行政自我拘束原则"。行政主体不能反复无常，应当给予行政相对人以合理的预期，行政自我拘束原则的规范意义体现在：第一，增强行政行为效果的可预期性，即行政相对人应当能够根据行政主体原来的行为预测其可能做出的行为。第二，提升行政行为的公正性，防止同错不同罚的情况发生。第三，夯实行政主体的公信力，行政主体遵循自我拘束原则，代表着对过去的尊重，表现出一种守信的形象。

行政先例制度、行政执法案例指导制度[2]和行政惯例制度是行政自我拘束原则的制度化，上述三种制度都强调行政主体应当受到过往行为的约束，从而使自身行为得到一定的规制。行政自我规制语境中的行政自我拘束原则要求：第一，应当认真总结执法经验，将执法经验类型化，确保先前的行政决定具有可查性。第二，行政主体应当参照先前的行政决定对同类事项作出相同的决定。第三，行政主体如果认为先前的决定不合理或者已经过时，则可以不遵守过往案例，但是应当承担说明理由的义务。如果行政主体的行政决定未遵守行政自我拘束原则，并且没有适当的理由，那么该决定就有被撤销或者确认违法的风险。

（四）公开原则

公开是现代法治的重要精神和原则，诚如戴维斯教授所言："公开是恣意与专横的天敌；公开是与非正义进行战斗的天然盟友。"[3]因而，行政自我规制亦应当遵循公开原则。行政自我规制中的公开原则包含两个层面：一是作为行政自我规制内容的公开原则，即行政主体通过主动公开接受外界监督从而实现自我规制；二是作为保障规制有效性的公开。

首先，作为内容的公开原则要求行政主体不仅按照法律、法规规定履行公开义务，而且能够将公开作为行政自我规制的重要方式，即通过主动的、

---

〔1〕　杨建顺："论行政裁量与司法审查——兼及行政自我拘束原则的理论根据"，《法商研究》2003年第1期。

〔2〕　胡斌："行政执法案例指导制度的法理与构建"，载《政治与法律》2016年第9期。

〔3〕　[美]肯尼斯·卡普尔·戴维斯：《裁量正义》，毕洪海译，商务印书馆2009年版，第132页。

更为严格和全面的公开来打造透明政府和透明行政。正如本书第三章提到的"白庙乡裸奔式公开"的例子，行政主体对自身提出更高的公开要求、采取更全面的公开措施，对内有助于形成压力机制，对外有助于回应现代社会对于透明行政的诉求，构成了行政自我规制的重要内容。

其次，作为有效性保障的公开原则，要求行政主体主动公开自我规制的制度和措施。公开的意义在于：第一，行政自我规制的公开使行政主体产生内在压力机制。行政自我规制措施的公开意味着行政主体向社会做出了一种承诺，这种承诺可在一定程度上转化为内在压力，迫使其主动实施一定的行为。第二，行政自我规制制度和措施的公开，可以使社会公众有机会了解这些措施，进而利用各种途径监督行政主体遵守上述措施。因为行政自我规制措施和制度是为了规制行政权，以更好地维护公共利益、保护公民权益的制度，因而社会公众具备监督的积极性。

综上，行政自我规制中的公开原则内容是丰富的，对行政主体提出了两方面要求：积极主动地公开相关事项，塑造透明政府的形象；主动将行政自我规制措施和制度以各种途径和渠道向社会公开，接受公众监督。

三、规则之制

无论对于行政法还是公共行政，可问责、无偏私和公正都是人们关注的焦点。作为对这些关注的回应，政府发展出了伦理守则和政策指南以控制公共官员的行为和决定。[1]法治主要是"规则的统治"，即规则在法治中起到了核心作用，这一点在行政法治中体现得更为明显。正如哈耶克所言，"假如去除技术性概念，法治就意味着所有的政府行为都要受到制定好的、事前宣布的规则约束，而规则本身应当具有可预测性"。[2]规则是法治的核心要素，因而，行政自我规制的实质法治化亦应当坚持规则之制。[3]这里的规则之制是指行政主体通过制定规则来规范行政权的过程与结果的总称。戴维斯曾指

---

〔1〕〔加〕洛恩·索辛、查尔斯·W·斯密斯："艰难选择与软法 伦理守则、政策指南和法院在规制政府中的作用"，载罗豪才、毕洪海主编：《软法的挑战》，商务印书馆 2011 年版，第 220 页。

〔2〕周天玮：《法治理想国——苏格拉底与孟子的虚拟对话》，商务印书馆 1999 年版，第 80 页。

〔3〕"规则之治"实际上是"法治"（the rule of law）的延伸，其指向当前公共事务的治理规则，有相当部分是行政机关制定的，而不是立法机关制定。本书强调的"规则之制"是通过规则制定来实现行政自我规制，这里的规则主要是行政机关制定的，而非立法机关。

出："限制裁量权的主要希望不在于颁布法律，而在于更广泛地制定行政规则，立法机关需要更多地敦促行政官员积极制定规则。"〔1〕戴维斯教授的观点表明了行政主体通过制定规则实现控权的必要性。

（一）规则之制的价值

关保英教授认为："行政主体通过制定符合自身运行规律的规则使自身权力行使不通过外在力量就可以实现良性化；另一方面，让其依据自身的规则主动地判定自身行使权力运行中存在的偏差，并且自觉地适用相应的规则进行自我预防和自我审视。"〔2〕与其他规制手段相比，规则之制具有以下优势。

1. 增强自我规制措施的确定性和可预测性。相较于原则而言，规则具有更强的确定性和可预测性，因而通过制定规则来实现行政自我规制，能够增强行政自我规制措施的确定性和可预测性。规则的确定性能够为被规制者提供明确的行为指向，使其更好地根据规则作出一定的行为。另外，规则的确定性有助于增强行政自我规制措施的可操作性。规则的可预测性是指行为主体能够根据规则了解作出或者不作出一定行为的后果，从而根据规则作出一定的安排。可预测性是法治秩序的基本要素，因为它是安全感和信任感的前提，是行为人作出相应安排的重要标准，有助于降低社会风险，提高行为人采取相应行动的积极性。

2. 实现规范正义与个案正义的衔接。〔3〕正义是法律追求的核心价值之一，但法律中包含的正义只是抽象的规范正义，当其适用到具体个案时，才是现实的个案意义上的正义。规范正义和个案正义之间存在一条或宽或窄的河流需要跨越。行政主体制定行政规则的一个重要目的在于实现规范正义与个案正义的衔接，避免因为规范正义的过分追求而导致个案正义的牺牲。行

〔1〕　[美] 肯尼斯·卡普尔·戴维斯：《裁量正义》，毕洪海译，商务印书馆2009年版，第59页。

〔2〕　关保英："论行政权的自我控制"，载《华东师范大学学报（哲学社会科学版）》2003年第1期。

〔3〕　一般而言，规范正义是个案正义的前提，即只有符合规范正义的法律适用行为才可能实现个案正义，否则，个案正义无从谈起。个案正义与规范正义存在一定的张力，在有的情况下，某一执法行为，虽然符合规范正义，但是却不符合个案正义。之所以这样，就是因为规范正义是一种建立在抽象的、模型化事实要件基础上的，其假定的事实要件往往没有对事实进行细化和区分，其只能提供一种区间，让执法者进行选择。原则上，执法者只要在区间内进行选择，就能符合规范正义的要求。但是，具体到某一个案件时，真正的事实却是存在差异的，这时候，如果任意在区间内选择适用，有可能造成个案的不正义。

政主体通过制定规则约束自身的权力，可以起到沟通法律规范与现实作用，将规范正义顺利传递到个案当中。另外，当个案正义与规范正义出现张力时，通过行政规则的调整来促成个案正义的实现。

3. 规则之制与法治逻辑的契合。法治以规则为核心要素，因而行政自我规制领域进行规则之制实质上是对法治模式的效仿。规则之制与法治核心要素的契合具有非常重要的意义：首先，规则之制可以为行政自我规制提供一种合法化外观。既然法治的重要形式是规则的统治，那么行政主体通过规则来实现自我规制便具有了较强的合法化外观。其次，规则之制与法治逻辑相契合，可以获得较大的权威性和认可度。这种权威性和认可度又在一定程度上提升了行政自我规制的有效性。

（二）规则之制的特点

行政自我规制中的"规则之制"与传统法治意义上的"规则之治"存在较大差别，把握"规则之制"的特点是对其进行理性建构的前提。从行政自我规制的理论和实践来看，行政自我规制中的"规则之制"具有以下特点。

第一，主要要素上，实施"规则之制"的主体是行政主体而非其他组织，而且绝大部分自我规制规则是行政主体自己为自己设定的，有"自己为自己立法"的意思。第二，就目的而言，行政主体制定自我规制规则的目的是为了规范和制约行政权，而不是扩张自身权力或者限缩公民权利。行政自我规制规则是行政主体对自我的束缚和制约，为自身增设权力或者增加公民义务的规则，原则上不能称之为"自我规制规则"。第三，规则的内容丰富、形式多样。行政主体为了达到自我规制的目的可以采用各种措施，这就决定了规则内容非常丰富，且形式多种多样。比如，指南、建议书、标准等。第四，行政自我规制的规则主要是内部行政规则。内部行政规则是指上级行政机关向下级行政机关、领导对下属行政工作人员发布的一般——抽象的命令，这种规则既可以针对行政机关内部秩序，也可以针对业务性的行政活动。[1]

（三）规则之制的路径

无论善治还是法治均要求权力在规则下运作，而且这些规则应当精心选取，并受到透明、可问责、参与性原则的约束。为得到被统治者的同意，统

---

〔1〕 ［德］哈特穆特·毛雷尔：《行政法学总论》，高家伟译，法律出版社 2000 年版，第 592 页。

治者实际上必须遵守这些规则。[1]行政自我规制的核心在于规则之制，而规则之制的前提在于理性规则的生成和规则效力的强化。

1. 伦理与技术规则并重

道德的重要性不言而喻，美国国家公共行政管理学院为参议院水门事件委员会所准备的一份报告指出，只有个人自身的道德标准，而非法律才能最好地预防不当的行为。[2]坚持伦理规则与技术规则并重既有必要性又有可行性。必要性体现在道德影响主体的认知和行动，对权力具有一定的约束作用。尽管道德不是一个可靠的控权机制，但是权力行使者的道德素质和修养也是控制其权力或者行为不可或缺的因素。可行性体现在行政自我规制是为自己立法，因而其可以涉及道德层面的规范，而且因为行政主体内部人员数量有限、各成员之间互动密切，形成了一个相对封闭的场域，此时伦理规则可以起到实质作用。

因此，为了强化行政自我规制的效力，应当注重"道德规则化"，明确规定各种道德要求，并辅之以评价标准和惩戒规则。道德规则化的基本原理在于：通过践行道德要求，使外在的行为内化为主体的道德素养，进而提升其道德情操，以使行政自我规制所需要的向"善"诉求的实现和能力的发挥。在这一点上，我国的"礼"制颇具有借鉴意义。礼治本质上是道德规则之治，其基本原理是通过道德规范的实践使德行变成一种习惯，通过习惯塑造人内心的道德，从而使人的德性得以提升，进而约束人的行为。行政自我规制意义上的道德规则化应当注重借鉴礼的精神内核，通过明确公务员的伦理规则和伦理义务，并要求公务员积极践行道德要求以提升其道德素质。中国古代"以礼治吏"[3]的原理在今天看来仍然具有积极意义。[4]至少在公务员系统

---

〔1〕［美］安·赛德曼等：《立法学理论与实践》，刘国福等译，中国经济出版社2008年版，第459页。

〔2〕［美］肯尼思·F·沃伦：《政治体制中的行政法》，王丛虎等译，中国人民大学出版社2005年版，第229页。

〔3〕中国古代强调"礼不下庶人，刑不上大夫"，从实现控制的角度而言，它是指两种人受制于不同的规则，礼是专门控制官员的。

〔4〕中国传统其实与法治并不矛盾，反而具有很大的相容性，即都是"规则之治"。传统中国以礼治天下，礼是比法律更为细化的规则体系，礼的强制性丝毫不亚于法律。这种遵循礼制的传统其实是法治很好的土壤。张千帆：《为了人的尊严——中国古典政治哲学批判与重构》，中国民主法制出版社2012年版，第143~181页。

中，应当建构完善的道德规范系统，通过道德规范的实践来提升领导干部的道德素质，为行政法治提供制度土壤。

2. 实体规则与程序规则并举

在行政法的语境中，程序规则和实体规则一样具有价值，不可偏废，有时程序规则的价值甚至超越了实体规则的价值。作为行政法治的重要组成部分，行政自我规制中的"规则之制"必然是实体规则和程序规则并举的。实体与程序规则并举是指，行政主体在观念上认识到实体规则和程序规则都具有非常重要的价值，不能只强调一种而忽视另一种。具体而言，在规则制定上，应当坚持实体规则和程序规则同步发展、均衡设置，实现实体规则和程序规则的结构性均衡，从而确保两种规则相互配合，形成有效合力，共同指向行政权的规范和制约。

前述"规则"主要是手段意义上的，即作为行政自我规制手段而存在的实体和程序规则。行政主体在进行规则制定时不仅可以创制或者改造实体性规则，而且可以创新和增设程序性规则。两种规则的效力原则上是等同的，即行政主体对于实体规则和程序规则都应当遵守，两种规则产生的约束力也应该趋同。

3. 规则的适当超越性

行政自我规制规则是行政系统内部制定的行动指南，因而更具有针对性和专业性。正因为是"自己为自己立法"，在满足法律规定的前提下，行政主体可以对自身和公务员提出更高的要求，即体现一定的超越性。这里的超越性主要体现在两个方面：第一，对于法律的超越。一般而言，法律规定的只是最低限度的义务，无法完全满足作为个体的行政主体进行自我规制的需要。基于此，行政主体可以在制定规则时提出比法律更严格或者更具体的要求，或者提出法律没有明确提出的要求，以满足自我规制的需要。第二，对于经验的超越。戴维斯认为，"行政人员而不是立法者，最适合制定限制他们自身自由裁量权的必要规则，因为他们最了解实施公共政策中所涉及的具体行政过程"。[1]行政自我规制的规则往往源于行政主体的经验总结，一方面是因为其在经验总结方面独具优势，另一方面是因为经验总结更能满足现实的需要。

---

〔1〕［美］肯尼思·F·沃伦：《政治体制中的行政法》，王丛虎等译，中国人民大学出版社2005年版，第393页。

然而，仅有经验的总结显然是不够的，行政主体还需要在经验总结的基础上，对自我规制的规则进行理性处理，确保自我规制规则不仅符合实际，而且具备制度理性，这样才能更好地发挥规则的作用。心理学研究证明，"在确保遵从规则方面，其他因素如信任、公正、信实性和归属感等远较强制力为重要"。[1]

4. 明确效力规则

规则之作用和价值的实现有赖于实施，而规则的实施又有赖于其效力的强化。规则的实质效力取决于多方面因素，但仅就规则自身而言，明确效力规则是最为直接的保障。根据规则是否具有外部效力，可以将规则分为：仅具有内部效力的规则和具有外部效力的规则。前者如内部绩效评估规则，后者如裁量基准规则。两种不同的规则在约束强度上应有一定差别。

第一，对于仅具有内部效力的规则，行政主体及其工作人员应当遵守，否则该规则便失去了意义。当然，由于仅具有内部效力的规则，行政主体可以比较自由地进行修改和废止，因此，上述规则要想产生实质效力，一方面有赖于行政主体自我约束意识的提升，另一方面在于内部规则设计的制约激励机制的有效性。

第二，对于具有外部效力的规则，行政主体应当主动公开以方便人们查知。就该规则的效力而言，行政主体及其工作人员应当按照规则作出一定的行为，不得任意规避该规则。在特定案件中，为了实现个案正义可以脱逸该规则，但是必须说明理由，否则行政主体的行为可能会因为违背诚信原则和行政自我约束原则而被撤销。

四、程序之制

德国学者奥里乌认为，"行政机构的处理措施受其自身的严格监督。其中存在着一种自发的控制，即行政直接行为必须遵从的程序"。[2]根据奥里乌的观点，程序是行政自我规制的重要手段。正如韦德所言，"程序不是次要的事情。随着政府权力持续不断地急剧增长，只有依靠程序公正，权力才可能变

---

〔1〕　〔美〕伯尔曼：《法律与宗教》，梁治平译，中国政法大学出版社2003年版，第17页。

〔2〕　〔德〕莫里斯·奥里乌：《行政法与公法精要》，龚觅等译，辽海出版社、春风文艺出版社1999年版，第488页。

得让人容忍"。"自由的历史很大程度上是遵守程序保障的历史"。[1]在公法领域，程序具有特殊的地位，通过程序进行权力控制几乎已经成为一种共识。行政自我规制也需要"程序之制"，通过程序的建构、遵守来保障行政自我规制的有效性和合法性。该领域的"程序之制"包含两个层面：将程序作为一种规制方式的"程序之制"和遵循特定程序进行自我规制的"程序之制"，前者是重中之重。

（一）作为内容的程序之制

规范的程序具有提高效率、保障理性和防止恣意的价值和作用，因而其在行政自我规制中是不可或缺的。除了遵循法定程序以外，行政主体可以通过创设或者细化一些程序来实现对行政权的规范和制约。将程序作为一种自我控权的手段，行政主体主要可以通过以下途径实现。

1. 设定更为严格的程序。法律的普适性决定了其所规定的程序原则上是最低限度的要求。[2]这虽然有助于法律的普遍遵守，但是可能无法满足现实对于行政权回应性和效率性的要求。无论从善治的角度，还是从建构服务行政的角度，社会都需要行政权进行积极回应，确立高效率的行政。为了满足这一要求，行政主体可以在法定程序的基础上提出更高的要求：第一，更高的效率要求。行政主体可以根据自身的特点规定比法律更短的工作期限，推动行政权更为高效地行使或更积极地回应公众的需要。第二，附加程序环节。理论上，行政主体或者为了实现特定的行政目的，或者为了更好地保护相对人，或者为了对行政相对人进行有效的控制，可能会在法定程序之外增加一些环节，从而使程序的功能显著增强。[3]同理，在行政自我规制领域，为了更好地规范和控制行政权力，同样可以在法定程序之外增加一些环节，以约束行政权。第三，简化法定程序。现实中，部分行政主体通过制度创新或者程序整

---

〔1〕 ［英］威廉·韦德：《行政法》，徐炳等译，中国大百科全书出版社 1997 年版，第 93、94 页。

〔2〕 "法不强人所难"的基本理念决定了法律只能规定一般人能够接受的程序，否则，程序要求过高就会折损法律的权威性。

〔3〕 现在比过去要求更多的是说服与合作，行政机构所发布的命令，如仍以单方决定的形式出现，则事先应是通过协商的程序，与有关的个人或企业谈判。［法］勒内·达维：《英国法与法国法：一种实质性比较》，潘华仿、高鸿均、贺卫方译，清华大学出版社 2002 年版，第 108 页。

合，使原来的法定程序得以简化或者调整，从而大大提高了行政效率，[1]这也是行政自我规制的体现。在美国，行政机关通过更严格的程序进行自我规制的典型事例是，联邦食品药品管理局（FDA）在《联邦行政程序法》未作要求的情况下，就其"指导性文件"发布通告，并邀请各方评论。[2]因为按照《联邦行政程序法》只有"rule"（法规）和"regulation"（规章）的制定才需要遵守"通告—评论"程序，联邦食品药品管理局的做法显然是对自己提出了更严格的要求。在我国，行政系统开展的"只跑一次""接诉即办"的改革实践，同样是通过更为严格的程序规范行政权的例子。

2. 更为规范的程序。为了更好地实现对行政权的程序规制，行政主体可能基于自身需要制定更为规范化的程序，以便使行政程序的价值得到更好地体现。规范化的程序包含以下要素：（1）完整的程序构造。包含程序的参与者；明确的信息指示；对话和交涉；结果；违反法律程序的后果等要素。（2）明确的行为指向即明确具体、可操作。[3]（3）符合程序的价值。主要是中立、效率和公正等价值。（4）具备正当法律程序的要素。其中，完整的程序构造是骨架，明确的行为指向是血肉，而程序的内在价值和正当程序就是整个程序的灵魂。通过规范程序的建构，可以提升行政自我规制措施的公正性和有效性。

3. 竞争性程序结构的搭建。如果从单方面考量，行政程序只是行政主体做出行为所遵循的路径，然而从双方角度来看，行政程序为行政主体和行政

----

〔1〕　近年来各地普遍建立了行政服务中心，集中办理行政许可（审批），同时按照《行政许可法》的要求，建立了一次性告知、说明理由、否定报备等制度，提高了行政效率，保护了相对人的权益。如河南省漯河市行政服务中心协调公安、交通、国税三个部门，实行新车入户、购置税款缴纳、规费征收一条龙服务，使车辆入户周期由原来的7天以上缩短至1天以内。又如福建省安溪县绘制166幅权力运行流程图，规范后的38个行政许可项目的总时限由原来的530天缩短为292天，压减238天，环节减少了16个，133个非许可审批项目的总时限由原来的1203天缩短为840天，压减了363天。

〔2〕　[美]伊丽莎白·麦吉尔："行政机关的自我规制"，安永康译，载姜明安主编：《行政法论丛》，法律出版社2010年第13卷，第516页。

〔3〕　第一，主体明确，即主体的职权和责任应当明确。第二，时间要素明确。时间要素是程序的必然要素，没有规定时间因素的程序就不是程序。第三，方式要素明确。应当明确作出某行为的方式、方法，以及做出这些行为可以借助的工具和媒介等等，还应规定滥用的后果，从而给行为人以明确的指向。第四，结果要素明确。任何程序的终结都应当有一定的结果，而且这些结果本身应当是具体明确的。按流程性标准完善相关步骤。程序是一个步骤的集合体，各步骤一环扣一环方能更好地运转。程序的设计也应当是一种流程性的，将步骤设定清楚，而且要注重各步骤之间的衔接。

相对人提供了一个博弈的场域。面对实体性规则和原则自身存在的控权能力不足的情况，王锡锌教授认为，关键是需要提供一种竞争性的程序结构。[1] 竞争性程序结构特别强调三个程序机制：知识和信息的披露与交流；当事人充分的防卫权；行政机关必须对自己的决定说明理由。[2] 为了更好地发挥行政程序的控权作用，行政主体可以主动搭建竞争性程序结构，通过设定相应的规则和标准，采取特定的手段和措施，促使其所设定或者遵守的程序构成一种竞争性结构。

4. 体现正当法律程序的要求。一般而言，行政主体创制的行政程序并非法律程序，然而由于其本身也是规范行政权运行的程序，因而也应当引入正当法律程序的要素。即行政主体自身制定或者遵守的程序应当符合正当法律程序的要求。程序意义上的正当法律程序包含三个方面的要素：第一，任何人不能做自己的案件的法官，具体制度体现为回避制度。第二，说明理由。行政主体作出对行政相对人具有实质影响和效果的行为都应当说明理由，这是程序理性的体现。[3] 第三，任何行政主体在行使权力可能使他人受到不利影响时必须听取对方意见。正当法律程序的价值即在于程序理性，能够更好地规范行政权的运行。因而，行政主体在进行程序建构时，应当遵循正当程序要求。

（二）作为路径的程序之制

行政自我规制领域的程序之制以"作为内容的程序之制"为主，但是行政主体进行自我规制时所应当遵循的程序也是程序之制不可或缺的因素，这些程序的合法、理性和正当直接决定着行政自我规制措施和行为的合法性和有效性。如果将行政自我规制作为一个系统的过程，那么作为路径的程序之制包含规则制定程序和内部规制程序两个方面。

1. 规则制定程序的正当性。为了实现行政自我规制的目的，行政主体需要制定一定的规则（包括实体规则和程序规则）。行政主体制定规则程序的正当性直接决定了规则本身的科学性和权威性。现实中，行政主体制定的自我

---

〔1〕 尽管规则和原则为所有行动者提供了共享的信息，这些信息有利于控制权力的滥用，但仍然是不够的。

〔2〕 王锡锌："自由裁量权基准：技术的创新还是误用"，载《法学研究》2008 年第 5 期。

〔3〕 有学者根据哈贝马斯的交往行为理论论证了正当法律程序还应当包含说明理由制度。参见刘东亮："什么是正当法律程序"，载《中国法学》2010 年第 4 期。

规制规则主要以行政规范性文件的形式呈现。行政规范性文件的合法性和科学性有赖于制定程序的正当性。行政自我规制规则制定程序的正当性主要体现在三个层面：第一，程序必须合法，至少不能违反法律的禁止性规定。合法性是正当性的前提，因而，规则制定程序首先应当合法。第二，程序体现理性。规则制定程序是意志形成和表达的过程，理性因素的嵌入有助于意志的合理表达。程序理性的保障有赖于以下因素：理性知识的引入；理性选择的机会；多元意志的表达和整合。[1]第三，程序内在的竞争性。行政自我规制规则实质上是"自己为自己立法"，如何确保这种"立法"不因规则制定者个人利益的驱动或者主观好恶而使规则本身流于形式或者产生不公是规则制定程序必须面对的问题。解决这一问题的关键在于确保规则制定程序内在的竞争性。即要求各方主体的有效参与，并且形成一种对峙的状态，从而防止出现一方基于一己私利而扭曲规则的现象。竞争性结构的搭建需要引入不同利益主体，规则制定程序中引入专家和公众的参与能有效防止"自我立法"失效。

2. 内部规制程序遵循正当法律程序。行政自我规制行为[2]遵循的程序非常丰富，其中重要的一环是行政主体规制公务员或者下级行政主体行为的程序。因规制行为是行政主体与公务员、上级行政主体与下级行政主体之间发生的，因而该行为遵循的程序属于内部规制程序。行政主体对公务员和下级行政主体享有监督权，基于法律规定而实施控制行为，行政主体主动实施法律监控机制的行为是广义上的行政自我规制。除此之外，实践中行政主体可能基于自身制定的规则、行政惯例等对公务员和下级行政主体的行为进行规范和控制，根据规制的内容不同可以分为制约程序和激励程序。行政主体的内部规制亦应当遵循正当程序，而不能恣意行使。内部行政自我规制可能对公务员的权利或者下级行政主体的权利造成损害，为了避免这种情况的发生有必要遵循正当的程序。例如，在法国，对于公务员的惩戒应当遵循正当

---

[1] 理性选择的机会就是不同的主体参与规则制定过程，从而使其有机会选择最适合自身的规则。多元意志的表达是指规则制定程序中能够让不同的利害关系人表达不同的利益诉求。

[2] 行政自我规制行为包含两个层面：行政主体遵循自我规制措施和制度实现自我规制目的的行为；行政主体对公务员或下级行政主体进行规制的行为。前者强调的是行政自我规制的外在表现，后者强调的是行政主体内部的规制实践。

的程序,[1]对于违纪公务员,调查人员应当先与其进行"审问式"谈话,搜集证据并向公务员管理机关提交报告。公务员管理机关应当履行两个程序:一是通知当事人,听取其陈述和辩解;二是告诉当事人将要受到处分的原因、根据和种类。[2]

五、责任之制

在法治语境中,责任[3]是一种动力机制,责任意识和责任感是积极履行相应义务的内在动力,不利后果意义上的责任则对行为人产生一种外在压力,使主体产生行为动力。正如学者指出,责任是公共行政和私人行政的所有词汇中最重要的词汇。[4]美国学者弗雷德里克森认为:"政府行政的核心问题是责任问题。"[5]行政自我规制亦应当坚持"责任之制":通过责任的设定和责任的追究,规范和制约自身及公务员的行为。美国学者库珀将行政责任分为:客观责任和主观责任的两种形式。[6]客观责任主要指应尽的义务,主观责任主要是公务员的信仰等内在的力量。主观责任是客观责任实现的重要保证。

(一)责任意识的自我提升

责任意识或称责任感是指行为主体对自己分内事情的认可和积极回应的态度及心理状态。理论上,责任是善治不可或缺的因素。行政主体通过各种措施,提升自身和公务员的责任意识,是行政自我规制的重要内容。"责任

---

[1] 公务员的违纪行为被发现后,调查者对当事人要进行审问式的谈话,寻找证据,然后写出报告,送交当事人的任免机关,该机关收到报告后,必须履行两个程序:一是通知当事人,听取他对报告的意见,允许其自我辩护;二是告诉当事人将要受到处分的原因、根据和种类。同时,任免机关还必须将案情通知本部门的行政对策委员会和纪律委员会,两个委员会收到通知后,同样要履行上述两个程序;对案情中的问题,两个委员会可以提出异议,以使制裁公正进行。

[2] 罗豪才、宋功德:"现代行政法与制约、激励机制",载《中国法学》2000年第3期。

[3] 责任至少包含两个层面的意思:分内的应做的事,没有做好分内应做的事,因而应当承担的不利后果。本书将前面一种责任称为"义务性责任",后一种责任称为"后果性责任"。

[4] [美]特·L·库珀:《行政伦理学:实现行政责任的途径》,张秀琴译,中国人民大学出版社2010年版,第62页。

[5] [美]乔治·弗雷德里克森:《公共行政的精神》,张成福译,中国人民大学出版2003年版,第151页。

[6] 客观责任源于法律、组织机构、社会对行政人员的角色期待,它包括职责和应尽的义务两个方面;主观责任是公务员的信仰、价值观和被理解成禀赋特征的这样一些内部力量综合作用的结果。[美]特·L·库珀:《行政伦理学:实现行政责任的途径》,张秀琴译,中国人民大学出版社2010年版,第74页。

感"的提升有助于公务员认真执行法律。正如王名扬先生所言:"任何法律都应假定执行人员存在,法律是否发生效果,以及效果如何,取决于执法人员的素质及其责任心和创造性。"〔1〕因此,行政自我规制应当以提升公职人员的责任意识为重要手段和目标。

1. 提出更高的"责任"要求。相比之下,法律一般只规定了较低的责任,为了更好地回应现实的需要、积极履行职责,行政主体往往对自身及其公务员的责任意识提出了较高的要求。具体而言,行政主体通过制定伦理、义务规则,开展道德素质培训等方式提升公务员的"责任"意识。一方面,积极履行法律规定的义务;另一方面,要求自身和公务员增强责任感,履行更为严格的义务。理论上,培训和引导有助于"责任意识"的养成,行政主体可以通过各种渠道对公务员进行责任意识的训导,从而有效地提升公务员的责任意识。"如果说道德客观性的确立属于个体责任范畴,那么择善而不是选恶,使生活成为一种自身良好的价值,这就有赖于个体期望善与行善的能力"。〔2〕这种能力的获得需要行政主体对公务员进行积极的培训和塑造。需要指出的是,此处的"责任"是一种义务性责任,包含行政层面的责任和伦理层面的责任,也就是说既包括行为方面的要求,也有内在德性提升的要求。

2. 树立负责任的机关形象。善治的基本诉求之一即责任性,它是指治理主体对自身行为向社会负责的态度。责任性越大,善治的程度就越高。〔3〕积极意义上的责任包含行政主体"负责的形象"的塑造。树立负责的形象要求行政主体能够积极地对社会民众的需求做出回应,并采取积极的措施,公正、有效率地实现公众的需求和利益。〔4〕

负责的态度和形象的树立是行政自我规制的重要目标,也有赖于行政自我规制的积极实践:第一,行政主体应当要求自身和公务员做好分内的事情。分内的事情包含法律、法规规定的义务以及按照惯例和约定俗成习惯需要行政主体作出的事情。第二,树立负责任的形象有赖于行政主体信守承诺,不

〔1〕　王名扬:《美国行政法》,中国法制出版社1995年版,第546页。
〔2〕　[法]让·马克·夸克:《合法性与政治》,佟心平、王远飞译,中央编译出版2002版,第315页。
〔3〕　丁宇:"论善治的基本诉求",载《江汉论坛》2009年第10期。
〔4〕　张成福:"责任政府论",载《中国人民大学学报》2000年第2期。

随意改变或者否认自身的承诺。行政主体信守承诺是自我约束的一种体现，通过信守承诺行政主体可以提升自身的可信度，进而树立负责任的形象。第三，行政主体积极作为，满足社会的需要，"让人民生活得更加幸福，更有尊严"。[1]获得公众的认可是树立负责任形象的关键。行政主体对自身提出负责任的要求，实质上也是行政自我规制的一种体现。

（二）法律责任的助成

法律责任是外部控权机制的重要内容，本质上属于外部规制的范畴。然而，在行政自我规制领域，法律责任不但不被排斥，反而是行政自我规制的重要手段和措施。行政自我规制借助法律责任进行自我规制，同时，行政自我规制也是法律责任实现的重要路径和渠道。行政自我规制对于法律责任的助成主要体现在两个方面。

第一，行政主体在进行自我规制时，借助法律规定的责任内容有助于法律的实现。比如，行政主体根据《中华人民共和国公务员法》关于处分的规定，在制定自我规制规则时明确对公务员违法或不当行为的处分，并在实践中给予公务员处分。表面上看是对法律的适用，实质上是以自我规制的方式进行的。因而，可以说是借助自我规制的形式，实现法律责任的内容。第二，在行政自我规制过程中，行政主体对于公务员和下级行政主体的监督，行政主体内部的相互监督等行为，有助于发现违法、违规情况，为法律责任的发现和追究提供信息来源和更为畅通的实现机制。行政自我规制包含行政主体参照法律自我纠错、自我追责的要素，通过这一方式，客观上有助于法律责任的真正实现。

（三）内部责任的设定和实现

行政主体及其工作人员的责任就其来源而言，既可能是外部规则强加的，也可能是依内部规则主动创设的，前者属于外部控制的范畴，后者则属于自我约束与自我克制的范畴。[2]行政主体自我规制的重要手段是通过内部规则设定更多的责任，一方面弥补法律责任之不足，另一方面通过内部责任的设定为行政自我规制提供动力基础，并提出更高的要求。内部责任的设定和实现既是行政自我规制的重要内容，同时也是其他制度得以充分发挥作用的保

---

〔1〕 温家宝总理在 2010 年郑重提出政府的责任。

〔2〕 崔卓兰、卢护锋："行政自制之途径探寻"，载《吉林大学社会科学学报》2008 年第 1 期。

证。国务院发布的《关于推行行政执法责任制的若干意见》要求各地建立行政执法责任制，明确执法责任，这就要求行政主体设立内部责任来落实行政执法责任制。[1]

1. 伦理责任与行政责任并举。作为行政自我规制手段的内部责任不限于对于违法、违规行为的制约，还包含对于伦理的要求。换言之，行政自我规制领域的责任设定是伦理责任与行政责任并举的。行政责任主要是指行政主体沿着法律路径细化成员的内部责任，或者创设一些违规违纪的责任，从而对公务员的行为产生实质的约束。总体来说，还是一种止恶的路径。伦理责任是行政主体设定的内部道德义务，并在公务员未能履行道德义务时需要承担的不利后果。伦理责任不只是止恶，还要求行政主体及其公务员积极为善。通过全方位的责任设定，从止恶和扬善两个维度发力，从而使行政主体与公务员受到责任之网的束缚，最终实现行政自我规制的目的。

2. 完善内部责任规则。内部责任系统的确立需要主动建构，而建构的方法主要是"规则化"。内部责任系统是行政主体给自己带的一个"紧箍咒"，这个"紧箍咒"是否能起到作用，取决于内部责任规则的科学性和完善性。行政主体应当遵循相应的原则和标准完善内部责任制度：第一，应当明确规定追责的范围和原则，即哪些行为需要承担责任以及应当遵循何种归责原则。第二，应当明确追责的权限和程序。由于内部责任属于行政主体自创的规则，一般不具有明确的法律依据，因而规定明确的权限和程序是防止其被滥用的关键。程序的设定应当遵循正当程序的原则，确保程序体现公正、参与等核心价值。第三，明确责任的种类及其救济途径。内部责任一般是法外责任。在法律之外，行政主体可以根据自身实际和专业要求，设定一些责任类型，如责令作出书面检查、取消当年评优评先资格、通报批评、诫勉谈话、取消当年年度考核奖金、暂扣或注销行政执法证件、调离执法或工作岗位、免职

---

[1]《关于推行行政执法责任制的若干意见》明确要求："执法依据赋予行政执法部门的每一项行政执法职权，既是法定权力，也是必须履行的法定义务。行政执法部门任何违反法定义务的不作为和乱作为的行为，都必须承担相应的法律责任。要根据有权必有责的要求，在分解执法职权的基础上，确定不同部门及机构、岗位执法人员的具体执法责任。要根据行政执法部门和行政执法人员违反法定义务的不同情形，依法确定其应当承担责任的种类和内容。地方各级人民政府可以采取适当形式明确所属行政执法部门的具体执法责任，行政执法部门应当采取适当形式明确各执法机构和执法岗位的具体执法责任。"

等。[1]尽管内部责任的追究和实现是行政主体的内部行为，但其侵益性决定了有必要为被追责主体提供适当的救济，这是法治理念的基本要求。

3. 责任设定合法。行政自我规制领域的责任设定不可能遵循"责任法定原则"，但并不意味其可以游离于法律之外，不受法律的任何拘束。本书第三章中提到的嘉禾"四包两停"工作责任制的闹剧提醒我们，尽管行政主体有设定内部责任的权力，但其不能违背法律的原则和精神，更不能违反法律的禁止性规定。行政自我规制属于一种"自治性"规制，因而不必严格遵循法律保留原则，即内部责任不是必须有明确的法律依据。这里的责任设定合法主要包含以下要求：（1）职权合法。设定内部责任的主体应当是合法成立的，具有一定组织和管理权的机构，而且责任设定必须是机关意志的体现，而不能仅是行政长官的命令和要求，否则可能陷入人治的泥潭。（2）责任的设定不能违背法律的明确规定。尽管内部责任一般不需要有明确的法律依据，但是行政主体不能违反明确的法律规定，否则便违反法律优先原则。（3）责任的设定不能违背法治的精神和原则。民主、平等、人格尊严以及基本人权是法治的核心价值和目的，是不容践踏和侵犯的，行政主体内部责任的设定也不能以侵犯上述价值为代价。

六、载体的成文化

在实质法治层面，行政主体可以运用"原则之制""规则之制""程序之制"和"责任之制"促成行政自我规制。但要提升上述规制方式的有效性和权威性，还有赖于其规范化和成文化的实现，使其获得较为明确和稳定的形式。行政自我规制原则、规则和程序的成文化是对法治形式的一种模仿。正如博登海默所言，"规范性制度的存在以及规范性制度的严格遵守，乃是法治的必要前提"。[2]

（一）成文化的价值

1. 成文化有助于提升"行政自我规制"的确定性和可预测性。尽管文字的含义具有流变性，但是相较于不成文规则，成文化的规则具有更强的确定

---

〔1〕 崔卓兰、卢护锋："行政自制之途径探寻"，载《吉林大学社会科学学报》2008 年第 1 期。

〔2〕 ［美］博登海默：《法理学 法律哲学与法律方法》，邓正来译，中国政法大学出版社 1999 年版，第 359 页。

性和可预测性。第一，行政自我规制制度和措施的成文化和正式化，有助于提高这些制度和措施的确定性。确定性的价值在于为行动者提供明确的行为指向、减少分歧，从而有助于行动的展开，并增强制度和措施的稳定性。确定性是法治的要素之一，因为确定性可以防止恣意和权力的滥用。第二，与确定性相联系的是正规化规则的可预测性，即相关主体可以根据成文化的规则预测自己行为的后果并基于此做出相应的安排。与一般的法律规则不同，行政自我规制规则的可预测性不仅在于被规制主体对于结果的预测，还包括社会公众对行政主体行为的可预测性。正如丹提斯所言，"越来越多的规制手册、小册子都是为了提高当前期望的可预见性，以减少人们被忽视的危险"。[1]一言以蔽之，确定性和可预测性是法治的要求，而成文化规则比非成文化规则更具有确定性和可预测性。

2. 成文化有助于提升行政自我规制的"合法性"。行政自我规制是一种正式意义上的控权模式，因而需要特定的形式与之相匹配。另外，行政主体通过制定一定的正式文件设定或者实施行政自我规制制度和措施的过程，与立法机关通过立法设定相应的权利和义务，从而实现法的统治的过程具有外形上的相似性。这种过程上的相似性，使行政自我规制成文化获得一种"仪式"意义上的合法性。有的学者则进一步指出控制措施"表述为明确的规则和程序以后，就最终造出了一种独立的合法性源泉"。[2]既然成文化有助于提升行政自我规制的合法性，那么其对于规制措施的权威性和有效性则是非常重要的。

3. 获得公众的信任和支持。行政自我规制规则成文化和规范化的直接好处是规则更容易被公众了解和获得。成文化的规则可以向公众传递更为明确的信息，从而使公众能够确信行政主体进行自我规制的意愿和承诺。把人们对公共服务的期望编纂为成文规则，能够保持或者重建公众对于政府的信任。[3]公众对于行政主体的信任和支持能够为行政主体积极履行自我规制制度提供动力，而公众对于成文化规则的探知，会使他们产生一定的心理预期，而这

---

[1] [英]特伦斯·丹提斯、阿兰·佩兹：《宪制中的行政机关——结构、自治与内部控制》，刘刚等译，高等教育出版社2006年版，第377页。

[2] [英]特伦斯·丹提斯、阿兰·佩兹：《宪制中的行政机关——结构、自治与内部控制》，刘刚等译，高等教育出版社2006年版，第376页。

[3] [英]特伦斯·丹提斯、阿兰·佩兹：《宪制中的行政机关——结构、自治与内部控制》，刘刚等译，高等教育出版社2006年版，第377页。

种心理预期会对行政主体产生一定的压力。

（二）成文化的生成

既然成文化对于行政自我规制具有积极的意义，那么行政主体对成文化就应给予充分的重视，探索符合自身经验和专业要求的成文化路径。从现实角度来看，行政主体也比较倾向于规制规则成文化和规范化的路径。[1]因为行政自我规制措施具有特殊性，因而其成文化和规范化有其特殊性。行政主体在促成行政自我规制制度措施成文化方面应当把握以下几点。

1. 成文化优先性原则。行政主体在进行自我规制时，应当优先选择"成文化"生成路径。成文化自我规制路径是指，行政主体欲采取一定的自我规制制度或措施，应当首先通过正式的书面文件对规则和措施予以明确规定，随后根据已经成文化的规则具体实施行政自我规制。这种路径与传统法治模式中的"立法——执法"的逻辑是相似的，只不过制定者、实施者和遵守者具有高度重合性而已。因为行政自我规制本质上是一种制度性规制，而非仅是一种道德说教，所以原则上绝大部分行政自我规制制度和措施都可以成文化和规范化。当然，对于某些通过原则或者惯例来实现行政自我规制的情形，则可以适当脱逸这种路径。当如果部分规制内容可以成文化，那么原则上也应当实现该部分的成文化。以裁量基准制度为例，《广州市规范行政执法自由裁量权规定》第9条规定：市行政执法主体应当以行政规范性文件的形式对行政执法自由裁量权的标准、条件、种类、幅度、方式、时限予以合理细化、量化。[2]

2. 灵活选择规范形式。根据行政自我规制措施的特点和要求，制定不同类型的书面文件，以使自我规制规则和措施获得有效的外在支撑。从规范性

---

[1] 如《广播电影电视立法程序规定》《海关行政复议办法》《110接处警工作规则》《关于控制对企业进行经济检查的规定》《杭州市建委行政处罚裁量规则》等。在我国尚无统一行政程序法典的情况下，某些国务院部门和地方人民政府及其工作部门还制订了特别行政程序规定，如2008年的《湖南省行政程序规定》，为行政机关自身设定了约束机制，其对其他各级人民政府的示范效应正在发生影响。很多现行的公务员内部行为规范都对自我预防、自我纠错的事项进行了规定。比如，《黄山市国家行政机关及其公务员公共服务行为规范暂行规定》第3条第7款明确规定：公务员应当依照职责积极预防事故的发生，在事故发生后采取积极的补救措施使国家和人民群众的利益免受损失或将损失降到最低程度。

[2] 同样规定的还有《湖南省规范行政裁量权办法》第12条第4款，其进一步规定了制定行政裁量权基准适用规范性文件管理规定。

角度来说，"行政规范"的效力及规范性程度较高，具有行政立法性质或者"准立法性质"。在我国，行政规范包括行政法规、行政规章、行政规则和行政解释四种形式。[1]行政规范适合比较重要、具有稳定性、需要长期维持的自我规制规则。除了行政规范外，还有指南、指令、备忘录、信件、通知、会议纪要、新闻简报、公务员手册以及培训材料等。[2]相较于行政规范而言，这些书面材料的规范性较低，主要适用于一些临时性和不太重要的行政自我规制制度和措施。

3. 成文化的控制。行政主体将行政自我规制原则和规则成文化的过程，实际上就是制定规范性文件或者其他书面文件的过程。一般而言，由于多数行政主体不具有行政立法权，因而他们所制定的文件，只能是一些非法律文件。尽管这些文件不是法律，但是由于其具有实质的约束力，因而其合法性问题也是值得关注的。从行政主体角度，成文化的合法性控制主要从以下几个方面着手：（1）内容控制。从理论上讲，行政主体制定的规范不得涉及法律保留的事项，原则上不得涉及按性质不应由其设定的事项。在行政自我规制领域，行政主体具有较大的自主权，其可以为自身和公务员设定较高的义务和责任，但仍然不能涉及法律保留和不宜由其进行规定的事项。比如，涉及人身自由的惩戒措施或者犯罪与刑罚等。（2）程序控制。行政主体促成自我规制规则成文化亦应当遵循适当的程序。目前我国还没有统一的行政程序法，除行政法规、规章和部分行政规范性文件[3]以外，行政主体制定的行政规范性文件和其他文件并没有明确的程序性规定可以参照。从现实的情况看，众多行政规范性文件的制定程序比较随意，无法保障行政规范的合法性和有效性。虽然行政主体在制定一些自我规制规范时具有较大的自主性，但程序的控制也是不可或缺的。行政主体在制定自我规制规则时应当建构并遵守正当法律程序的要求。（3）通过公开的控制。行政主体制定的各种以自我规制为内容的正式文件（包括行政法规、规章、行政规范性文件和其他文件）原则上都应当公开，目的是让公众监督其遵守自我规制规则的情况。《政府信息公开条例》第 10 条规定各级政府应当主动并重点公开的信息之一即：行政法

〔1〕　崔卓兰、刘福元："论行政自制之功能——公权规范的内部运作"，载《长白学刊》2011 年第 1 期。

〔2〕　崔卓兰、刘福元："行政自由裁量权的内部控制"，载《中国法学》2009 年第 4 期。

〔3〕　国务院分别制定了《行政法规制定程序条例》和《规章制定程序条例》。

规、规章和行政规范性文件。[1]

（三）软法理念的引入

法律供给的有限性决定了公共治理必然需要一定的补充性规则，这些规则形式多样、内容各异，散见于人类共同体中。为了对这些规范进行合理的控制和优化，"软法"概念被引入法学界。"软法是指那些效力结构未必完整、无需依靠国家强制保障实施，但能够产生社会实效的法律"。政法惯例、公共政策、自律规范、合作规范、专业标准、弹性法条等是软法的主要表现形式。[2]软法可以视作法和政策之间的桥梁，有提高行政决定连贯性和公平性的潜质。[3]软法理念的引入不是为了与硬法（即国家法）分庭抗礼，而是使其纳入法治的框架内，以更好地发挥软法规范的作用。从实践来看，除了行政法规和规章之外，行政主体为自我规制制定的各种规则、守则和标准等并不是法律，因为它们没有立法权。既然不是法律，那么这些规则的性质和效力为何便是亟待解决的问题。软法理念的提出为散见于行政自我规制领域的各种规范、指南和标准提供了理论支撑，为将它们纳入法治框架下指明了方向。

既然"软法亦法"，那么必然得出的结论是：软法亦需要法治精神和原则的规训。行政自我规制主要还是"软法之治"，其基本形式也是通过制定软法来实现对行政权的有效规制。既然软法需要接受法治精神和原则的规训，那么行政自我规制的规范也应当纳入法治框架之下。另外，将行政自我规制规

---

〔1〕《中华人民共和国信息公开条例》第 10 条规定："县级以上各级人民政府及其部门应当依照本条例第九条的规定，在各自职责范围内确定主动公开的政府信息的具体内容，并重点公开下列政府信息：（1）行政法规、规章和规范性文件；（2）国民经济和社会发展规划、专项规划、区域规划及相关政策；（3）国民经济和社会发展统计信息；（4）财政预算、决算报告；（5）行政事业性收费的项目、依据、标准；（6）政府集中采购项目的目录、标准及实施情况；（7）行政许可的事项、依据、条件、数量、程序、期限以及申请行政许可需要提交的全部材料目录及办理情况；（8）重大建设项目的批准和实施情况；（9）扶贫、教育、医疗、社会保障、促进就业等方面的政策、措施及其实施情况；（10）突发公共事件的应急预案、预警信息及应对情况；（11）环境保护、公共卫生、安全生产、食品药品、产品质量的监督检查情况。"

〔2〕罗豪才、宋功德："认真对待软法——公域软法的一般理论及其中国实践"，载《中国法学》2006 年第 2 期。

〔3〕[加] 洛恩·索辛、查尔斯·W·斯密斯："艰难选择与软法：伦理守则、政策指南和法院在规制政府中的作用"，载罗豪才、毕洪海主编：《软法的挑战》，商务印书馆 2011 年版，第 220 页。

范定性为"软法"不仅是为了"法治化"的方便，而是借助这一理论工具对规范的内容进行优化，对其效力进行提升。既然行政自我规制规范是软法，那么它原则上就具有相当的约束力，行政主体和公务员不得任意放弃或者背离行政自我规制规范。同时，软法具有灵活性的特点，不受特定的时空限制，能够结合行政主体自身经验和专业性，制定更为具体和有针对性的规范，进而增强自我规制规范的有效性。因而，行政自我规制领域应当融入"软法"理念，运用软法的相关理论对自身进行改造，从而提升规则的理性，避免因游离于法治之外而受到质疑。

第四节　行政自我规制的司法保障

在行政法的世界里，法院是戴在行政机关头上的紧箍咒，而行政相对人则是世俗世界的唐僧，行政相对人起诉就是念咒。紧箍咒平常不起作用，一旦行政相对人起诉，法院就会让行政机关感到头疼和害怕。以上是传统行政法中行政机关、法院与行政相对人三者关系的真实写照。就外部规制而言，司法审查作为控制行政权的有效手段已经成为一个常识。然而，行政自我规制的价值取向与司法审查具有同质性，这就决定了法院在应对行政主体的自我规制时将面临更大的挑战。总体而言，司法对于行政自我规制具有保障作用，同时也有制约作用，制约方面又体现为合法性监控和有效性控制。司法在督促行政主体进行自我规制，防止其违法规制两个方面的作用是不可替代的。

从博弈论的角度讲，诉讼本质上是一个零和博弈，无论行政主体还是行政相对人，进入诉讼都意味着成本的支出，而收益并不确定，设定行政诉讼的目的就是增加行政主体与行政相对人之间从合作到不合作的机会成本，使他们留在合作（相互配合）均衡路径上。[1]

一、行政自我规制有效性的司法监控——以美国 Accardi 原则为例

行政自我规制原则上是行政主体"自己"的事情，因而司法并不宜过多的干预，但由于行政自我规则带有公权力性质，且自我规制措施的遵守对于

---

〔1〕　魏建：《法经济学 分析与范式》，人民出版社 2007 年版，第 205 页。

社会具有积极价值，因而行政自我规制不应成为行政主体"自说自话"式的表演，可以适当引入有效性监控机制，即行政主体自我规制措施的效力不能仅依赖于自我约束，还需要外在机制督促或者鼓励相关主体自觉遵守各种自我规制规则。在这一点上，美国行政法上的 Accardi 原则颇具有借鉴价值。

（一）Accardi 原则的引入

Accardi 原则是由美国判例发展出来的行政法原则，其基本的要求是：行政主体有遵守自己颁布规则的义务。[1]该原则是法院要求行政主体遵守其自己制定的规则时适用的原则。即如果适格的主体对行政主体未遵守自己颁布规则的行为及时提出异议，那么法院就可能适用 Accardi 原则，强制其遵守自己制定的自我规制规则。换言之，如果行政机关决定将其自我规制举措的内容规定于规则之中，那么法院就会要求行政机关遵守此规则。从客观的功能角度，Accardi 原则为自我规制措施提供了有效的第三方执行者机制。[2] Accardi 原则的基本内容包括：1. 适用主体是法院，而非行政主体。即该原则是法院在司法程序中适用的，而不是行政主体在行政程序中适用的。这就决定了该原则只是法院用以审查行政主体行为的司法原则。2. 就适用范围而言，该原则主要适用于"立法性规则"，即具有法律约束力的规则。[3]当然，根据实际的判例可知，该原则也适用于未成为立法性规则的自我规制措施。[4] 3. 就客观效果而言，Accardi 原则通过向法院提供可适用的规则，从而将不受司法审查的行政行为转化为可审查的行政行为。作为该原则的直接效果，当任何行政机关的工作人员违反自我规制措施时，行政行为将被判定无效。当某个行政机关制定了一项自我规制规则时，法院很可能会对行政机关的行为是否遵守了这项自我规制规则加以审查。换言之，Accardi 原则可以将本来不可审查的行为转换为可审查的行为。

---

〔1〕 ［美］伊丽莎白·麦吉尔："行政机关的自我规制"，安永康译，载姜明安主编：《行政法论丛》，法律出版社 2010 年第 13 卷，第 512 页。

〔2〕 ［美］伊丽莎白·麦吉尔："行政机关的自我规制"，安永康译，载姜明安主编：《行政法论丛》，法律出版社 2010 年第 13 卷，522 页。

〔3〕 如何判断是否有拘束力的标准并不明确，后联邦最高法院在 1979 年的一个判决中认为，只有在行政机关的规则影响到私人权利时，该规则才对行政机关有拘束力。

〔4〕 ［美］伊丽莎白·麦吉尔："行政机关的自我规制"，安永康译，载姜明安主编：《行政法论丛》，法律出版社 2010 年第 13 卷，第 526 页。

（二）Accardi 原则的启示

Accardi 原则的基本原理其实是法院可以强制行政主体遵守自己制定的自我规制规则。法院可以凭借该原则对行政自我规制的有效性进行审查，从而构成行政自我规制措施有效实施的第三方机制。该原则的最大启示是行政自我规制不必然是行政主体的自说自话，其他主体也可以在行政自我规制建设中发挥一定的作用。为了使我国的行政自我规制措施获得第三方机制的促进，有必要在行政诉讼领域引入 Accardi 原则。

通过美国的 Accardi 原则可知，我国法院在行政自我规制的有效性方面也是可以有所作为的。第一，在行政诉讼中，法院可以审查行政主体是否遵守了自己制定的自我规制规则。如果行政主体没有遵守，那么其需要承担较重的说明理由义务。如果其不能有效地说明理由，那么法院可以确认行政行为违法甚至无效。按照西方国家通说，如果行政机关在行使裁量权时不适用裁量基准，则必须说明正当的理由"不说明理由或理由不成立的行政处理是越权行为"。[1]第二，适用该原则可以适当扩展我国行政诉讼的受案范围和审查范围。以行政裁量权为例，原则上法院要保持克制，某些领域并不能审查。但是，如果行政主体在该领域制定了自我规制规则，根据该原则，法院可以审查其是否遵守了该规则，从而间接获得了审查该类行政行为的机会。

当然，正如麦吉尔所言，适用 Accardi 原则不仅能够促进行政主体认真实施自我规制的规范，保障自我规制的有效性。同时，该原则也可能给行政机关带来一定的"成本"，进而削弱行政主体启动自我规制措施的动力。为了避免对行政主体自我规制动力的不当削弱，法院在适用该原则时应当保持谨慎。行政主体如果能够提出适当的理由，那么法院应当允许行政主体放弃自身的自我规制规则。原则性和灵活性的统一可以使该原则更好的发挥作用，而不致僵化。

二、司法对行政自我规制的确认和助成

虽然行政自我规制属于行政主体自己的话语体系，但其本身的合法性和有效性除了内部证成之外，也可以获得外部的确认和助成。就司法权与行政权的关系而言，司法权不只是对行政权的制约，在一定情况下，也构成了对

---

〔1〕 王志强："论裁量基准的司法审查"，台湾东吴大学 2005 年硕士学位论文。

行政权的保障。这主要体现在对行政行为合法性确认和合理性支持上。行政自我规制措施得到司法的确认无疑可以提升其合法性和权威性，可以使行政自我规制措施获得外部证成。

（一）确认或认可行政自我规制措施

理论上，法院可以通过确认或认可行政自我规制措施以提升行政自我规制的合法性和有效性。司法实践中，法院确认行政惯例的效力便是很好的例证。行政惯例制度是行政机关自我规制的重要制度形式。法院在审判过程中，确认行政机关所遵守的行政惯例合法性并予以支持，实际上起到了保障行政主体自我规制有效性的作用。在"杜宝群等诉北京市公安局海淀区分局龙泉寺派出所案"中，北京市海淀区人民法院就间接承认了行政惯例的适用效力。〔1〕该案中，法院认为，"原告杜玲红系未成年人，在未独立生活之前，其户籍关系按惯例随其母亲变更，并无不当"，遂判决驳回了原告的诉讼请求。法院的判决实际上是对行政机关适用惯例的确认和保障。此外，四川省巴县人民法院在"屈大明诉四川巴县界石镇人民政府案"〔2〕中，按照"下级无权废止上级行政行为"的惯例，判决界石镇政府自行对屈大明的林权证宣布作废，属于超越职权的行为。法院的上述判决，既是对行政惯例的尊重，也明确了行政惯例对行政主体的效力。〔3〕基于上述判决思路，法院也可以对其他行政自我规制措施予以确认和保障，从而增强行政自我规制措施的合法性和有效性。

（二）行政自我规制失效时的补强

行政自我规制措施有失效的可能性，主要表现为行政主体不按照行政自

---

〔1〕 案情：该案原告杜宝群、李宝琴夫妇违反《北京市计划生育条例》的规定，超计划生育二胎，被双方所在的单位开除公职。1990年11月16日，双方所在的单位根据（88）京政农93号文件的规定，针对二人违反劳动纪律、长期旷工躲生的行为，报请有关部门改变二人的户别。龙泉寺派出所于1992年4月15日对二人作出了非转农的变更户别的决定，根据户籍管理中未成年子女随母的惯例，同时将原告的女儿杜玲红的户口也作了非转农的变更。杜宝群、李宝琴和杜玲红不服，向法院提起行政诉讼。

〔2〕 本案中，巴县界石镇人民政府在解决屈大明与另一村民的林地纠纷过程中，察觉屈大明所持的巴县人民政府颁发的林权证表面有瑕疵，遂将此证认定为屈大明本人伪造，并宣布废止该林权证。经审理认为，政府发出的林权证尽管有不完善之处，但按照惯例，界石镇政府只能就此报请巴县人民政府作出处理，而不能径行予以废止。现界石镇政府自行对该林权证宣布作废，实属超越职权的行为。该判决实际上就是对"下级无权废止上级行政行为"这样一个行政惯例的具体适用。最高人民法院中国应用法学研究所主编：《人民法院案例选》，人民法院出版社1992年版，第187~189页。

〔3〕 周佑勇："论作为行政法之法源的行政惯例"，载《政治与法律》2010年第6期。

我规制措施做出行为。比如，在存在裁量基准的情况下不按照裁量基准进行处罚，导致行政处罚不适当。在"周文明诉文山县交警支队案"中，[1]文山县交警并没有执行云南省公安厅制定的《云南省道路交通安全违法行为罚款处罚标准暂行规定》第9条第31款的规定，即机动车驾驶人驾驶机动车超过规定时速未到50%的，处50元以上100元以下罚款。周文明起诉后，一审法院认为根据原告的超速情况，以及《云南省道路交通安全违法行为罚款处罚标准暂行规定》第9条第31款之规定，被告以最高限额来处罚原告周文明显失公正，应予变更。这个案件是典型的行政自我规制措施失效的例子。法院通过变更判决否定了行政机关不遵守裁量基准行为，对于裁量基准的效力具有补强作用。另外，法院要求行政机关履行行政承诺，也是补强行政自我规制的例子。

行政承诺是行政主体对外作出的一种保证和允诺，原则上不具有法律效力，因而行政承诺的遵守有赖于行政自我规制。当行政主体拒绝履行行政承诺时，行政自我规制机制处于失效状态。此时，法院督促行政主体履行承诺，确立行政主体应当遵守承诺的判例，实质上起到了督促行政主体进行自我规制的作用，是对失效行政自我规制的补强。比如在"王新民等243人诉浙江省临安市人民政府不履行法定职责案"中，法院认为，行政主体应当遵守其通过会谈纪要的形式所作出的补偿承诺，并按照补偿承诺给予补偿。法院在判决书中指出，"临安市人民政府在（2000）47号《关于天目山自然保护区新扩区保护与开发有关问题协调会议纪要》中关于'对规划要求绝对保护的范围由市政府作适当补偿'的公开承诺合法有效，该承诺所确定的义务应视为其必须履行的法定职责。临安市人民政府关于法律没有明确规定其有对新

---

〔1〕　2007年8月2日，周文明（原告、被上诉人）驾驶轿车自南向北行驶，途径云南省文山县辖区省道S210线（最高限速70km/h）某测速点时，被公安交警雷达监控测速测出其车速为90km/h。文山县公安交警大队（被告、上诉人）旋即通知查处点民警将车拦截。民警告知其已经违章超速驾驶，并适用简易程序当场作出罚款200元扣3分的行政处罚。周文明不服，拒绝签字，并于同月30日向文山县人民法院（一审法院）提起行政诉讼，一审判决变更处罚为80元且不扣分。文山交警不服一审判决，上诉至文山壮族苗族自治州中级人民法院（二审法院），二审法院判决撤销一审判决，维持原处罚决定，并驳回被上诉人周文明的诉讼请求。《道路交通安全法》第90条规定："对机动车驾驶人违反道路交通安全法律、法规关于道路通行规定的，处警告或者20元以上200元以下罚款。本法另有规定的，依照规定处罚。"《云南省道路交通安全违法行为罚款处罚标准暂行规定》（云南省公安厅制定，2004年7月1日起施行）第9条第31款规定：机动车驾驶人驾驶机动车超过规定时速未到50%的，处50元以上100元以下罚款。

扩区村民经济损失进行补偿的职责，王新民等诉其履行法定职责无法律依据的意见不能成立，本院不予支持。王新民等243人起诉要求临安市人民政府履行上述法定职责的理由成立，本院予以支持。"[1]

（三）司法自我约束

无论坚持司法能动主义还是司法谦抑原则，都不可否认司法不是万能的。司法作用的发挥亦存在"帕累托最优"。司法权发挥最优作用的关键即在于：法官能够在"有所为，有所不为"之间找到一个平衡点。司法权应当对行政权进行监控，但也要对行政权给予适当的尊重。正如有学者指出：司法控制可能带来的最为消极的影响在于抑制行政机关的主观能动性。如果法官定期地以自己对法律的解释代替行政人员的解释，那么行政机关和法院都会停滞不前。[2]司法权对于行政权的适当尊重，是行政自我规制得以实施的前提。因为行政自我规制实质上是行政主体主观能动性的发挥，而过于严格的司法审查可能会制约行政主体的主观能动性，进而抑制其进行自我规制的积极性。基于此，美国联邦最高法院在"伽夫隆诉国家资源保护委员会案"中重申：只要行政机关的裁量权是建立在法律允许的范围内，本质上法院将服从行政专业技术或者自由裁量，以此来确定法院的地位。法院也许不会用它自己对法条的解释代替一个行政机关作出的合情合理的解释。[3]司法本身的自控能够为行政主体进行自我规制提供较大的空间，并且有助于其主观能动性的发挥，为行政主体进行自我规制提供了较大空间，防止对其积极性的削弱。

三、司法对行政自我规制合法性的监控

尽管从理念上讲，行政自我规制的价值取向即在于保障自身行为合法与合理，然而事实证明，价值取向上的崇高性并不能保证行政自我规制本身的合法性，因而对其进行合法性监控也是必要的，而合法性监控的有效路径之一便是司法审查。更有学者指出："所有的指南，无论是关系到利益冲突或者淫秽定义的解释或者令人同情的理由，都应当符合一系列程序和实体标准，并

---

〔1〕 浙江省高级人民法院（2003）浙行再字第3号行政判决书。

〔2〕 崔卓兰、刘福元："行政自由裁量权的内部控制"，载《中国法学》2009年第4期。

〔3〕 ［美］肯尼思·F·沃伦：《政治体制中的行政法》，王丛虎等译，中国人民大学出版社2005年版，第90页。

且应当服从于政治正当性和司法审查。"〔1〕

（一）合法性监控的必要性

1. 行政主体通过自我规制寻租。行政主体可能通过制定有拘束力的执法指南，不针对产业中的某部分企业进行执法，为其提供安全庇护，从而向私人"出租权力"。〔2〕如果行政主体选择对其中某些违法者追究责任，而不追究其他人责任，这就构成了对被追究者的负担，如果这两类群体存在竞争关系，相对而言，行政主体的行为就给另一方带来了收益。〔3〕这种情况下，行政主体的自我规制行为不但不会产生有益的结果，反而违反了社会秩序，是应当坚决反对的。

2. 侵害内部工作人员合法权利的情况存在。现实中，行政主体在自我规制过程中侵害公务员利益的现象仍有发生。行政自我规制中存在的侵益现象，一方面会打击公务员的积极性，另一方面会折损行政自我规制本身的权威性和有效性。

（二）合法性监控的路径

监督权是司法权的神圣职责，因而对于行政自我规制合法性的监控自然也不能"弃司法而言它"。当然，行政自我规制本身的特殊性决定了司法进行合法性监控有其特殊性。

1. 受案范围的扩展

从过程上讲，行政自我规制主要包含两个过程：规制规则的制定过程和规制规则的实施过程。就司法而言，其重要的关注点在于规制规则和内部行政关系。这一点英国司法领域的经验值得借鉴。英国行业协会对内部成员的侵权行为早已被纳入法院司法审查的范围，不仅针对其具体对象的行为，而且其制定的规章本身都要接受法院的司法审查。〔4〕而在德国，行政法院的审查对象也包括行业协会制定的自治规章。〔5〕既然行业协会的自治组织内部管

---

〔1〕　[加] 洛恩·索辛、查尔斯·W·斯密斯：《艰难选择与软法：伦理守则、政策指南和法院在规制政府中的作用》，载罗豪才、毕洪海主编：《软法的挑战》，商务印书馆2011年版，第220页。

〔2〕　例如，如果联邦食品药品管理局对某种非处方药生产者提供安全庇护，那么其他竞争者会面临行政机关执法的风险，这些非处方药企业就会处于相对优势地位。

〔3〕　[美] 伊丽莎白·麦吉尔："行政机关的自我规制"，安永康译，载姜明安主编：《行政法论丛》，法律出版社2010年第13卷，第510页。

〔4〕　[英] 丹宁勋爵：《法律的训诫》，杨百揆等译，法律出版社1999年版，第165～195页。

〔5〕　于安编著：《德国行政法》，清华大学出版社1999年版，第92页。

理和规章都可以纳入司法审查的范围，那么自治空间更小的行政主体的内部行为和规范也应当可以纳入司法审查的范围。从行政权与司法权的划分角度，司法权对于规则的制定过程不宜太多干预，但是，对于行政主体制定的行政规范原则上应当进行司法审查。另外，行政主体进行自我规制时会涉及行政主体与公职人员的关系，也即我们常说的"内部行政关系"。由于这个关系是行政自我规制的核心关系，因而对行政自我规制进行合法性监控需要将"内部行政关系"纳入司法审查的范围。行政内部监督法治化离不开司法机关或权力机关对行政的制约，以有效解决权利救济与行政监督的问题。[1]

2. 违法的行政自我规制规则的撤销

"司法审查是法院监督行政机关遵守法律的有力工具，没有司法审查，行政法治等于一句空话，个人的自由和权利就缺乏保障。"[2]违法的行政自我规制规则不但起不到良好的规制效果，反而可能加重对社会秩序的破坏，无法满足维护公共利益的需要。通过现实的考察可以发现，很多传统意义上的内部规则外部化的趋势日益明显，从而使其直接或间接地具有了外部法律效力。[3]内部规则效力的外部化使得其违法的破坏性和危害性更大，因而，对于违法的内部规则，司法机关应当予以撤销。违法规制规则一般以规范性文件的形式存在，具有抽象性和反复适用性，如果不及时将其撤销会产生严重的后果。

四、司法对行政自我规制的推动

从应然角度讲，司法权具有相当的权威性，行政权对于司法机关的决定应当充分地尊重和执行。司法的权威性使得其可以在一定程度上推动行政主体进行自我规制。法院可以通过对行政主体提出更高的要求或者提出司法建议来促使行政主体有更大的动力进行自我规制。正如戴维斯教授所言，如果法院能够要求行政机关自身制定规则以限制自由裁量权，那么宽泛的制定法所引起的危险就可以在很大程度内得以避免。[4]

---

〔1〕 廖原："宪法体制下的行政保留"，载《行政与法》2009年第4期。
〔2〕 王名扬：《美国行政法》，中国法制出版社1995年版，第41页。
〔3〕 ［德］哈特穆特·毛雷尔：《行政法学总论》，高家伟译，法律出版社2000年版，第599页。
〔4〕 ［美］理查德 B·斯图尔特：《美国行政法的重构》，沈岿译，商务印书馆2002年版，第46~47页。

（一）对行政主体提出更高的要求

从形式法治的角度，法院主要审查行政权行使是否违法，因而其对行政行为的审查也要符合法律的要求，即其需要以法律为依据审查行政行为。然而，随着社会的发展，法院并不满足于固守形式法治的逻辑，而是试图对行政权提出更高的要求。基于对司法权的尊重，行政权对这些要求作出一定的回应，回应的过程就伴随着行政自我规制。

1. 善治法院的兴起。善治理念在世界各国兴起，法院也加入了"善治"的行列。在亚洲、拉丁美洲、南非和欧盟，很多法院接受了善治理念，并积极做出回应，根据善治的要求推进司法改革，"善治法院"（The Good Governance Court）随之兴起。比如，印度的"善治法院"包含两个方面的内涵：其一，法院依据一定的善治原则有效地审查并指导该国非民选机构（包括社会组织）的治理行为。第二，法院通过司法审查扩大适用来自政治传统的善治原则，将更多的善治理念和义务强加于公共治理主体。[1]"善治法院"要求行政主体积极回应善治的要求，而行政主体积极回应善治则有赖于其进行自我规制。因而，"善治法院"的兴起，客观上成为行政自我规制的推动力。

2. 利益代表模式。在美国，基于"当所有利益得到考虑时，正义就产生了"[2]的基本假设，美国法院推动了"利益代表模式"，即通过技术手段，扩展利益相关人在行政程序及司法审查过程中的参与权。该模式的目的即在于保障各种相关利益在制定政策或者决定的过程中得到代表，并获得适当考虑。[3]尽管在斯图尔特看来这种利益代表模式"通过正式程序来促进所有受影响利益获得代表，既存在困难又有巨大成本"。"扩展行政程序参与权利，不可能解决宽泛立法授权之下行政机关选择偏向的根本问题。"[4]从客观情况来看，法院要求行政主体的决定更具代表性，一定程度上促进了行政主体在行政决定过程中更倾向于引入利益代表，以使行政决定更富理性。毕竟，法院只是要求行政主体的行为具有代表性，但是如何实现这种代表性以及代表

〔1〕韩春晖：《行政法治与国家形象》，中国法制出版社2011年版，第107页。

〔2〕［美］理查德Ｂ·斯图尔特：《美国行政法的重构》，沈岿译，商务印书馆2002年版，第143页。

〔3〕王锡锌："英美传统行政法'合法性解释模式'的困境与出路——兼论对中国行政法的启示"，载《法商研究》2008年第3期。

〔4〕［美］理查德Ｂ·斯图尔特：《美国行政法的重构》，沈岿译，商务印书馆2002年版，第164~165页。

模式的具体安排则更有赖于行政主体的自我规制。

（二）司法建议：以"牙防组"撤销案为例

行政法领域的司法建议[1]是法院向有关主体就相关法律问题而作的解释，以及根据法律要求行政主体或当事人作为或不作为的一种倾向性意见。行政审判中的司法建议是司法权对行政权监督方式的创新，是能动司法的体现。[2]司法建议不具有法律约束力，只具有说服力，但是，从应然的角度来看，司法建议往往因为司法机关的权威性和法律知识的专业性而受到行政主体的尊重和接受。在中国现在的法治语境下，司法机关的司法建议似乎比法院的判决更能得到行政主体的接受和尊重。法院通过"司法建议"的形式要求行政主体作出一定行为。比如，纠正不当的行为，行政主体一般更倾向于听取建议，因为这是一种相当温和且秘密的纠错方式。其次，法院可以通过司法建议要求行政主体履行职责。此外，法院也可以通过司法建议的形式为行政主体进行自我规制提供一些法律上的建议等。

在"全国牙防组被撤销案"中，司法建议发挥了重要作用。2006 年 8 月，清华大学法学博士李刚以"全国牙防组"违法违规认证牙齿保健产品和不正当收受赞助费为由向朝阳区人民法院提起公益诉讼。法院驳回了李刚的诉讼请求，但是，在一个月后朝阳区人民法院分别向国家认证认可监督管理委员会和卫生部发出司法建议函，建议两部门对全国牙防组的违法认证行为展开调查，并作出相应的处罚。[3]同年 11 月，两部委叫停了牙防组的认定活动。2007 年 4 月，卫生部宣布撤销被戏称为"欺骗中国 20 年"的"全国牙防组"。[4]在这个案件中，司法机关主动向行政机关发出司法建议，并最终使得两个部委自我纠错或者主动行动，体现了司法建议在推动行政自我规制中的作用。

---

[1] "司法建议"往往是指司法机关向有关单位或者个人发出的意见或者建议，迄今为止没有任何司法解释或者权威解释对司法建议的内涵进行说明。

[2] 黄学贤、丁钰："行政审判中司法建议制度的几个基本问题"，载《苏州大学学报（哲学社会科学版）》，2010 年第 1 期。

[3] 唐晋主编：《大国策：通向大国之路的中国政治 善治与体制》，人民日报出版社 2009 年版，第 126 页。

[4] 许浩："公益诉讼 11 年："扳倒"牙防组"，载新浪新闻网 https://news.sina.com.cn/c/2007~07~09/095413405777. shtml，最后访问日期：2023 年 4 月 10 日。

第五节　欲说还休——尚待讨论的话题

行政自我规制是一项庞大的系统工程，其包含的内容是极为丰富的，毫不夸张地说它是更为宏大的理论体系。本书曾经试图讨论，但是限于篇幅无法讨论，有待今后进一步讨论的内容主要有以下几个方面。

1. 力量控制。行政系统已然成为一个庞然大物，如何控制自身力量成为行政自我规制首先应关注的问题。[1]现代行政法将政府监管的成本降低、效益分析、中央放权和委托私人完成公共任务等作为行政权力发展的一种标志。[2]力量控制方面的体现为：下放自身的权力——权力社会化、善用非强制性行政行为和上级机关的自我克制。邓小平同志曾经说，在特定的体制下，各级领导机关"管了很多不该管、管不好、管不了的事"。[3]于是提出了党政分离、适度放权的要求。放权或者还权于民本身便是政府能量的自我消解和释放，是行政主体自我规制的基础和重要表现。

2. 机关文化规制。行政自我规制的实现有赖于机关文化的塑造，而机关文化的规制本身亦是行政自我规制的重要组成部分。任何制度的运行都离不开一定的软环境，而行政文化无疑是至关重要的。[4]在中国古代的官箴即是一种行政自我规制文化的展现。[5]在阿兰·格罗锡看来，个人行为反映"某

---

〔1〕　在《功夫熊猫之武侠成功的秘密》一电影中，有这样一个片段：作为孤儿的虎没有意识到自己的力量有多大，因而其一举一动都可能吓到或者伤害到别人。孤儿院的所有人都称其为怪物，不愿与其交往。后来，孤儿院来了浣熊师傅，浣熊师傅让她学会控制自己的力量。最终浣熊师傅帮助虎学会控制自己的力量，从而使自己获得了其他动物的认可。这个故事虽然纯属虚构，但是却道出了一个非常重要的道理——力量强大的实体，需要学会控制自己的力量。行政机关作为权力的享有者和行使者，其必然拥有强大的力量，而自身可能意识到，也可能没有意识到，但无论如何其要学会控制自己的力量，因为它的力量之大，不仅可以带来公共福利，也可能带来伤害。

〔2〕　张千帆："欧美行政法的热点问题与发展趋势"，载《行政法学研究》2008年第2期。

〔3〕　《邓小平文选》，人民出版社1994年版，第328页。

〔4〕　在所有软环境中有一个因素是不能不提到的，那就是行政系统中的文化因素，任何行政系统中都存在一个能够调适这个系统诸元素的文化，我们可以把这个文化称之为行政文化，即存在于行政系统之中、调适相关行政要素的文化因素。

〔5〕　官箴作为行政权力规范，主要通过两种途径实现其功能：一是建构行政权力自我控制的思想基础；二是建构行政权力自我控制的行为模式。官箴通过介绍和传递行政事务的处理规则。周文明："官箴的规范意义：中国古代行政权力的自我控制"，载《长春工业大学学报（社会科学版）》2011年第3期。

种理性的运用"，但"仍然在很大程度上取决于个人所处的文化环境"。[1]文化规制需要重点把握几个方面：权威与自由并重；尊重前任成果；机关文化改造和酒桌文化的摒弃。

3. 德性控制——为德以礼。如果说道德客观性的确立属于个体责任范畴，那么择善而不是选恶，使生活拥有自身良好的价值，这就有赖于个体期望善与行善的能力。[2]怀特在他的《组织中的人》一书中告诫我们要反对组织对于个人价值观、世界观和行为的控制，要求我们在面对来自组织需求和目标方面的压力时，坚持个人道德的首要性。[3]根据怀特的观点，公务员能够在机关中保持适当的人格独立，能够锻炼自己的道德操守是行政自我规制的重要基础。

4. 行政自我规制的目标控制。行政自我规制以法治和善治为导向，强调行政行为更为合法，更加合理，行政正义的实现以及人格尊严的维护。法律不可能规定每一个行政机关工作人员在行政服务时都面带微笑，否则，法律将沦为无所不包的控制工具。但是，行政主体可以要求自己的工作人员以好的姿态去提供公共服务，因为它具有更强的权威性、更了解自己人，其提出更严格的要求也容易接受。人格尊严不只体现为老有所养、病有所医、不受到非法的侵害，更体现为每个相对人内心对于自身价值和主体性的一种体验，这种体验更多来自于外界的输入。行政主体自我规制，增强服务意识，弱化权力的暴力性，是维护人格尊严的重要体现。

5. 行政法学如何面对行政自我规制。传统行政法学是以外部规制为主要研究视角的学术体系。行政自我规制理论的提出，实际上是对传统行政法学的补充。如何在保证行政法学体系逻辑自洽的基础上对行政自我规制理论进行回应是行政法学未来需要回应的课题。

---

[1] Allen G · Gruchy, *The Reconstruction of Economics*, Westport, Conn. : greenwood press, 1987, p. 3.

[2] ［法］让·马克·夸克：《合法性与政治》，佟心平、王远飞译，中央编译出版 2002 版，第315页。

[3] ［美］特·L·库珀：《行政伦理学：实现行政责任的途径》，张秀琴译，中国人民大学出版社 2010 年版，第 206 页。

结　语

　　探索多元化控权路径，实现对行政权的内外兼治是现代行政法的必然选择。行政自我规制理论的提出和建构并非为了与外部规制分庭抗礼，而是对外部规制的一种有益补充。行政自我规制作为一种存在的现象需要理论支撑，而作为理论的行政自我规制又需要对实践作出回应，因而本书游走于理论与方案之间，试图从现实出发建构理论，再由理论指导实践。理论与方案之间的张力影响了本书的美感和逻辑的自洽，但是理论与方案之间的互补又彰显了本书的价值。

　　基于对理论与方案的共同追求，本书的基本思路是围绕问题展开的。"行政自我规制是什么""如何可能""如何有效"和"怎样合法"四个问题的提出与解答构成了本书的基本逻辑框架：从学界的研究成果出发对行政自我规制理论的相关内容进行了论证，建构了行政自我规制理论的宏观框架；随后通过人性论、博弈论和合作论等理论论证了行政自我规制的可能性；再从实证角度分析了行政自我规制存在的问题，针对这些问题提出了三个解决路径：对峙社会的构建、制度化和法治化。

　　行政自我规制是指以规范和控制行政权为目标，以行政主体自身及公务员行为为对象，以止恶和扬善为维度，通过各种措施，实现行政权合法、合理和有效行使以及行政正义、增强行政回应性等价值的自我规范和控制的制度、方式和手段的总和。对于一种理论或者方案，过分倚重与过分轻视都是不可取的。行政自我规制不是万能的，但是，没有行政自我规制的社会又是万万不能的。行政自我规制作为一种"自治性"控权模式，不但是可能的，而且是现实的，问题的关键是如何使其能够成为一种常态的、有效的和合法的制度性控权路径？答案就是在建构有效外部规制的前提下，推进行政自我规制的制度化和法治化。

如果将行政自我规制放在宪法框架下考察可知，行政自我规制实际上在建构不成文宪法，即吸收宪法原理和精神实现对行政权的控制。认识到行政自我规制的深层次内涵可以得出以下启发。

首先，充分重视行政自我规制的作用。风险社会和规制国背景下，行政自我规制的作用应当得到充分重视。第一，应当认识到行政自我规制具有自发性和真实性，打破传统理论对"他制"的过分依赖。第二，内部行政法和行政自我规制框架的产生是基于行政机关的实践经验，具有经验理性，更契合行政权运行实践且具有专业性，因而更具有实效性。第三，行政自我规制有助于提升行政权合法性。行政机关建构的内部制约和平衡机制，具有使行政权合法化的功能。[1]因为行政分权和制衡，有助于防止某一个行政机关拥有不受限制的权力。[2]第四，行政自我规制是外部规制发挥作用的基础。如前所述，行政机关创设的内部控权机制和责任机制是外部控权和责任机制发挥作用的前提和基础，这一点对于我们更加深刻地认识行政自我规制的作用具有积极意义。

承认行政自我规制的宪法价值，要求公法学界，特别是行政法学界拓展研究视野，关注我国行政主体自我规制的现象和内部行政法理论，并且挖掘行政自我规制、内部行政法资源，建构自我规制与外部规制、内部行政法和外部行政法相结合的控权理论体系，从而更好地丰富我国宪法和行政法理论体系，特别是要理顺行政机关进行自我规制与宪法的关系。一方面，宪法是行政自我规制的动力基础，也是行政机关自我规制措施合法性的来源；另一方面，行政机关自我规制本身实际上起到了宪法意义上规范和控制权力的作用。行政自我规制的框架和原理与宪法具有同构性，比如，均强调分权、制衡等，有助于提升行政权运行的合法性。

其次，优化行政自我规制的路径。从应然层面上，行政自我规制具有宪法价值和功能，因而优化行政自我规制关键是吸收和借鉴宪法的精神和原则，或者说按照宪法功能的实现与否评价行政自我规制是否实现。具体而言，第

---

〔1〕 See Jon D. Michaels, "An Enduring, Evolving Separation of Powers", *Colum. L. Rev.*, Vol. 2015, No. 115.

〔2〕 See Gibbons, "The Interdependence of Legitimacy: Art Introduction to the Meaning of Separation of Powers", 5 *Seton Hall L. Rev.*, Vol. 1974, No. 5.

一，行政自我规制应当以权力限制为核心目标，确保行政权的行使在宪法和法律的框架下运行。第二，行政自我规制的措施和内部框架，应当体现分权、制衡等宪法原则和精神。第三，应当培育"自制"文化和行动逻辑。第四，通过制定规则将"自我规制"的措施进行明确化，以更好的实现"规则之治"。第五，行政机关制定的对外规制性规则，亦应当体现和贯彻"自我规制"的精神，注重对行政裁量权的控制以及对官员行为的规范。正如戴维斯所说，行政规则是控制行政裁量权的关键环节。为了达到个案正义，行政机关在处理个案时，应当受到依据行政程序法而制定的行政规则的约束。[1]更有学者指出，规则制定是限制官僚权力和自由裁量权的一个重要工具。[2]从这个意义上，行政机关制定的任何规则，应当以"束权"为原则，而不是以"赋权"为目的。

最后，确保行政过程成为宪法控制的政治过程，实现行政自我控权，提升行政理性和政治回应性。在我国，行政权的运行应突破内部"命令——服从"的官僚性逻辑，按照宪法精神和原则的要求，对行政过程进行改造，以体现民主、对峙、理性、权力约束等价值。质言之，使行政过程本身成为宪法过程的一部分。如前所述，我国行政权的运行过程凸显"人治逻辑"和权力任性，与法治精神相违。改变我国行政过程的人治逻辑，除了借助外部监控外，还要注重诉诸内部宪法框架和结构的搭建，并使内部宪法结构和框架成为外部监控发挥作用的基础。具体而言，行政过程应当接受宪法原则和精神的改造，做出相应的制度和结构安排：第一，行政过程应当体现分权、制衡和权力约束要求，行政机关必须成为独立的宪法实施者，认真对待宪法限制权力的原则。第二，行政过程应当体现民主与对峙的要求。第三，行政过程应当具备公开性和理性。理性在这里强调辩论和权衡的精神。施密特强调，公开性和辩论两条原则，是宪法思想的核心，可以保障真理和正义的产生。[3]第四，行政过程中行政机关应当认真对待宪法。[4]既然行政机关掌握着决

---

〔1〕 See Davis, *Discretionary Justice*, Baton Rouge: Louisiana State University Press, 1969, p. 219.

〔2〕 See Theodore Lowii, "Two Roads to Serfdom: Liberalism, Conservatism, and Administrative power", *American University Law Review*, Vol. 1987, No. 26.

〔3〕 ［德］卡尔·施密特：《合法性与正当性》，冯克利、李秋零、朱雁冰译，上海人民出版社2015年版，第49页.

〔4〕 See Gilliam E. Metzger, "The Interdependent Relationship between Internal and External Separation of Powers", *Emory L. J.*, Vol. 2009, No. 59.

策权和创制权，那么他们就应当像政治性机构一样认真对待宪法。不仅应符合实定法的要求，还应当使自己的行为符合宪法的要求。另外根据学者考察，行政机关并不一定会轻视宪法对其权力的控制，特别是当行政官员发现对自身权力进行控制有助于特定目标实现的时候。[1]

理论的生命力不仅在于逻辑的自洽，还在于学术的争鸣。相信行政自我规制理论和实践会随着越来越多学者的关注和讨论而变得更加有力。

---

〔1〕 See William N. Eskridge JR. & John Ferejohn, *A Republic of Statutes*：*The New American Constitution*，Yale University Press，2010，p. 18.

参考文献

一、著作类

（一）中文

1. ［美］汉密尔顿等：《联邦党人文集》，程逢如、在汉、舒逊译，商务印书馆 1980 年版。

2. 姜明安主编：《行政法与行政诉讼法》，北京大学出版社、高等教育出版社 2011 年版。

3. ［德］康德：《纯粹理性批判》，蓝公武译，生活·读书·新知三联书店 1957 年版。

4. ［英］特伦斯·丹提斯、阿兰·佩兹：《宪制中的行政机关——结构、自治与内部控制》，刘刚等译，高等教育出版社 2006 年版。

5. ［美］查尔斯·霍顿·库利：《人类本性与社会秩序》，包凡一、王源译，华夏出版社 1999 年版。

6. 刘福元：《行政自制：探索政府自我控制的理论与实践》，法律出版社 2011 年版。

7. 《辞海》（第六版），上海辞书出版社 2009 年版。

8. 龚学胜主编：《当代汉语词典》，商务印书馆 2008 年版。

9. 《马克思恩格斯全集》（第 1 卷），人民出版社 1956 年版。

10. 湛中乐：《现代行政法的过程论——法治理念、原则与制度》，北京大学出版社 2005 年版。

11. ［美］杰里·L·马肖：《创设行政宪制 被遗忘的美国行政法百年史（1787-1887）》，宋华琳、张力译，中国政法大学出版社 2016 年版。

12. 中国社会科学院语言研究所词典编辑室编：《现代汉语词典》，商务印书馆 2002 年版。

13. ［英］戴维 M 沃克：《牛津法律大辞典》，邓正来等译，光明日报出版社 1988 年版，第 578 页。

14. 邓正来主编：《布莱克维尔政治学百科全书》，中国政法大学出版社 1992 年版。

15. 国际行动援助中国办公室编译：《善治——以民众为中心的治理》，知识产权出版社 2007 年版。

16. ［美］安·赛德曼等：《立法学理论与实践》，刘国福等译，中国经济出版社 2008 年版。

17. 韩春晖：《行政法治与国家形象》，中国法制出版社 2011 年版。

18. 王磊：《宪法的司法化》，中国政法大学出版社 2000 年版。

19. 叶必丰：《行政法的人文精神》，北京大学出版社 2005 年版。

20. ［日］杉树章三郎：《行政机关的人格性》，陈汝德译，北平大学法商学院研究室丛书（1937 年）。

21. ［美］肯尼思·F·沃伦：《政治体制中的行政法》，王丛虎等译，中国人民大学出版社 2005 年版。

22. 北京大学哲学系外国哲学史教研室编译：《十八世纪法国哲学》，商务印书馆 1963 年版。

23. ［美］马斯洛：《马斯洛人本哲学》，成明编译，九州出版社 2003 年版。

24. ［美］理查德 B·斯图尔特：《美国行政法的重构》，沈岿译，商务印书馆 2002 年版。

25. ［英］丹宁勋爵：《法律的训诫》，杨百揆等译，法律出版社 1999 年版。

26. 李春成：《行政人的德性与实践》，复旦大学出版社 2003 年版，第 259 页。

27. ［美］斯科特·戈登：《控制国家——从古典雅典到今天的宪政史》，应奇等译，江苏人民出版社 2005 年版。

28. ［德］卡尔·施密特：《合法性与正当性》，冯克利、李秋零、朱雁冰译，上海人民出版社 2015 年版。

29. 刘福元：《行政自制——探索政府自我控制的理论和实践》，法律出版社 2011 年版。

30. ［美］杰佛瑞·布伦南、詹姆斯·布坎南：《宪政经济学》，中国社会科学出版社 2004 年版。

31. 余凌云：《行政自由裁量论》，中国人民公安大学出版社 2005 年版。

32. 王名扬：《英国行政法》，中国政法大学出版社 1987 年版。

33. 张千帆：《宪法学导论 原理与应用》，法律出版社 2008 年版。

34. 俞可平主编：《治理与善治》，社会科学文献出版社 2000 年版。

35. ［德］哈贝马斯：《公共领域的结构转型》，曹卫东等译，学林出版社 1999 年版。

36. 张千帆：《宪政原理》，法律出版社 2011 年版。

37. 王名扬：《美国行政法》，中国法制出版社 1995 年版。

38. 蔡定剑：《一个人大研究者的探索》，武汉大学出版社 2007 年版。

39. ［美］博登海默：《法理学 法律哲学与法律方法》，邓正来译，中国政法大学出版社 1999 年版。

40. 陈敏：《行政法总论》，新学林出版有限公司 2007 年版。

41. 翁岳生主编：《行政法》，中国法制出版社 2002 年版。

42. 上海市高校《马克思主义哲学基本原理》编写组：《马克思主义哲学基本原理》，上海人民出版社 1994 年版。

43. 《毛泽东选集》（第 3 卷），人民出版社 1991 年版。

44. 梁漱溟：《中国文化要义》，上海世纪出版社 2005 年版。

45. ［美］伯尔曼：《法律与宗教》，梁治平译，中国政法大学出版社 2003 年版。

46. ［英］大卫·休谟：《人性论》，中国社会科学出版社 2009 版。

47. ［美］莱斯利·里普森：《政治学的重大问题》，刘晓等译，华夏出版社 2001 年版。

48. 张千帆：《为了人的尊严——中国古典政治哲学批判与重构》，中国民主法制出版社 2012 年版。

49. 《孟子·尽心上》。

50. 张文显：《二十世纪西方法哲学思潮研究》，法律出版社 1996 年版。

51. 周晓亮主编：《近代：理性主义和经验主义，英国哲学》，凤凰出版社、江苏人民出版社 2004 年版。

52. 罗豪才等：《行政法平衡论讲演录》，北京大学出版社 2011 年版。

53. 庞树奇、范明林主编：《普通社会学原理》，上海大学出版社 2000 年版。

54. ［德］伊曼努尔·康德：《道德形而上学原理》，苗力田译，上海人民出版社 2005 年版。

55. 张维迎：《博弈论与经济信息学》，格致出版社、上海人民出版社 2012 年版。

56. 张金鉴：《行政法学新论》，台湾省三民书局 1984 年版。

57. 魏建：《法经济学 分析与范式》，人民出版社 2007 年版。

58. 罗豪才、毕洪海主编：《软法的挑战》，商务印书馆 2011 年版。

59. 于安编著：《德国行政法》，清华大学出版社 1999 年版。

60. 沙颂主编：《社会学概论》，中国经济出版社 1999 年版。

61. ［英］边沁：《政府片论》，沈叔平等译，商务印书馆 1995 年版。

62. ［英］A·J·M，米尔恩：《人的权利与人的多样性——人权哲学》，夏勇等译，中国大百科全书出版社 1995 年版。

63. ［古希腊］亚里士多德：《政治学》，吴寿彭译，商务印书馆 1965 年版。

64. ［德］莫里斯·奥里乌：《行政法与公法精要》，龚觅等译，辽海出版社、春风文艺出版社 1999 年版。

65. ［德］哈特穆特·毛雷尔：《行政法学总论》，高家伟译，法律出版社 2000 年版。

66. 杨建顺：《行政强制法 18 讲》，中国法制出版社 2011 年版。

67. 陈端洪：《宪政与主权》，法律出版社 2007 年版。

68. 张桂琳：《西方政治哲学——从古希腊到当代》，中国政法大学出版社 1999 年版。

69. 刘李胜：《制度文明论》，中央党校出版社 1993 年版。

70. 宋功德：《行政法哲学》，法律出版社 2000 年版。

71. 宋功德：《行政法的均衡之约》，北京大学出版社 2004 年版。

72. 罗豪才、宋功德：《公共治理呼唤软法之治》，法律出版社 2009 年版。

73. ［美］詹姆斯·E·安德森：《公共决策》，唐亮译，华夏出版社 1990 年。

74. ［英］安东尼·吉登斯：《社会的构成》，李康、李猛译，生活·读书·新知三联书 1998 年版。

75. ［美］肯尼斯·卡普尔·戴维斯：《裁量正义》，毕洪海译，商务印书馆 2009 年版。

76. 周天玮：《法治理想国——苏格拉底与孟子的虚拟对话》，商务印书馆 1999 年版。

77. ［法］勒内·达维：《英国法与法国法：一种实质性比较》，潘华仿、高鸿均、贺卫方译，清华大学出版社 2002 年版。

78. ［美］特·L·库珀：《行政伦理学：实现行政责任的途径》，张秀琴译，中国人民大学出版社 2010 年版。

79. ［法］让·马克·夸克：《合法性与政治》，佟心平、王远飞译，中央编译出版 2002 版。

80. 最高人民法院中国应用法学研究所主编：《人民法院案例选》，人民法院出版社 1992 年版。

81. ［美］乔治·弗雷德里克森：《公共行政的精神》，张成福译，中国人民大学出版 2003 年版。

82. 白钢、史卫民主编：《中国公共政策分析》，中国社会科学出版社 2006 年版。

83. 《邓小平文选》，人民出版社 1994 年版。

84. 唐晋主编：《大国策：通向大国之路的中国政治 善治与体制》，人民日报出版社 2009 年版，第 126 页。

（二）英文

1. Jerry L. Mashaw, *Creating the Administrative Constitution：The Lost One Hundred Years of American Administrative Law*, Yale University Press, 2012.

2. Beau Breslin, *From Words to Worlds：Exploring Constitutional Functionality*, Johns Hopkins University Press, 2008.

3. Adam Tomkins, *Public Law*, Oxford University Press, 2003.

4. Joseph Raz, *On the Authority and Interpretation of Constitutions：Some Preliminaries, in Constitutionalism Philosophical Foundations*, Larry Alexander ed., 1998.

5. William N. Eskridge JR. & John Ferejohn, *A Republic of Statutes：The New American Constitution*, Yale University Press, 2010.

6. LL Jaffe, *Judicial control of administrative action*, Little Brown, 2006.

7. Allen G·Gruchy, *The Reconstruction of Economics*, Westport, Conn.：greenwood press, 1987.

8. Davis，*Discretionary Justice*，Baton Rouge：Louisiana State University Press，1969.

二、论文类

（一）中文

1. 季涛："行政权的扩张与控制——行政法核心理念的新阐释"，载《中国法学》1997 年第 2 期。

2. 关保英："论行政权的自我控制"，载《华东师范大学学报（哲学社会科学版）》2003 年第 1 期。

3. 崔卓兰、刘福元："行政自制——探索行政法理论视野之拓展"，载《法制与社会发展》2008 年第 3 期。

4. 崔卓兰、卢护锋："行政自制之途径探寻"，载《吉林大学社会科学学报》2008 年第 1 期。

5. 崔卓兰、卢护锋："行政自制之生成与建构探讨"，载《社会科学战线》2009 年第 1 期。

6. 崔卓兰、刘福元："行政自制理念的实践机制：行政内部分权"，载《法商研究》2009 年第 3 期。

7. 崔卓兰、刘福元："行政自制的可能性分析"，载《法律科学（西北政法大学学报）》2009 年第 6 期。

8. 周佑勇："裁量基准的制度定位——以行政自制为视角"，载《法学家》2011 年第 4 期。

9. 包万超："公共选择理论与实证行政法学的分析基础"，载《比较法研究》2011 年第 3 期。

10. 于立深："现代行政法的行政自制理论——以内部行政法为视角"，载《当代法学》2009 年第 6 期。

11. ［美］伊丽莎白·麦吉尔："行政机关的自我规制"，安永康译，载姜明安主编：《行政法论丛》，法律出版社 2010 年第 13 卷，490—510 页。

12. 沈岿："行政自我规制与行政法治：一个初步考察"，载《行政法学研究》2011 年第 3 期。

13. 姜明安："论行政裁量权及其法律规制"，载《湖南社会科学》2009 年第 5 期。

14. 姜明安："论行政裁量的自我规制"，载《行政法学研究》2012 年第 1 期。

15. 门中敬："行政软权力的法律规制模式研究"，载《法学论坛》2011 年第 1 期。

16. 石佑启："论行政体制改革与善治"，载《江汉大学学报（社会科学版）》2009 年第 1 期。

17. 俞可平："治理与善治分析的比较优势"，载《中国行政管理》2001 年第 9 期。

18. 俞可平："善治与幸福"，载《马克思主义与现实》2011 年第 2 期。

19. 王锡锌："英美传统行政法'合法性解释模式'的困境与出路——兼论对中国行政法的启示"，载《法商研究》2008 年第 3 期。

20. 罗豪才、宋功德："公域之治——对公共治理与公法互动关系的一种透视"，载《中国法学》2005 年第 5 期。

21. 王天旺、屈辉："德治、法治、善治的区别与联系"，载《领导科学》2011 年第 17 期。

22. 丛日云："消极国家观：从基督教到自由主义"，载《浙江学刊》2002 年第 2 期。

23. 初红漫："权力规范与制衡的法律机制比较研究——以中美比较为视角"，载《河北法学》2011 年第 2 期。

24. 周文明："官箴的规范意义：中国古代行政权力的自我控制"，载《长春工业大学学报（社会科学版）》2011 年第 3 期。

25. 崔卓兰、黄嘉伟："区际行政协议论"，载《当代法学》2011 年第 6 期。

26. 何渊："论行政协议"，载《行政法学研究》2006 年第 3 期。

27. 姜明安："新世纪行政法发展的走向"，载《中国法学》2002 年第 1 期。

28. ［美］L. B. 斯图尔特："二十一世纪的行政法"，载《环球法律评论》2004 年第 2 期。

29. 葛自丹："论行政惠民理念下的行政法制度重构"，载《辽宁大学学报（哲学社会科学版）》2008 年第 6 期。

30. 张海飞："论当前我国公务员职业道德法律化建设的不足"，载《行政论坛》2004 年第 6 期。

31. 江必新、张明杰：《关于行政自由裁量问题的对话》，载《行政法论丛》2000 年第 1 期。

32. 周佑勇："裁量基准的正当性问题研究"，载《中国法学》2007 年第 6 期。

33. 章剑生："论'行政惯例'在现代行政法中的法源地位"，载《政治与法律》2010 年第 6 期。

34. 王元明："弗洛姆的性善论及其与孟子的性善论的比较"，载《天津师范大学学报（社会科学版）》2007 年第 5 期。

35. 包万超："行政法治：精神及制度"，载《政府法制》1996 年第 4 期。

36. 包万超："面向社会科学的行政法学"，载《中国法学》2010 年第 6 期。

37. 罗豪才、宋功德："认真对待软法——公域软法的一般理论及其中国实践"，载《中国法学》2006 年第 2 期。

38. 罗豪才、宋功德："现代行政法与制约、激励机制"，载《中国法学》2000 年第 3 期。

39. 丁宇："论善治的基本诉求"，载《江汉论坛》2009 年第 10 期。

40. 张成福："责任政府论"，载《中国人民大学学报》2000 年第 2 期。

41. 石佑启："论区域合作与软法治理"，载《学术研究》2011 年第 6 期。

42. 崔卓兰、刘福元："行政自由裁量权的内部控制"，载《中国法学》2009 年第 4 期。

43. 周佑勇："裁量基准司法审查的区分技术"，载《南京社会科学》2012 年第 5 期。

44. 冼德庆："略论行政程序之职能分离制度"，载《华南师范大学学报（社会科学版）》1997 年第 4 期。

45. 袁建波："论行政执法的内部制约与监督"，载《成都行政学院学报》2006 年第 2 期。

46. 颜泽云、罗才红："论审计查处分离制度"，载《中国审计》2004 年第 15 期。

47. 翟健峰："行政自制：'钓鱼式执法'的反思"，载《青岛行政学院学报》2010 年第 4 期。

48. 张建："评执法指标"，载《政治与法律》2003 年第 5 期。

49. 罗豪才、袁曙宏、李文栋："现代行政法的理论基础——论行政机关与相对一方的权利义务平衡"，载《中国法学》1993 年第 1 期。

50. 关保英："论上下级行政机关的法律关系"，载《吉林大学社会科学学报》2008 年第 1 期。

51. 马雪松："制度设计的逻辑前提、路径选择与意义评析——政治制度生成的学理阐释"，载《四川师范大学学报（社会科学版）》2012 年第 6 期。

52. 陈朝宗："论制度设计的科学性与完美性——兼谈我国制度设计的缺陷"，载《中国行政管理》2007 年第 4 期。

53. 卢护锋："行政自制理论视角下的政府行为方式研究"，载《湖南社会科学》2011 年第 3 期。

54. 杨建顺："论行政裁量与司法审查——兼及行政自我拘束原则的理论根据"，《法商研究》2003 年第 1 期。

55. 胡斌："行政执法案例指导制度的法理与构建"，载《政治与法律》2016 年第 9 期。

56. 王锡锌："自由裁量权基准：技术的创新还是误用"，载《法学研究》2008 年第 5 期。

57. 刘东亮："什么是正当法律程序"，载《中国法学》2010 年第 4 期。

58. 周佑勇："论作为行政法之法源的行政惯例"，载《政治与法律》2010 年第 6 期。

59. 廖原："宪法体制下的行政保留"，载《行政与法》2009 年第 4 期。

60. 黄学贤、丁钰："行政审判中司法建议制度的几个基本问题"，载《苏州大学学报（哲学社会科学版）》2010 年第 1 期。

61. 崔卓兰、刘福元："论行政自制之功能——公权规范的内部运作"，载《长白学刊》2011 年第 1 期。

62. 张千帆："欧美行政法的热点问题与发展趋势"，载《行政法学研究》2008 年第 2 期。

（二）英文

1. Gilliam E. Metzger，"The Interdependent Relationship between Internal and External Separation of Powers"，*Emory Law Journal*，Vol. 2009，No. 59.

2. Anjali S. Dalal，"Shadow Administrative Constitutionalism and The Creation of Surveillance Cul-

ture"，2014 *Mich. St. L. Rev.*，Vol. 2014，No. 59.

3. Mila Sohoni，"The Administrative Constitution In Exile"，*Wm. & Mary L. Rev.*，Vol. 2009，No. 57.

4. Emily S. Bremer，"The Unwritten Administrative Constitution"，Fla. L. Rev. Vol. 2014，No. 66.

5. Ernest A. Young，"The Constitution Outside the Constitution"，*Yale L. J*，Vol. 2007，No. 117.

6. Gillian E. Metzger，"Ordinary Administrative Law as Constitutional Common Law"，*Colum. L. Rev*，Vol. 2010，No. 110.

7. See Gary Lawson，"The Rise and Rise of the Administrative State"，*Harv. L. Rev.*，Vol. 1994，No. 107.

8. Richard J. Pierce，"Rulemaking and the Administrative Procedure Act"，*Tulsa L. J.*，Vol.，1996，No. 32.

9. Robert A. Anthony，"A Taxonomy of Agency Rules"，*Admin. L. Rev.*，Vol.，2000，No. 52.

10. Majone，G.，"Europe's 'Democratic Deficit'：The Question of Standards"，*Eur. L. J.*，Vol. 1998，No. 5.

11. Jon D. Michaels，"An Enduring, Evolving Separation of Powers"，*Colum. L. Rev.*，Vol. 2015，No. 115.

12. Michael Asimow，"When the Curtain Falls：Separation of Functions in the Federal Administrative Agencies"，*Colum. L. Rev.*，Vol. 1981，No. 81.

13. Peter L. Strauss，"The Place of Agencies in Government：Separation of Powers and the Fourth Branch"，84 *Colum. L. Rev.*，Vol. 1984，No. 84.

14. Theodore Lowii，"Two Roads to Serfdom：Liberalism, Conservatism, and Administrative power"，*American University Law Review*，Vol. 1987，No. 26.

15. Gibbons，"The Interdependence of Legitimacy：Art Introduction to the Meaning of Separation of Powers"，5 *Seton Hall L. Rev.*，Vol. 1974，No. 5.

三、学位论文

1. 刘福元："行政自制——探索政府自我控制的理论和实践"，吉林大学 2010 年博士学位论文。

2. 徐维："论行政机关自我规制"，中南大学 2012 年博士学位论文。

3. 王志强："论裁量基准的司法审查"，台湾东吴大学 2005 年硕士学位论文。

四、新闻报道

1. 楼启军："金华市对卖淫嫖娼实行分类处理"，载《光明日报》2004 年 2 月 13 日，第

5 版。

2. 陈娟："驾驶机动车超速，究竟该罚多少"，载《人民日报》2008 年 4 月 2 日，第 15 版。

3. 苗志勇："巴州推广"白庙经验"4 月起 48 个乡镇晒账本"，载凤凰网，https://news.ifeng.com/mainland/201004/0406_ 17_ 1596332. shtml。

4. 许浩："公益诉讼 11 年："扳倒"牙防组"，载新浪新闻网，https://news.sina.com.cn/c/2007-07-09/095413405777. shtml。

五、法律法规

1.《中华人民共和国宪法》

2.《中华人民共和国地方各级人民代表大会和各级地方人民政府组织法》

3.《中华人民共和国行政处罚法》

4.《中华人民共和国公务员法》

5.《中华人民共和国村民委员会组织法》

6.《行政法规制定程序条例》

7.《规章制定程序条例》

8.《中华人民共和国政府信息公开条例》

六、政策文件

1.《金华市公安局关于印发〈关于推行行政处罚自由裁量基准制度的意见〉的通知》

2.《四川省巴州区白庙乡政府机关 2010 年 1 月公业务费开支公示》

3.《株洲县审计局查处分离暂行办法》

4. 吉林市工商局制定的《推进非强制行政管理体系建设三年规划》

5.《广州市规范行政执法自由裁量权规定》

6.《湖南省规范行政裁量权办法》

7.《关于推行行政执法责任制的若干意见》